室内空気質環境設計法

社団法人日本建築学会 編

技報堂出版

序

　建築物の大きな目的の一つは，完成された建物の中の環境が，次に改装あるいは取り壊されるまで，使用されている限り適正な性質を保つようにすることである。建築設計の段階で，あるいは改善の工事の計画段階で，通常一般に使用される条件のもとに，健康的な条件が保たれるように設計計画されることが最も基本的な要求である。

　在来建築では，建設・竣工の時点に焦点を当てた体系が取られている場合が多かったように見られる。建物の形は完成の時点で完結する場合が多いが，環境的な性質や性能については，使用の条件やその変化が極めた大きい要素を占めるので，これらを考えに入れた体系がより重要である。

　環境的な面について，居住・使用・維持管理のもとで正しく性能が発現するためには，そのように計画・建設されていなくてはならない。環境的な条件が出現されるためのメカニズムに基づいて，自然条件，生活条件，社会的な条件の要素を組み込んだエンジニアリングとしての設計がなされねばならない。

　この設計法は，そのような体系を樹立するための試みである。色々な面で未だ不明，不充分な点が多すぎるが，今後，この分野の技術者が種々の試みや経験を蓄積・交流して，実用的な設計法に纏め上げてゆかれることを期待している。

2005 年 2 月

吉　澤　　晋

執筆者一覧

主 査	吉澤　晋	愛知淑徳大学	
幹 事	野崎　淳夫	東北文化学園大学大学院	
執筆者	池田　耕一	国立保健医療科学院	(1.6.1)
	入江　建久	新潟医療福祉大学	(1.6.2, 2.1, 2.10)
	岩下　剛	鹿児島大学	(1.4)
	大場　正昭	東京工芸大学	(2.2)
	小竿　真一郎	日本工業大学	(1.2, 2.11)
	熊谷　一清	東京大学大学院	(2.4)
	塩津　弥佳	国立保健医療科学院	(2.3)
	菅原　文子	郡山女子大学	(2.8, 2.9)
	武井　克丞	大林組東京本社	(2.6)
	楢崎　正也	大阪大学 名誉教授	(2.7)
	野崎　淳夫	前掲	(1.4.2, 1.6.4, 2.5)
	深尾　仁	大成建設技術センター	(1.6.2, 2.1)
	宮崎　竹二	大阪市立環境科学研究所	(1.5)
	吉澤　晋	前掲	(1.1, 1.3)
	吉野　博	東北大学大学院	(1.6.2)

（五十音順，（　）内は担当節，2005年3月現在）

目　次

1　総　論 1

1.1　方針，考え方 2
1.2　各種基準濃度と空気調和衛生学会の設計基準濃度 3
1.3　濃度予測法と浄化設計法 7
　1.3.1　定常仮定 7
　1.3.2　送風機内蔵型空気浄化装置の場合 8
　1.3.3　主清浄装置を有するもの 8
　1.3.4　吸着性を有する汚染物質についての問題 9
1.4　材料の発生量と建材・機器からの発生機構 11
　1.4.1　建材からの化学物質の発生量および発生機構モデル 11
　1.4.2　建築部材・機器からの発生機構 14
　1.4.3　機器からの発生機構 16
1.5　汚染物質の吸着特性 22
　1.5.1　吸着の理論 22
　1.5.2　吸着を考慮した室内濃度予測式 22
　1.5.3　吸着，脱着を考慮した室内濃度予測式 23
　1.5.4　室内材，家具への吸着 25
　1.5.5　吸着剤(低減材料)への吸着 26
1.6　対　策 28
　1.6.1　発生源(許容発生量) 28
　1.6.2　換　気 29
　1.6.3　空気清浄機 36
　1.6.4　ベイクアウト 42

2　各　論 49

2.1　粉　塵 50
　2.1.1　概　要 50
　2.1.2　測定法 52
　2.1.3　対策法 56
　2.1.4　クリーンルームの清浄度 56
2.2　ホルムアルデヒド 59

i

		2.2.1 ホルムアルデヒドの健康影響	59
		2.2.2 発生源	59
		2.2.3 汚染レベルの現状	61
		2.2.4 室内濃度のガイドライン	63
		2.2.5 ホルムアルデヒドの発生量の算定	64
		2.2.6 ホルムアルデヒドの予防,制御	65

2.3 ラドンとラドン娘核種 …………………………………… 72
    2.3.1 ラドンとは ………………………………………… 72
    2.3.2 ラドン濃度の実態 ………………………………… 73
    2.3.3 ラドン測定法 ……………………………………… 77
    2.3.4 解　説 ……………………………………………… 79

2.4 揮発性有機化合物（VOC） …………………………………… 82
    2.4.1 はじめに …………………………………………… 82
    2.4.2 健康被害（診断） …………………………………… 82
    2.4.3 揮発性有機化合物 VOC …………………………… 82
    2.4.4 化学物質の発生源 ………………………………… 83
    2.4.5 測定,サンプリング手順 ………………………… 84
    2.4.6 試料分析および発生源の推測 …………………… 89
    2.4.7 対　策 ……………………………………………… 90
    2.4.8 許容濃度 …………………………………………… 92
    2.4.9 おわりに …………………………………………… 93

2.5 NO_x ………………………………………………………… 96
    2.5.1 NO_x の健康影響 …………………………………… 96
    2.5.2 発生源 ……………………………………………… 96
    2.5.3 汚染レベルの現状 ………………………………… 96
    2.5.4 室内濃度のガイドライン ………………………… 99
    2.5.5 発生量 ……………………………………………… 99
    2.5.6 発生特性 …………………………………………… 100
    2.5.7 汚染防止対策 ……………………………………… 100

2.6 SO_x ………………………………………………………… 102
    2.6.1 概　要 ……………………………………………… 102
    2.6.2 法規制と現状 ……………………………………… 103
    2.6.3 測定法 ……………………………………………… 103
    2.6.4 室内濃度予測方法 ………………………………… 105

2.7 臭　気 ………………………………………………………… 106
    2.7.1 はじめに …………………………………………… 106
    2.7.2 臭気の人体影響 …………………………………… 106
    2.7.3 臭気の測定・評価方法 …………………………… 108

		2.7.4 臭気の実態と苦情 113
		2.7.5 各種の臭気応答とその臭気対処法 116
		2.7.6 臭気評価の問題点 124
2.8	アレルゲン 127	
		2.8.1 アレルギーのメカニズム 127
		2.8.2 建築環境中のアレルゲンの種類 127
		2.8.3 アレルゲンの発生と挙動 128
		2.8.4 アレルゲンの人体影響(アレルギー疾患) 131
		2.8.5 アレルゲンの予防,抑制 133
2.9	微生物 134	
		2.9.1 建築環境の微生物 134
		2.9.2 発生源と増殖 134
		2.9.3 細菌・真菌の増殖要因 137
		2.9.4 微生物の挙動 137
		2.9.5 真菌の浮遊状態から求めた形態学的直径と動力学的直径の比較 140
		2.9.6 真菌・細菌の拡散 141
		2.9.7 微生物の人体影響 141
		2.9.8 微生物の被害に対する抑制・防止策 142
2.10	アスベスト 144	
		2.10.1 アスベストの概要 144
		2.10.2 汚染の実態 146
		2.10.3 アスベスト汚染の測定法 148
		2.10.4 アスベスト汚染対策 148
2.11	オゾン 151	
		2.11.1 オゾンの性質 151
		2.11.2 大気中のオゾン 151
		2.11.3 オゾンの発生源 151
		2.11.4 オゾン濃度とオキシダント濃度および基準値 152
		2.11.5 オゾンの発生量と消失量 152
		2.11.6 人体への影響と被害 152
		2.11.7 オゾン実態調査結果 152

索 引 157

室内空気質環境設計法

1 総論

1.1 方針，考え方

　室内空気質を目的とするレベルに達成し，それを保つということは，環境を造る技術者にとって基本的な業務である。

　そのためには，次の作業が必要となる。すなわち，

① 目的とする環境レベルを設定する。
② 対象とすべき汚染物質を選定する。
③ 室内などにおける汚染の実態，あるいは量を調査する。
④ 環境におけるその汚染物質の濃度，あるいは被曝を予測する（濃度構成機構）。
⑤ その濃度などを目的とするレベルまで低下させるための影響要素の量を検討する。
⑥ 許容すべき発生量，浄化所要量などを算定する。
⑦ 許容されるべき発生量と必要な浄化量に対応した建築材料や浄化装置を選定する。
⑧ 竣工後，室内の環境が設計どおりのレベルであるかをチェックする。

などである。これらは，同時に行われることも，順序的に逆の場合もありうる。

　室内環境に関係する汚染物質の中には，工事施工途中，完工後，居住状態において性格が異なるものがある。すなわち，工事中は労働衛生の問題として環境的な安全・衛生が図られなければならない。完工直後は，VOCなどのようにかなりの高濃度を示し，やがて減衰するものがある。この場合には，入居の時期の調整や，意識的な換気，ベイクアウトなどが必要になる。居住状態における室内濃度は，目的とする濃度以下にするように設計施工が行われねばならない。

　入居後に居住者が搬入する汚染発生源については，設計時にある程度のゆとりを持たせると同時に，住環境教育を通じて居住者が発生源を持ち込まないようにすることが重要である。また，家具，設備備品等からの汚染物質発生量については，法的規制，規格制限等によって製品の段階で発生量を規制し，発生量を明示するなどの製造責任を明らかにして，購入者の便宜を図る必要がある。

　本書は，現在建築物室内で問題となっている主要な汚染物質について，改善のための設計を眼目において，ターゲット値，汚染の実態と機構，予測，発生量その他の資料などをまとめたものである。シックビルやいわゆるシックハウスが問題となって以来，極めて急速に研究・資料が蓄積されてきているが，必ずしも設計への対応が充分であるとはいえない。

　本書は，現時点での資料に基づいているので，今後の研究調査の発展によって改めたり，付け加える必要の出てくる可能性は大きい。しかしながら，予測から設計への筋道を示すことができれば幸いである。

1.2 各種基準濃度[3]と空気調和衛生学会の設計基準濃度[4]

各種基準濃度の一例を一般環境と労働環境に分けて提示する。また，空気調和衛生学会では，室内空気汚染物質9項目の設計基準濃度を「換気基準・同解説」(HASS102-1997)として公開している。**表-1.2.1～1.2.13**に一部を引用し示す。ただし，基準改訂に伴い変更が必要となる。

表-1.2.1 CO_2（二酸化炭素） 1ppm＝1.8mg/m³

	法律等	基準値等 (ppm)	備考
一般環境	建築基準法，建築物衛生法	1 000	空気調和・機械換気設備
	東京都学校環境衛生基準	1 000 1 500	授業中平均値 最高値
	興行場条例，公衆浴場ならびに旅館業衛生管理	1 500	
	屋内プール（都条例細則）	1 500	
労働環境	事務所衛生基準規則 （労働安全衛生法）	1 000 5 000	空気調和・機械換気設備（吹出口） 空調設備なし
	日本産業衛生学会許容濃度	5 000	
	ACGIH	5 000	8時間平均値（時間の重み平均値）

注) ACGIH: American Conference of Governmental Industrial Hygienists（アメリカ労働衛生担当官会議）

表-1.2.2 NO_2（二酸化窒素） 1ppm＝1 880μg/m³

	法律等	基準値等 (ppm)	備考
一般環境	WHO	0.08 0.21	1日平均値 1時間値
	東京都環境衛生基準	0.04－0.06	
	EPA	0.05	年平均値
	大気汚染に係わる環境基準	0.04－0.06	1時間値の日平均
労働環境	日本産業衛生学会許容濃度	5	
	ACGIH	3	

注) EPA: US Enuironmental Protection Agency（米国環境保護庁）

表-1.2.3 CO（一酸化炭素） 1ppm＝1.145mg/m³

	法律等	基準値等 (ppm)	備考
一般環境	建築基準法，建築物衛生法	10	空気調和・機械換気設備
	都学校環境衛生基準	10	
	公衆浴場ならびに旅館業衛生管理	10	
	WHO Indoor Air Quality	9 26	8時間平均値（時間の重み平均値） 1時間平均値（時間の重み平均値）
	EPA	9 35	8時間平均値（年に1度も越えてはならない） 1時間平均値（年に1度も越えてはならない）
	ASHRAE	11	
	大気汚染に係わる環境基準 （公害対策基本法）	10 20	24時間平均値 8時間平均値
労働環境	事務所衛生基準規則 （労働安全衛生法）	10 50	空気調和・機械換気設備（吹出口） 空調設備なし
	日本産業衛生学会許容濃度 （＝ACGIH）	50	
	地下駐車場排出ガス障害予防対策要項（労働安全衛生法）	50	

注) ASHRAE: American Society of Heating, Refrigerating and Air-Conditioning Engineers（アメリカ暖房冷凍空調学会）

1 総論

表-1.2.4 SO₂（硫黄酸化物） 1ppm＝2 860μg/m³

	法律等	基準値等 (ppm)	備考
一般環境	WHO	0.12 0.18	1時間値（短時間暴露限界） 10分間値（同上）
	EPA	0.03 0.14	年平均値 1日平均値
	大気汚染に係わる環境基準	0.04 0.1	1時間値1日平均値 ─ かつ 1時間値
労働環境	日本産業衛生学会許容濃度	5	
	ACGIH	5 40	8時間平均値（時間の重み平均値） 15分間平均値

表-1.2.5 浮遊粉塵

	法律等	基準値等 (mg/m³)	備考
一般環境	建築基準法，建築物衛生法	0.15	空気調和・機械換気設備
	東京都学校環境衛生基準	0.10	授業中平均値
	興業場条例	0.20	
	WHO	0.10−0.12 0.10	8時間平均値 30分間平均値
	EPA	0.05 0.15(0.065)	年平均値−PM10 （PM2.5の値） 24時間平均値−PM10 （PM2.5の値）
	大気汚染に係わる環境基準	0.10 0.20	1時間値1日平均値 ─ かつ 1時間値
労働環境	事務所衛生基準規則	0.15	空気調和・機械換気設備（吹出口）
	日本産業衛生学会許容濃度		表-1.2.6参照
	ACGIH	5	肺胞沈着性粒子(2.5μm以下の鉱物粉塵)

注） 一般環境および事務所衛生基準規則での粒子径は10μm以下，日本産業衛生学会許容濃度では7.07μm以下を対象とする。
1997年より，EPAの大気基準では従来の10μm以下粒子(PM10)とともに，肺胞沈着性粒子(RP)として2.5μm以下のPM2.5を加えた。

表-1.2.6 日本産業衛生学会許容濃度

粉塵の種類		許容濃度 (mg/m³)	
		吸入性粉塵[*1]	総粉塵[*2]
第1種粉塵	ろう石，アルミニウム，珪藻土活性炭，黒鉛 他	0.5	2
第2種粉塵	遊離珪酸10%未満の鉱物性粉塵，酸化鉄，カーボンブラック石炭，ポートランドセメント，大理石，穀粉，綿塵，木粉 他	1	4
第3種粉塵	その他の無機および有機粉塵	2	8
石綿粉塵	別表「アスベスト」参照		

[*1] 吸入性粉塵：次に示す分粒特性を有する分粒装置を通過した粒子を吸入性粉塵とする
$$P = 1 - D^2/D_o^2 \quad (D \leq D_o)$$
$$P = 0 \quad (D > D_o)$$
P：透過率 D：相対沈降径（μm） $D_o = 7.07\mu m$

[*2] 総粉塵：捕集器の入口における流速を50～80cm/sとして捕集した粉塵

表-1.2.7 一般細菌・真菌

	法律等	基準値等 (cfu)	備考
一般環境	東京都学校環境基準	10 10 10 2	落下細菌（5分値） 落下真菌（5分値） 浮遊細菌（10L） 浮遊真菌（10L）

注） 2005年より，日本建築学会環境基準として上記学校を含む7施設に対して，設計規準と維持管理規準を提案した

表-1.2.8 アスベスト

	法律等	基準値等 (f/L)	備考
一般環境	WHO	0	安全基準決定不可能
	東京都学校環境衛生基準	検出されない	
	環境省（アスベスト取扱施設その境界線）	10	
	アメリカ AHERA（アスベスト緊急対策法）	10	
労働環境	日本産業衛生学会許容濃度	2f/cc	・5μm 以上の維持として，アモサイトおよびクロシドライトを除く
	ACGIH		・5μm 以上で，長さと幅の比が3：1以上の繊維を計数

1.2 各種基準濃度と空気調和衛生学会の設計基準濃度

表-1.2.9 ラドン

	法律等	基準値等 (Bq/m³)	備 考
一般環境	WHO	100	新築住宅
	ASHRAE	100	
	EPA	150	(=4pC/L)
	スウェーデン基準 (ラドン娘核種)	70	新築住宅
		200	改築住宅
		400	既築住宅
労働環境	科学技術庁告示	1 000	
	アメリカ鉱山衛生局	3 700	(=1WL。ただし、年間最大値で4WLM*)

* 月平均WLと月数の積

表-1.2.10 O₃(オゾン)　1ppm=2mg/m³

	法律等	基準値等 (ppm)	備 考
一般環境	WHO EUROPE	0.073-0.1	1時間値
		0.05-0.06	8時間平均値
	大気汚染に係わる環境基準	0.06	1時間値 (光化学オキシダント濃度適用)
労働環境	日本産業衛生学会許容濃度	0.1	
	ACGIH	0.1	

表-1.2.11 HCHO(ホルムアルデヒド)　1ppm=1.2mg/m³

	法律等	基準値等 (ppm)	備 考
一般環境	WHO	0.08	・30分平均値
	東京都学校環境衛生基準	0.08	・30分平均値
	建築物衛生法・建築基準法	0.08	・30分平均値
労働環境	日本産業衛生学会許容濃度	0.5	
	ACGIH	0.1 / 2	外気の推奨基準 最大許容濃度

表-1.2.12 VOC(揮発性有機化合物)・TVOC(総揮発性有機化合物)

	法律等	基準値等 (μg/m³)	備 考
一般環境 VOC	〈WHO EUROPE〉		
	ジクロロメタン	3 000	24時間値
	スチレン	260	1週間値
	テトラクロロエチレン	250	24時間値
	トルエン	260	1週間値
	キシレン	870	1年値
	〈厚生労働省指針値〉		
	トルエン	260 (0.07ppm)	長期間想定
	キシレン	870 (0.20ppm)	
	パラジクロルベンゼ	240 (0.04ppm)	
	フタル酸ジ-n-ブチル	220 (0.02ppm)	
	エチルベンゼン	3 800 (0.88ppm)	
	スチレン	220 (0.05ppm)	
	クロルピリホス	1 (0.07ppb) 小児は0.1	フタル酸とクロルピリホスは内分泌攪乱物質*
	テトラデカン	330 (0.04ppm)	
	フタル酸ジ-2-エチルヘキシル	120 (7.6ppb)	
	ダイアジノン	0.29 (0.02ppb)	
	アセトアルデヒド	48 (0.03ppm)	
	フェノブカルブ	33 (3.8ppb)	
一般環境 TVOC	〈北欧建築物規格協会〉		
	・オフィス	1 300	
	・住宅	400	
	・学校	300	
	〈厚生労働省暫定目標値〉		
	住宅	400	

* 環境ホルモン

1 総　　論

表-1.2.13　空気調和衛生工学会における室内空気汚染の設計基準濃度

屋内の汚染質設計基準濃度と外気の質
　住宅や事務所などの居室において想定される汚染室とその設計基準濃度を下表に示す。

表　室内空気汚染の設計基準濃度

（a）総合的指標としての汚染質と設計基準濃度

汚染質	設計基準濃度	備考
二酸化炭素[*1]	1 000ppm	ビル管理法[*2]の基準を参考とした。

（b）単独指標としての汚染質と設計基準濃度

汚染質	設計基準濃度[*3]	備考
二酸化炭素	3 500ppm	カナダの基準を参考とした。
一酸化炭素	10ppm	ビル管理法の基準を参考とした
浮遊粉じん	0.15mg/m^3	（同上）
二酸化窒素	210ppb	WHO[*2]の1時間基準値を参考とした。
二酸化硫黄	130ppb	WHOの1時間基準値を参考とした。
ホルムアルデヒド	80ppb	WHOの30分基準値を参考とした。
ラドン	150Bq/m^3	EPA[*2]の基準値を参考とした。
アスベスト	10本/L	環境庁大気汚染防止法の基準を参考とした。
総揮発性有機化合物（TVOC）	300μg/m^3	WHOの基準値を参考とした。

[*1]　ここに示した二酸化炭素の基準濃度1 000ppmは，室内の空気汚染の総合的指標としての値であって，二酸化炭素そのものの健康影響に基づくものではない。すなわち，室内にある各種汚染質の個別の発生量が定量できない場合に二酸化炭素の濃度がこの程度になれば，それに比例して他の汚染質のレベルも上昇するであろうと推定する場合に用いる。室内にあるすべての汚染質発生量が既知であり，しかも，その汚染質の設計基準濃度が設定されている場合には，総合的指標である二酸化炭素の基準値1 000ppmを用いる必要はない。その場合は，二酸化炭素自体の健康影響に基づく値，3 500ppmを用いることができる。

[*2]　建築物環境衛生管理基準をビル管理法，世界保健機構をWHO，米国環境保護庁をEPAと記した。

[*3]　設計基準濃度のうちppm，ppbで記したものは，質量濃度25℃。1気圧において体積濃度に換算したものである。

引用文献

1) 日本建築学会，空気環境小委員会・室内空気質基準WG：建築分野での実用的室内空気質測定法，丸善（1996）

2) 空気調和・衛生工学会規格（HASS102-1997）：換気基準・同解説（1997）

1.3 濃度予測法と浄化設計法

あるシステムにおいて，室内空気汚染物質濃度を所定の値もしくはそれ以下に保つためには，室内空気汚染物質の構成機構に基づいて適正な浄化性能を与えるか，室内発生の量をある値以下にせねばならない。

1.3.1 定常仮定

室内において汚染物質の瞬時一様拡散を仮定し，吸着，沈積，変化がないとし，定常とすると，換気による対応，浄化装置の設置，発生の制限について検討する。

(1) 換気による浄化対策
a. 必要換気量
ⅰ) 単一汚染物質に対する必要換気量

図-1.3.1において，室内汚染物質濃度は次式で表される。

$$C = C_o + \frac{M}{Q} \quad (1)$$

C：室内濃度(mg/m³)
C_o：外気濃度(mg/m³)
Q：換気量(m³/h)
M：発生量(mg/h)

今，$C \to C_{mp}$，$Q \to Q_{min}$として(1)式を変形すると，

$$Q_{min} = \frac{M}{C_{mp} - C_o} \quad (2)$$

C_{mp}：許容濃度(mg/m³)
Q_{min}：必要換気量(m³/h)

となる。また，$M \to M_{max}$として，

$$M_{max} = Q_{min}(C_{mp} - C_o) \quad (3)$$

すなわち，室内にある汚染物質の発生がある場合，それを最大許容濃度あるいは設計濃度まで下げるために，濃度Cの外気量Q_{min}を導入するか，室内発生量をM_{max}以下におさえる必要があることが分かる。

ⅱ) 混合物に対する必要換気量

一般の環境では，比較的低濃度の汚染物質が数種類混在しているのが普通であるが，混合物に対する扱い方は，それぞれの汚染物質の害の機構によって異なり，定まっていない。一般的には次のように扱うのがよいと思われる。

① 独立的作用の場合

害が互いに関係なく独立的に作用する場合には，それぞれの物質に対して式(2)により必要換気量を定め，最大のものを用いればよい。

② 相加作用の場合

いま，1，2，3，…，nなる物質が混在しているときのそれぞれの室内濃度をC_1，C_2，C_3，…，C_n，最大許容濃度をC_{mp1}，C_{mp2}，…，C_{mpn}，各物質からの影響をE_1，E_2，…，各物質に対する許容すべき影響E_{1mp}，E_{2mp}，…，の値が同じE_{mp}であるとし，濃度と影響のパラメータをk_1，k_2，…，外気濃度をゼロとするとすると，

$$E_i = k_i C_i \quad (4)$$
$$E_{mp} = k_i C_{mpi} \quad (5)$$

害が単純に相加的であるいう仮定から，

$$E = \sum E_i = E_{mp} \sum \frac{C_i}{C_{mpi}} \quad (6)$$

$E_{mp} \geq E$でなくてはならないから

$$\frac{C_1}{C_{mp1}} + \frac{C_2}{C_{mp2}} + \cdots + \frac{C_n}{C_{mpn}} \leq 1 \quad (7)$$

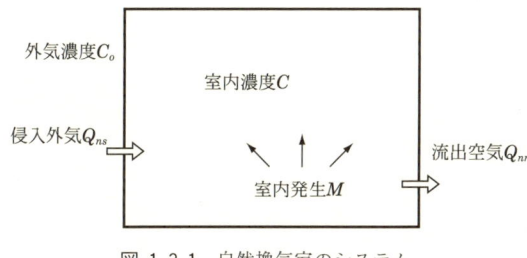

図-1.3.1 自然換気室のシステム

それぞれ単独の物質に対する必要換気量を Q_{min1}, Q_{min2}, …, Q_{minn} とすると, $C_i = M_i/Q$, $C_{mpi} = M_i/Q_{mini}$ の関係から

$$Q_{min1} + Q_{min2} + \cdots + Q_{minn} = Q_{min} \quad (8)$$

となる。すなわち，害が相加的な物質の混合物に対する必要換気量は，個々の物質に対する必要換気量の和であることがわかる。

③ 指標的扱い

混合物であっても，そのうちいずれかを代表的物質として注目し，これを汚染の指標とする場合がある。このときは，指標としての適合性，指標物質自体の害（許容濃度）と指標としての許容濃度との関連が問題となる。

物質1を指標物質，指標的許容濃度を C_1' とすると，必要換気量 Q_{min} は

$$\frac{M_1}{C_1'} \leq Q_{min} \quad (9)$$

となるが, この C_1' は式(7)から

$$\frac{C_1'}{C_{mp1}} \leq 1 - \left(\frac{C_2}{C_{mp2}} + \frac{C_3}{C_{mp3}} + \cdots + \frac{C_h}{C_{mpn}} + \cdots \right) \quad (10)$$

で表されるように，物質1のみが存在したときにその害を対象とした許容濃度よりかなり小さくなる。

1.3.2 送風機内蔵型空気浄化装置の場合

図-1.3.2のように，室内に送風機内蔵型空気清浄器（エアクリーナ）を設置する時の室内空気汚染濃度は次式で表される。

$$C = \frac{C_o + M}{Q + \eta Q_u} \quad (11)$$

ただし,
- η：エアクリーナの汚染捕集率
- Q_u：エアクリーナの風量 (m³/h)

したがって，室内濃度を C_d とするために要求される浄化能力は

$$\eta Q_u = \frac{C_o + M - C_d Q}{C_d} \quad (12)$$

となる。

1.3.3 主清浄装置を有するもの

室内空気の清浄度のレベルをある値以上に保つための方法として，主として空気浄化装置を使用する方法について述べる。

一般の建物に設置する空気調和に付属した設備としての空気清浄装置については，瞬時一様拡散・定常の仮定のもとに所要浄化性能を決めても差し支えない場合が多い。

(1) 主装置を有する場合

図-1.3.3に示すシステムでは式(13)が成立する。すなわち

$$C = \frac{pC_oQ_f + C_oQ_{ns} + M}{(1-rp)Q_r + Q_{nr}} \quad (13)$$

であるから，所要浄化能力は $C = C_{mp}$ として, 式(14)から求める。

$$p = \frac{C_d(Q_r + Q_{nr}) - C_oQ_{ns} - M}{C_oQ_f + rC_dQ_r} \quad (14)$$

ただし,
- p：主フィルタの汚染通過率 $= 1 - \eta$
- Q_f：取入れ外気量 (m³/h)
- Q_{ns}：自然給気量 (m³/h)

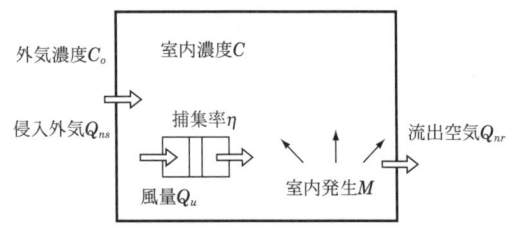

図-1.3.2 空気清浄機を有する室のシステム

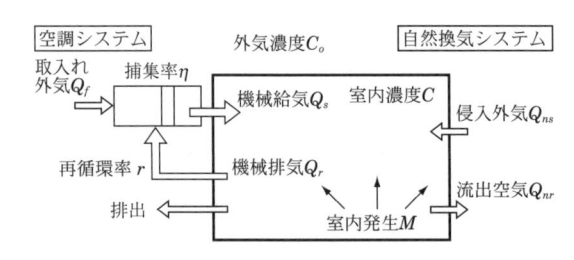

図-1.3.3 空調装置を有するシステム

1.3 濃度予測法と浄化設計法

Q_{nr}：自然排気量(m^3/h)
Q_r：機械排気量(m^3/h)
r：再循環率

捕集率 $\eta = 1-p$ を用いると，

$$\eta = \frac{C_o(Q_r+Q_{nr})+M-C_d\{(1-r)Q_r+Q_{nr}\}}{C_oQ_f+rC_dQ_r} \quad (15)$$

となる。

（2） 多数室の場合

図-1.3.4に示すようなシステムでは，各室の室内濃度は室内で要求される条件によって決まるが，各室への空気供給量 Q_{s1}, Q_{s2}, Q_{s3}, Q_{s4}, …は他の条件から与えられるものが多い。したがって，これらの室のうちでもっとも厳密な条件を要求する室について所要浄化能力を計算し，その結果得られた濃度の給気を各室に供給した場合，各室の濃度が所要の濃度以下になるか否かを検討する。

第1室の設計濃度を C_{d1} とすると，第1室に対する汚染物質の収支から，

$$C_{sd1} = \frac{C_{d1}(Q_{r1}+Q_{nr1})-Q_{ns1}C_o-M_1}{Q_{s1}} \quad (16)$$

C_{sd1} は，第1室内の空気がちょうど設計濃度 C_{d1} になるような給気中汚染濃度である。この空気を各室に供給すると，

$$C_2 = \frac{Q_{s2}C_{sd1}+Q_{ns2}C_o+M_2}{Q_{r2}+Q_{nr2}} \quad (17)$$

$$C_3 = \frac{Q_{s3}C_{sd1}+Q_{ns3}C_o+M_3}{Q_{r3}+Q_{nr3}} \quad (18)$$

となり，これらの値がそれぞれの室における設計濃度より低いことを確かめる。この場合における所要浄化能力は

$$\eta = \frac{(p_fQ_f+rC_rQ_r)-C_{sd1}Q_s}{p_fQ_f+rC_rQ_r} \quad (19)$$

から求まる。

1.3.4 吸着性を有する汚染物質についての問題

（1） 基本式の誘導

汚染物質として，VOCやホルムアルデヒド等については吸着性と時間的変化を考慮して検討する。

R：室容積(m^3)
S：発生源面積(m^2)
s'：吸着面積(m^2)
T：時間(h)
a：吸着速度(m/h)
C_1：室内濃度(mg/m^3)
C_o：外気濃度(mg/m^3)
m：発生量率($mg/m^2 h$)
S：(発生源)面積(m^2)
P：発生量の減衰率(1/h)

微小時間内におけるVOCの増加量から微分方程式(20)式を得る。

流入量－流出量：
$$(M\Delta t + C_oQ\Delta t)-(as'\Delta t + CQ\Delta t)$$

初めの量－Δt 後の量：$RC-R(C+\Delta C)$

$$\therefore (M\Delta t + C_oQ\Delta t)-(as'\Delta t + CQ\Delta t) = R\Delta C$$

すなわち

$$(M+C_oQ)-(as'+CQ) = R\frac{dC}{dt} \quad (20)$$

（2） 発生量 MS についての検討

建材から発生するVOC量は建材中に残留する総VOC量に正比例するものとし式(21)を得る。

$$M = m_1Se^{-Pt} \text{ とおく} \quad (21)$$

また，減衰の急速なものと，緩慢なものとに分けて考えると式(22)が求められる。

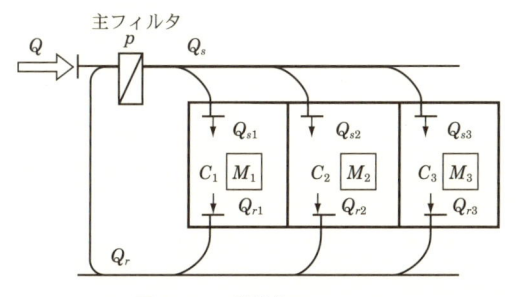

図-1.3.4 多数室のシステム

1 総論

$$M_{(1)} = M_1 + M_2 = m_1 Se^{-P_1 t} + m_2 Se^{-P_2 t} \quad (22)$$

もし発生量率が一定であれば式(23)を得る。

$$M = Sm_c \quad (23)$$

(3) 吸着性についての検討

吸着量率 A は室内の濃度に正比例し，脱離量を差し引いたものとする。

$$A = as'C \quad (24)$$

ただし，a：吸着速度，s'：吸着面積，C：室内濃度。

(4) 室内濃度の予測

式(23)および式(24)を式(20)に入れ，式(25)を得，これを解き式(26)を得る。

$$mSe^{-Pt} + C_o Q - CQ - as'C = R\frac{dC}{dt} \quad (25)$$

$$C = C_1 e^{-\frac{Q+as'}{R}t} + \left(\frac{Sm}{Q+as'-PR} + \frac{C_o Q}{Q+as'}\right)$$
$$\times \left(1 - e^{-\frac{Q+as'}{R}t}\right) - \frac{Sm}{Q+as'-PR}(1 - e^{-Pt})$$
$$\quad (26)$$

減衰を2種類に考えても同様な式が得られる。定常な発生であるとすると，次式を得る。

$$C = C_1 e^{-\frac{Q+as'}{R}t} + \frac{C_o Q + mS}{Q+as'}\left(1 - e^{-\frac{Q+as'}{R}t}\right)$$
$$\quad (27)$$

長時間経過した時には(28)式が得られる。

$$C = \frac{C_o Q + mS}{Q + as'} \quad (28)$$

したがって，施工途中の労働衛生的な問題や，入居前後では式(26)による検討を行い，長期間経過した時には式(28)によって近似的に濃度予測を行うことができると考えられる。ただし発生量にどのような値を使用するかは今後検討が必要である。

(5) 室内許容発生量

室内で許容すべき発生量は式(28)から式(29)が得られる。

$$mS \leq C_o Q - C_d Q - C_d as' \quad (29)$$

すなわち室内での発生量率は mS 以下であればよいことになる。

参考文献

1) 吉澤晋 他：大気汚染の室内影響について，日本建築学会関東支部第38回研究発表会，150/152 (1967)
2) 藤井正一，吉澤晋 他：公害地区における空気清浄装置の効果についての研究，空気清浄，5 (2)，1/26 (1967)
3) 吉澤晋 他：吸着性ガス汚染の制御に関する研究，日本建築学会大会学術講演梗概集，29/30 (1970)
4) 吉澤晋 他：「第2版 建築学便覧 I計画」日本建築学会編，p.1021 (1980)
5) 吉澤晋 他：VOCに関する室内濃度予測と計算法の提案，空気清浄とコンタミネーションコントロール研究大会梗概集 (1998.4)
6) 堀木美加 他：VOC室内濃度予測と計算法(1) 日本建築学会大会学術講演梗概集，pp.835-836 (1998.9)
7) 吉澤晋 他：VOC室内濃度予測と計算法(2) 日本建築学会大会学術講演梗概集，pp.837-838 (1998.9)

1.4 材料の発生量と建材・機器からの発生機構

1.4.1 建材からの化学物質の発生量および発生機構モデル

(1) 発生機構モデル

ホルムアルデヒドや揮発性有機化合物 (Volatile Organic Compounds, 以下 VOC) に代表される化学物質による室内空気汚染が近年、問題視され、日本においてもいくつかの化学物質について許容濃度ガイドラインの作成が行われている。人間の健康への影響および快適性への影響を考えると、ガイドラインは個々の化学物質の許容濃度もしくは総体としての VOC 濃度 (例えば Total Volatilc Oraganic Compounds, 総揮発性有機化合物濃度など) の形で表されるのが望ましい。しかし、設計段階における建材の選定という視点で考えると、各建材から放たれる化学物質の発生量のデータが有用であり、化学物質の発生の多い建材と低発生材との選別のためには発生量データが不可欠である。例えば発生量の多い建材を使用した場合は低発生材を使った時よりも、一定の濃度基準を満たすためにはより多くの換気量を必要とする。換気量を増大させることはエネルギー消費の増大につながるから、低発生材を用いることは、快適性・健康性の面からだけではなく、省エネルギーの観点からも望ましい。なお、建材からの化学物質の発生量を、建材表面積の単位面積あたりの発生量で表すときは、それを「放散速度」と呼び、単位は mg/m²·h を用いることも多い。

各建材からの化学物質発生量が測定され、カタログ化されれば、設計段階における建材選定の指針となり有用であるが、そのためには各建材のテストが必要である。特に室内で用いられるカーペット、合板、塗料、接着剤等の建材から放たれる化学物質は発生量が一定ではなく、経時的な変化が大きなものが少なくない。建材の室内への設置 (曝露) 時にもっとも発生量が多く、設置からの経過時間につれて次第に減少していく減衰過程 (つまり、新築直後や改装直後に、室内の有機物質濃度がもっとも高く、年数が経つにつれ濃度が下がっていく) をとることが多く報告されている。発生量の経時変化は、建材が曝露されている空間の温湿度や風速、換気量、日射の影響等さまざまな要因によって変化するため、物理化学的な発生メカニズムを把握した上で、算定することが望ましい。しかし、化学物質移動のメカニズムを近似的に数学モデルで置き換えて、濃度変化を予測することも、簡易予測法として有用と考えられる。ここでは、チャンバーにおける化学物質濃度経時変化のデータを元に実験的 (empirical) に数学モデルを求める手法として一次減衰モデル (first order decay) を紹介する。一次減衰モデルは米国環境保護局 (EPA) の Tichenor らが提案した室内空気質モデル[1]であり、化学物質発生量 EF は式 (1) のように時間と共に指数関数的に減衰していくと考える。ここで、EF は濃度ではなく、放散速度である。式 (1) では、建材を空間に曝露した時、つまり $t=0$ の時に、もっとも放散速度の値 EF が大きく、EF_0 の値をとる。EF は時間と共に減少していくが、その減衰度合いは、減衰定数 k の値の大小によって左右される。

$$EF = EF_0 \times \exp(-k \times t) \qquad (1)$$

ここで、

EF：時間 t における放散速度 (mg/(m²·h))

EF_0：$t=0$ における放散速度 (mg/(m²·h))

k：一次減衰定数 (h⁻¹)

t：時間 (h)

式 (1) で表されるような有機化合物発生源があり、これが一定の換気回数 N で換気されているチャンバーに設置されたとすると、設置された時 ($t=0$) からのチャンバー内有機化合物濃度 C

は次式のように表される。

$$C=\frac{L\times EF_0\times[\exp(-k\times t)-\exp(-N\times t)]}{N-k} \quad (2)$$

ここで，
- C ：時間 t におけるチャンバー内濃度(mg/m^3)
- L ：ローディング比（m^2/m^3）（建材表面積 A (m^2)/チャンバー容積 V (m^3)）
- N ：換気回数(h^{-1})

なお，式（2）はチャンバー壁面への吸着・脱着効果や蒸気圧効果がなく，化学反応のない化学物質について成り立ち，また $t=0$ において $C=0$ の前提条件のもとに導かれている。

式（2）において A，V，N は既知の定数であり，未知数は EF_0 および k である。そこで，濃度経時変化の実験結果に式（2）をあてはめ，統計的手法を用いて未知数 EF_0 および k を求める。通常は市販の統計解析ソフトの非線形回帰機能に式（2）を代入して未知数を求める。このモデルの短所としては，蒸発による VOC 発生量の急激な減衰の後に，拡散による緩やかな発生量減衰が続くような発生過程の場合，後半において「回帰のあてはまり」が悪くなり，実際の濃度減衰よりも回帰曲線の方が下回ることが指摘されている[2]。

（2）建材からのホルムアルデヒド発生量

最近ではわが国においても，チャンバー法を用いて，単体の建材から発生するホルムアルデヒドの発生量を調査する研究が多くなっている。また，合板やパーティクルボードに含まれるホルムアルデヒド量も減少しつつある。一方，欧米では早くからホルムアルデヒド対策が進み，建材のホルムアルデヒド含有量が低い状態にある。そこで，20年以上も前の古いデータではあるが，米国のForest Product Journal 誌のホルムアルデヒド発生データのレビュー[4]を，読み返すことによって，ホルムアルデヒド発生量データの整理を試みたいと思う。上記論文では，複数の研究者が発表した，チャンバー法によるホルムアルデヒド発生データを表にまとめ，「換気回数/ローディング比」の値（N/L）が，建材からのホルムアルデヒド放散速度にどのように影響を与えるかを考察している。この表の値を元に，新たにホルムアルデヒド放散量（単位面積あたりの発生量）を計算し，表-1.4.1にまとめた。なお，放散速度は，上記論文の表に示された，換気回数（N），ローディング比（L），定常状態におけるチャンバー内ホルムアルデヒド濃度（C_s）を元に，式（3）を用いて計算した。

$$EF=\frac{N}{L}\times C_s \quad (3)$$

表-1.4.1をみると，研究者ごとに，温湿度条件，

表-1.4.1 文献[4]の表から算出した，建材からのホルムアルデヒド放散速度データ

出典	空気温度(℃)	相対湿度(%)	建材	建材表面積(m^2)	チャンバー容積(m^3)	換気回数(h^{-1})	ローディング比(m^2/m^3)	N/L(m/h)	HCHO濃度(mg/m^3)	HCHO放散速度(mg/m^2·h)
5	23	45	CMP	0.015	7.5*10^{-5}	0−0.03	200	0−8.5	0.09−0.62	0.00−5.27
5	23	45	CMP	50	50	0−1.6	1	0−1.6	0.12−0.50	0.00−0.79
6	20	65	PB	52	52	0.6−1.8	1	0.6−1.8	0.01−24.96	0.01−44.93
7	25	50	PLY	0.063	0.21	1−4	0.1−10	0.08−75	0.02−1.30	0.00−97.55
7	25	50	PB	0.063	0.21	1−4	0.1−10	0.13−7	0.05−0.33	0.01−2.32
7	25	50	PLY	0.063	0.21	1−4	0.1−10	0.08−0.91	0.02−0.07	0.00−0.07
7	25	50	FB	0.063	0.21	1−4	0.1−10	0.08−7.4	0.02−0.11	0.00−0.82
8	40	75	PB	0.0063	0.003−0.009	1−4	3−19	0.06−1.5	1.17−35.05	0.07−52.57
9	35	60	PLY	0.0063	0.003	0.5−4.1	2.2−12	0.11−1.2	0.12−11.87	0.01−14.25
10	35	60	PLY	0.002	0.003	0.65−2.7	2.7	0.25−0.99	0.05−59.36	0.01−58.77
11	25	50	PB	1.5	28	0.5−1.5	0.06−0.43	1.1−50	0.07−0.43	0.08−21.47
12	24	90	PB	0.012	0.45	1	1.4−11	0.091−0.71	12.31−21.89	1.12−15.54
12	24	90	PLY	0.012	0.45	1	1.6−8.6	0.12−0.63	5.60−14.18	0.67−8.93
13	23	55	PB	0.186	0.0015	20−300	124	0.16−2.4	0.12−0.50	0.02−1.19

注） CMP：集成板　PB：パーティクルボード　PLY：合板　FB：繊維板

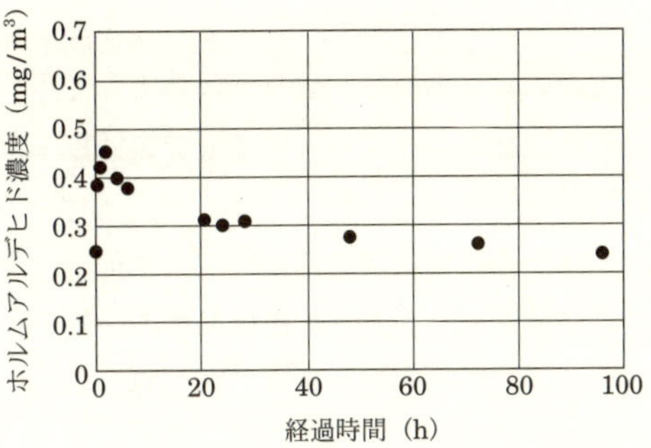

1.4 材料の発生量と建材・機器からの発生機構

図-1.4.1 ホルムアルデヒド濃度変化

表-1.4.2 一次減衰モデルで求めた発生パラメータ

温度 ℃	初期放散速度 EF_0(mg/m²·h)	減衰定数 k(h⁻¹)	相関係数
20	0.1034	0.01665	0.678
25	0.8026	0.00545	0.678
30	0.9516	0.00647	0.583

(岩下, 木村の研究より)

チャンバー容積,建材表面積が異なっており,得られたホルムアルデヒド発生量(放散速度)の値にも大きな差異がみられる。上記論文[4]では,N/Lの値が大きくなるほど,放散速度EFの値が大きくなることが述べられているが,確かに表-1.4.1では,その傾向がみられる。これはホルムアルデヒドの放散が,式(4)のような物質移動によって生じているためと解説されている。つまり,建材の飽和濃度と室内濃度との比が小さくなるほど,放散速度の値が小さくなるということである。

$$EF = K \times (C_{eq} - C_i) \qquad (4)$$

ここで,

K:物質移動係数(m/h)
C_{eq}:無換気状態における飽和濃度(mg/m³)
C_i:換気時の室内濃度(mg/m³)

また,チャンバー内温度や湿度が高いほど,大きな放散速度の値が得られている。表-1.4.1で使用したデータが導出されたそれぞれの研究では,チャンバー法による実験を数日間続けて,定常状態の濃度を得ており,放散速度の減衰を算定してはいない。ただ,上記論文では,高温度条件下(35℃,60% RH)ではチャンバー内ホルムアルデヒド濃度が日数とともに減衰していくケースを紹介している。岩下らは,図-1.4.1に示すような,ラワン合板から発生するホルムアルデヒド濃度の減衰データをチャンバー実験によって得ている[14]。彼らが,ホルムアルデヒド濃度減衰に式(2)をあてはめ,未知数であるEF_0およびkを求めた結果を表-1.4.2に示す。

(3) 建材からのVOC発生量

揮発性有機化合物についても,前述の一次減衰モデルを用いて,実験データを分析し,初期放散速度EF_0および減衰定数kを求めた例はある。Tichenorらが,オイルステイン(wood stain),ポリウレタン,床ワックスの各供試体から放たれるTVOC濃度を一次減衰モデルで分析した結果[15]を表-1.4.3に示す。

表-1.4.3に示した発生パラメータの値は,TVOC発生について分析されたものであるが,オイルステインの場合,TVOC発生パラメータが,N/L値の影響を受けることがわかる。一方,床ワックスはN/Lの影響が明確ではない。N/Lの値が大きくなるほど,EF_0やkの値が大きくなるのは,特に蒸発発生が支配的な建材に顕著な傾向と考えられる。

また,岩下はカナダ国立研究所で行ったポリウ

表-1.4.3 TVOCの発生パラメータ

供試体	N/L (m/h)	EF_0 (mg/m²·h)	k (h⁻¹)
オイルステイン	0.27	2 200	0.24
	3.50	20 900	1.51
	3.57	17 400	1.24
	3.54	27 000	2.41
ポリウレタン	2.38	1 680	6 720
	2.38	2 610	9 000
	4.76	6 500	10 660
	9.52	5 780	9 480
床ワックス	2.1	38 000	6.3
	4.2	23 000	5.3
	8.3	19 000	5.4
	8.3	28 000	10.2
	8.3	32 000	8.1
	16.7	23 000	6.3

(Tichenorらの研究より)

表-1.4.4 VOCの発生パラメータ

VOC	EF_0 (mg/m²·h)	k (h⁻¹)
ポリウレタン1		
トルエン	139.87	12.97
エチルシクロヘキサン	156.79	3.11
ノナン	1 114.26	1.68
プロピルシクロヘキサン	752.56	1.42
デカン	2 058.26	0.52
ポリウレタン2		
トルエン	15.59	3.77
エチルシクロヘキサン	27.01	4.06
ノナン	2 795.73	1.59
プロピルシクロヘキサン	886.32	1.80
デカン	1 689.68	0.62
ポリウレタン3		
トルエン	137.95	5.51
エチルシクロヘキサン	69.89	4.81
ノナン	1 491.01	1.56
プロピルシクロヘキサン	473.92	1.33
デカン	2 041.03	0.55

(岩下の研究より)

レタンから発生するVOCの濃度実験結果に一次減衰モデルを当てはめ，表-1.4.4のような発生パラメータの値を得た[16]。表-1.4.4をみると，ポリウレタン2は若干順番が逆転しているが，各供試材において，沸点の高いVOCほど，減衰定数kの値が小さくなる傾向がみられる。また，どの供試材もDecaneおよびNonaneの初期発生量が大きいことがわかる。これは，この2つのVOCが供試材に多く含まれていることを示している。

VOCの発生パラメータは，データとして未だ少数であり，今後データベースが構築されていくことが望まれる。ここで示した実験的(empirical)なモデルは，さまざまな環境変化によって，予測値が大きくずれる可能性もあるが，建材からの化学物質発生量の大小や，発生量の時間変化率の大小を，算定する第一歩として有用なものと考える。

1.4.2 建築部材・機器からの発生機構

在来，建材単体のガス状物質発生量を求めて，室内濃度予測を試みる研究が成されてきた。しかし，実際の建築物では，建材が単体として用いられることは稀であり，この種の研究の濃度予測精度は低いものとなっていた。つまり，建材や施工剤は，確立した施工法より複合した形態（複合建材）で構成されており[17]，建材単体の発生量を予測式に代入した予測値の精度には限界があったわけである。

室内化学物質汚染の深刻さが指摘されているが，ここでは，実際の建物における複合建材や機器からのガス状物質発生メカニズムについての解説を行うものである。

（1） 化学物質の室内発生部位と発生機構

野崎らはRC造集合住宅における設計・施工状況を調査し，部位毎のガス状物質発生メカニズムを明らかにしている。調査は，設計事務所，施工業者の協力を得て行われており，これにより，建築物の部位別のガス状物質発生モデルが明らかにされている。

ここでは，一般的なRC造集合住宅における設計上の納まりとガス発生との関係について示すものとする。

a. 化学物質の室内発生部位

化学物質の室内発生部位としては，床，天井，壁，巾木，廻り縁，額縁などがあげられる。以下に，部位別の発生について解説する。

b. 部位別のガス状物質発生機構

ⅰ） 床からの発生（図-1.4.2, 1.4.3参照）

木製フローリングでは，塗膜面および内部に含浸した接着剤によるガス状物質の発生が明らかになっている。

ビニルタイル等の樹脂系タイルでは，表面のみならず，継ぎ目から接着剤由来のガス状物質が発生する。

ⅱ） 壁・天井からの発生（図-1.4.4, 1.4.5参照）

RC造の住宅では，ビニルクロスがせっこうボード上に貼り付けられている場合が多い。この場合，ビニルクロスの継ぎ目から接着剤・下地材

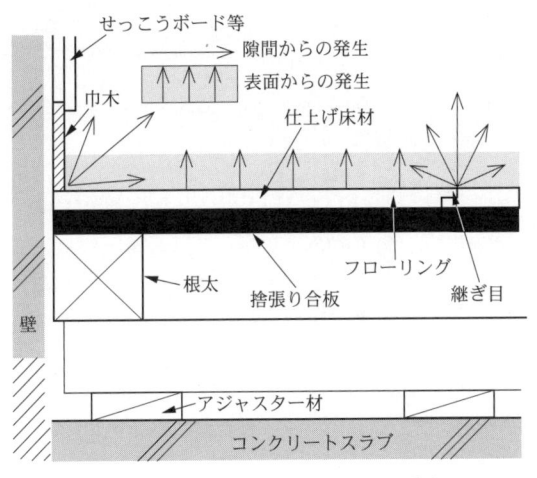

図-1.4.2 木製フローリングからの発生

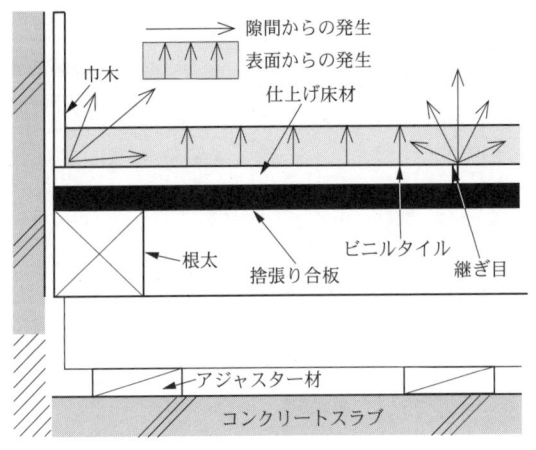

図-1.4.3 ビニルタイルからの発生

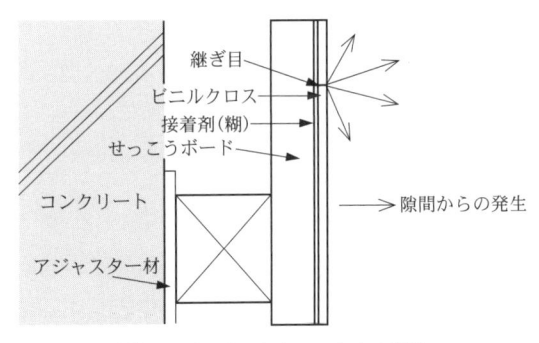

図-1.4.4 ビニルクロスからの発生

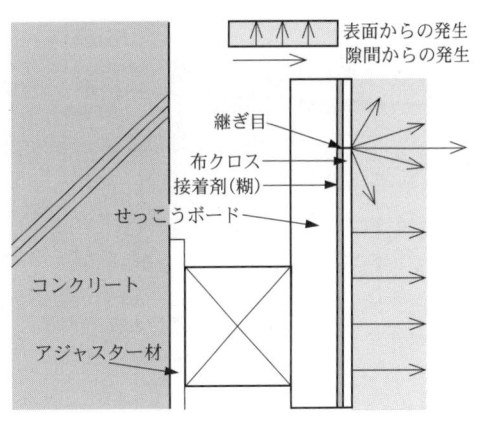

図-1.4.5 布クロスからの発生

したがって，布クロスがせっこうボード上に貼り付けられている場合，継ぎ目のみならず表面からもガス発生が起こり得る。

ⅲ）巾木からの発生（図-1.4.6，1.4.7参照）

塗装を行った木製巾木や木質系巾木の場合は，塗膜面，あるいは接着剤・下地材から，ガス状物質の発生が起こり得る。

また，ビニル巾木の場合では，壁や床と巾木の

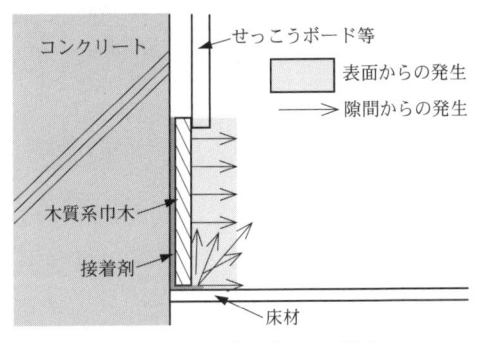

図-1.4.6 木質巾木からの発生

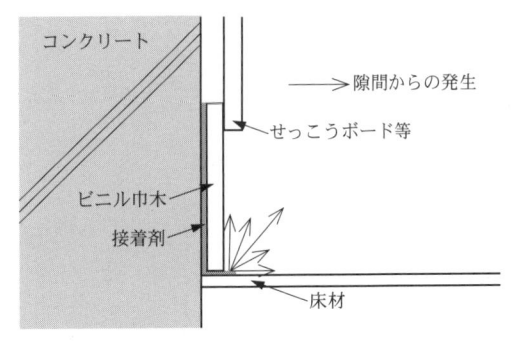

図-1.4.7 ビニル巾木からの発生

由来のガス状物質が発生する。また，ビニルクロスは，一般に，ガス透過性はあまりないものと考えられているが，布クロスの場合では，ガス透過性があるものが多く，表面からの発生も起こり得る。

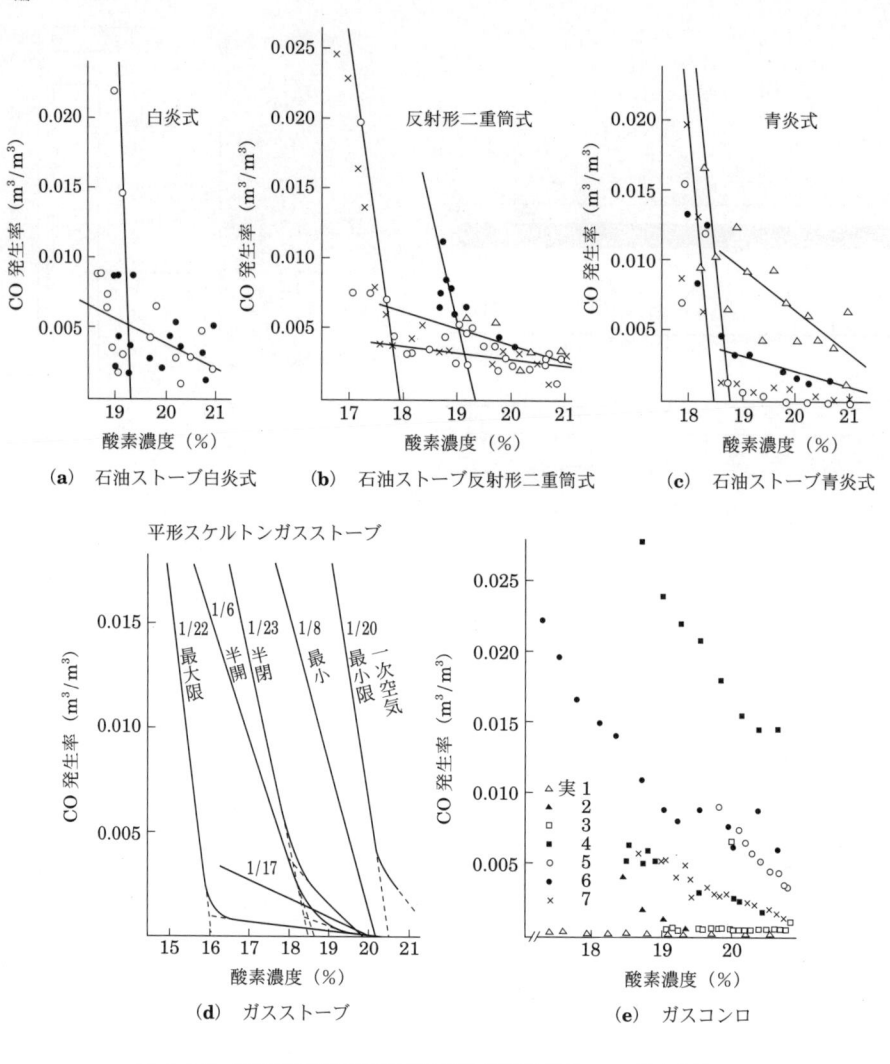

図-1.4.8 室内酸素濃度低下に伴う開放型燃焼器具のCO発生特性

隙間から，接着剤由来のガス状物質の発生が起こり得る。

iv) **額縁からの発生**（図-1.4.8参照）

額縁は，木製額縁に現場塗装を施した場合が多く，この場合には塗装面，あるいは，壁との隙間からガス状物質が発生する。

1.4.3 機器からの発生機構

室内には，室内空気汚染を生じさせうる様々な機器が存在する。中でも燃焼器具は，発生強源度として大きく，有効な室内汚染対策の確立が迫られている。ここでは，機器として燃焼器具を取り上げ，その解説を行う。

（1） CO発生特性

燃焼器具から発生する汚染物質の中で，一酸化炭素の有害性は高い。そのため，室内環境基準を定めている建築基準法，ビル管理衛生法では，室内における一酸化炭素の許容濃度を10ppm以下と定めている。

不完全燃焼の産物である一酸化炭素は，暖房器具，調理器具，タバコから室内に放出される。暖房器具，調理器具については，吉澤により発生量並びに発生特性に関する徹底した一連の研究が行われている。

表-1.4.5　家庭用石油暖房器具からのCO発生量(mL/kg)

	Traynor[5]	Leaderer[4]	Nozaki, Yoshizawa[3]
反射型 (New)	(2714-5348)	(1516-2857)	(1439-5103)
反射型 (Old)	(2044)		
対流型 (New)	(344.4-3214)	(27.0-1151)	
対流型 (Old)	(4182-4356)		
ファンヒータ			(272.0-8980)
使用灯油 (MJ/kg)	43.5	—	46.0

注）25℃，1atm による発生量

石油暖房器具からの灯油1kg当たりのCO発生量は，表-1.4.5に示される。ここでの発生量は，室内酸素濃度の低下のない場合の燃料単位重量あたりの発生量を示している。

ちなみに，器具のCO発生量は，器具形式（反射式，対流式，ファンヒータ等），器具調整，使用時間，温度設定，使用燃料等により異なる。

ただし，室内で開放型燃焼器具を使用する場合には，微少な酸素濃度低下が必然的に生ずる。この微少な酸素濃度の低下が，器具の一酸化炭素の発生特性を悪化させる。図-1.4.8は吉澤により求められた石油暖房器具の室内酸素濃度低下に伴うCO発生特性を示したものである。

室内酸素濃度が19%以下に低下すると，一酸化炭素発生量が急増する現象が示されている。いずれの機種でも，室内酸素濃度と発生量との関係を線形一次モデルで回帰した場合に高い相関が示されており，室内酸素濃度の低下に伴い，器具のCO発生量（m_{CO}）が一次的に増加することが明らかにされている。

吉澤はある種の汚染物質の器具発生量は，室内酸素濃度低下の影響を強く受けるものと考え，次式に示される室内酸素濃度がらみの汚染質発生特性値を取り入れた室内濃度予測式を提案している。本研究成果により，建築物側では建築基準法施行令の中で必要換気量の規制が行われ，また器具側では室内酸素濃度の低下を取り入れた不完全燃焼防止装置の設置が実現している。

これらの工学的対策の実現により，我が国における室内一酸化炭素中毒事故は激減している。

吉澤ら[19),20)]室内酸素濃度低下が生ずる場合の室内濃度予測式として，次式を提案している。

$$C = C_1 e^{-nt} + \frac{AB}{R}\left(K_1 - K_0 + \frac{kB}{Q}\right) t e^{-nt}$$
$$+ \left\{ Co + A(K_0 - K_{C1})\frac{B}{Q} - Ak\frac{B}{Q} \right.$$
$$\left. - Ak\left(\frac{B}{Q}\right)^2 \right\}(1 - e^{-nt}) \quad (1)$$

ここで，

- C ：ある時刻における室内汚染物濃度
- C_1 ：O_2 が21%における室内汚染物濃度
- Co ：外気濃度
- A ：O_2 低下に伴う m の変化の割合（m³/kg）
- B ：器具燃料消費量率
- k ：燃料単位重量当たりの酸素消費量（m³/kg）
- R ：室気積（m³）
- K_1 ：初期室内酸素濃度
- K_0 ：外気室内酸素濃度
- K_{C1} ：第一次限界酸素濃度
- Q ：室換気量（m³）
- n ：室換気回数（1/h）

（2）VOC発生特性

野崎ら[23)]は開放型燃焼器具について，非メタン炭化水素（NMHC：Non Methane Hydro Carbon）およびVOC発生量を求める研究を行っている。

表-1.4.6　非メタン炭化水素(NMHC)の発生量[3)]

器具形式	器具台数	発生量(mL/kg)	Ave.(mL/kg)	SD(mL/kg)
反射式	3	0~188	72.2	30.9
対流式	2	0~25.6	12.8	6.20
ファンヒータ	3	474~1 120	867	179

＊　25℃ 1atm で算出（メタン換算による）

表-1.4.7　揮発性有機化合物(TVOC)の発生量[4)]

器具形式	器具台数	発生量(mL/kg)	Ave.(mL/kg)	SD(mL/kg)
反射式	3	0~124	48.7	13.3
対流式	2	0~22.5	11.3	1.87
ファンヒータ	3	106~457	281.7	107.6

＊　25℃ 1atm で算出（メタン換算による）

1 総論

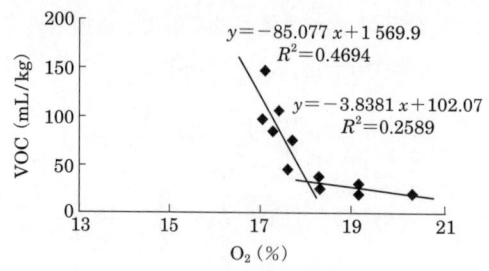

(a) 反射式石油ストーブ

$y = -85.077x + 1569.9$
$R^2 = 0.4694$

$y = -3.8381x + 102.07$
$R^2 = 0.2589$

(b) 対流式石油ストーブ

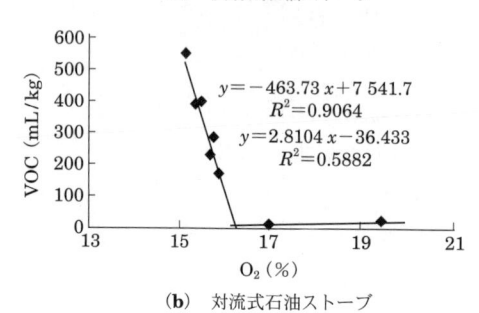

$y = -463.73x + 7541.7$
$R^2 = 0.9064$

$y = 2.8104x - 36.433$
$R^2 = 0.5882$

図-1.4.9 室内酸素濃度低下に伴うVOC発生特性

ある室内環境条件（25℃，1atm）における各器具の灯油1kg当たりのNMHC，TVOC発生量（mL/kg）について表-1.4.6，1.4.7に示す。

室内酸素濃度低下のない初期のNMHC，VOC発生量は，ファンヒータが大きく，反射，対流式の順に小さくなる傾向が示されている。

また，図-1.4.9に示すように，室内酸素濃度低下に伴う器具のVOC発生量（m_{VOC}）は，COの場合と同様に，一次的に増加することが明らかにされている[25]。

(3) ホルムアルデヒド発生特性

開放型石油ストーブから発生するホルムアルデヒドのついては，表-1.4.8に示すように，Traynorら[23]および野﨑ら[26],[27]により報告されている。

表-1.4.8 ホルムアルデヒド（HCHO）の発生量[23],[26],[27]

器具形式	機種数	発生量（野﨑[8]）(mL/kg)	(Traynorら[5])(mL/kg)
反射式	1	11.7	17.3
対流式	1	5.72	4.93
ファンヒータ	1	29.0	

＊ 25℃ 1atmで算出

表-1.4.9 窒素酸化物（NO_x）の発生量

器具形式	機種数	発生量(mL/kg)	Ave.(mL/kg)	SD(mL/kg)
反射式	4	127〜459	305	20.5
対流式	3	1140〜1840	1380	103
ファンヒータ	4	1540〜5360	3240	761

＊ 25℃ 1atmで計算

表-1.4.10 一酸化窒素（NO）の発生量

器具形式	機種数	発生量(mL/kg)	Ave.(mL/kg)	SD(mL/kg)
反射式	4	40.2〜351	163	15.7
対流式	3	956〜1640	1150	101
ファンヒータ	4	1130〜4060	2600	745

＊ 25℃ 1atmで計算

表-1.4.11 二酸化窒素（NO_2）の発生量

器具形式	機種数	発生量(mL/kg)	Ave.(mL/kg)	SD(mL/kg)
反射式	4	81.3〜206	147	25.0
対流式	3	157〜281	227	46.2
ファンヒータ	4	407〜1020	621	69.6

＊ 25℃ 1atmで計算

(4) 窒素酸化物発生特性

野﨑ら[28]は，開放型石油暖房器具から発生するNO_x，NO，NO_2について，室内酸素濃度低下のない状態での発生量（mL/kg）を報告している。ある室内環境条件（25℃，1atm）における各器具の灯油1kg当たりのNO_x，NO，NO_2発生量（mL/kg）は，表-1.4.9〜1.4.11に示されている。

また，窒素酸化物発生量は，器具の定格発熱量によって決定されるのではなく，主として器具の燃焼形式により決定され，NO_xの初期発生量はファンヒータが大きく，次いで対流式，反射式の順となることが明らかにされている。

また，野﨑，吉澤らは窒素酸化物の室内濃度構成機構の解明を行い，反射式，対流式，ファンヒータの開放型石油暖房器具について，室内酸素濃度低下の窒素酸化物発生特性に及ぼす影響を明らかにしている。すなわち，窒素酸化物の発生特性は，一酸化炭素の場合とは異なり，室内酸素濃度低下に伴い器具発生量が一次的に減少することを明らかにしている。

1.4 材料の発生量と建材・機器からの発生機構

されるような特性が得られている。室内酸素濃度低下に伴う発生特性値（減少勾配）A (m³/kg)は反射式，対流式，ファンヒータの順に大きくなる。

また，ファンヒータの多くは，図-1.4.10(b)に示されるように，ある室内酸素濃度 (K_C) を境に m_{NO_x} の減少勾配が緩くなる2直線で近似できる。

すなわち，図-1.4.10(a)は反射，対流型石油ストーブ，一部の石油ファンヒータの特性で，図-1.4.10(b)は多くの石油ファンヒータに見られる発生特性と考えられる。

任意の室内酸素濃度における窒素酸化物発生量 m (mL/kg) は，室内酸素濃度低下に伴う窒素酸化物の減少勾配 A (m³/kg)，器具の初期発生量 m_1 (mL/kg) を用いて，次の式(1)，(2)にて表される。

$$m = m_1 - A(K_0 - K) \quad (1)$$
$$m = A(K - K_{C1}) \quad (2)$$

ここで，

K_0：初期室内酸素濃度
K：ある任意の室内酸素濃度
K_{C1}：第一次限界酸素濃度

ある任意の酸素濃度における発生量 m は，図

さらに，ある任意の室内酸素濃度における窒素酸化物発生量を定量的に示す発生特性モデルを提案し（図-1.4.10参照），室内における開放型石油暖房器具の窒素酸化物発生特性を報告している。

図-1.4.11に示すように，室内酸素濃度(K)低下にともなう開放型石油暖房器具のNO_x発生量 (m_{NO_x}) は一次式で近似でき，図-1.4.10(a)に示

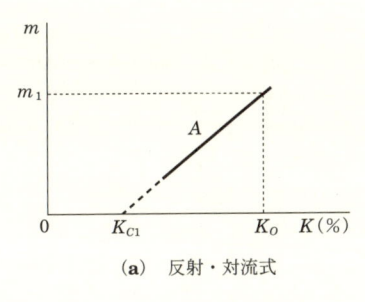

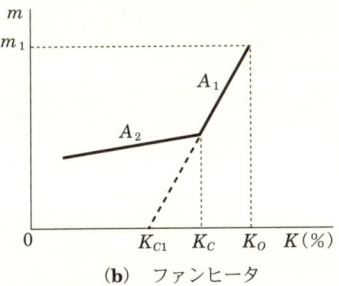

図-1.4.10 開放型石油暖房器具の NO_x 発生特性モデル

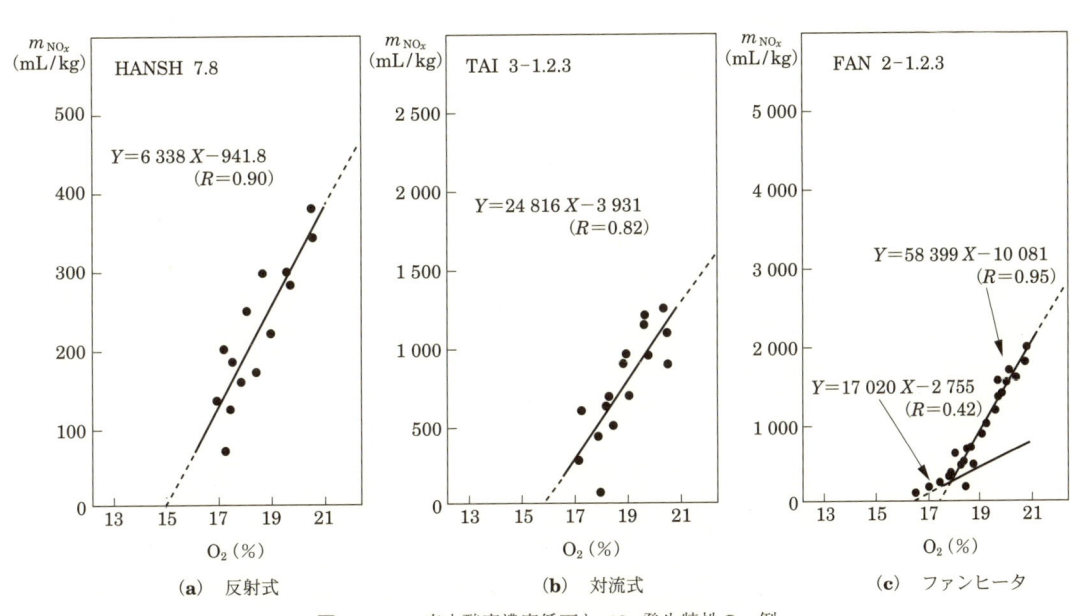

図-1.4.11 室内酸素濃度低下と NO_x 発生特性の一例

1 総論

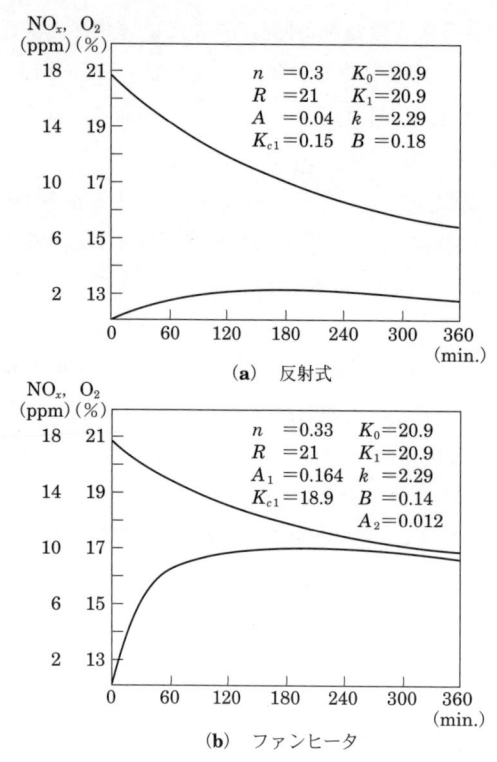

図-1.4.12 開放型石油暖房機を使用する室内の NO_x 濃度シミュレーション

(a) 反射式
$n = 0.3$, $K_0 = 20.9$
$R = 21$, $K_1 = 20.9$
$A = 0.04$, $k = 2.29$
$K_{c1} = 0.15$, $B = 0.18$

(b) ファンヒータ
$n = 0.33$, $K_0 = 20.9$
$R = 21$, $K_1 = 20.9$
$A_1 = 0.164$, $k = 2.29$
$K_{c1} = 18.9$, $B = 0.14$
$A_2 = 0.012$

-1.4.10の(a)(b)いずれのタイプにおいても，m_1，$A(A_1)$，K_{C1}のうち2つのパラメータを求めれば良いことになる。

更に，室内酸素濃度 (K) が K_C 以下の場合，$A = A_2$として m を求めることができる。

これらの酸素濃度がらみの器具固有の NO_x 発生特性値と吉澤の濃度予測式を用いて，高精度の室内窒素酸化物予測法が完成している。図-1.4.12に開放型石油暖房機を使用する室内の濃度シミュレーションの一例を示す。

参考文献

1) Tichenor, B.A.: Indoor Air Sources, Using Small Environmental Test Chambers to Characterize Organic Emissions from Indoor Materials and Products, U.S. EPA, Air and Energy Engineering Research Laboratory (EPA/600/8-89-074) (1990)

2) Tichenor, B.A., Guo, Z. and Sparks, L.E.: Fundamental Mass Transfer Model for Indoor Air Emissions from Surface Coatings, Indoor Air, Vol.3, pp.263-268 (1993)

3) 田辺新一，舟木理香，島田菜穂美：小型チャンバー ADPAC を用いた建材・施工材からの室内汚染化学物質放散速度の測定，日本建築学会技術報告集第10号，pp.153-157 (2000)

4) Myers, G.E.: Effect of Ventilation Rate and Board loading on Formaldehyde Concentration, A Critical review of the Literature, Forest Products Journal, Vol.34, No.10, pp.59-68 (1984)

5) Hoetjer, J.J.: Formaldehyde Emission Experiment Carried Out by MCN in Comparison with the Climate Room Measurements of the WKI in Braunschweig, West Germany, Methanol Chemie Nederland (1980)

6) Hoetjer, J.J.: Experiences with measurements and analytical Method for the Determination of the Formaldehyde Emission from Chipboard Related to the Concentration in Living Environments, Methanol Chemie Nedrland VOF rept. (1982)

7) Matthews, T.G., Hawthorne, A.R., Corey, M.D., Daffron, C.R. and Gammage, R.B.: Formaldehyde Release from Plywood, Particleboard, Fibreboard, and Paneling, Rept. To the U.S. Consumer Product Safety Commission, Rept. No.7, ORNL/TM-9100 (1982)

8) Myers, G.E. and Nagaoka, M.: Emission of Formaldehyde by Particleboard, Effect of Ventilation Rate and Loading on Air-contamination Levels, Forest Product Journal, Vol.31, No.7, pp.39-44

9) Myers, G.E.: Formaldehyde Dynamic Air Contamination by Hardwood Plywood, Effect of Several Variables and Board Treatments, Forest Product Journal, Vol.32, No.4, pp.20-25

10) Myers, G.E.: Formaldehyde Emission from Particleboard and Plywood Paneling, Measurement, Mechanism, and Product Standards, Forest Product Journal, Vol.33, No.5, pp.27-37

11) Newton, L.R.: Ambient Formaldehyde ppm as a Function of Loading Factors and Air Exchange Rate, Data from Georgia-Pacific Corp. (1982)

12) Pickrell, J.A., Griffis, L.C., and Hobbs, C.H.: Release of Fomaldehyde from Various Consumer Products, Final Rept. to U.S. U.S. Consumer Product Safety Commission, Contact. No.DE-AC04-76EVO1013, LMF-93, UC-48 (1982)

13) Rundle, V.A.: Reduction of Formaldehyde Emission from Particleboard with a wax-based coating, Presented at Forest Prod. Res. Soc. 33rd Annual Meeting, San Francisco, Calif. (1979)

14) 岩下剛，木村建一：ラワン合板から放たれるホルムアルデヒドの時系列発生量の算定法に関する基礎的研究，空気調和・衛生工学会論文集，第75号，

pp.13-20 (1999.10)

15) Tichenor, B.A. and Guo, Z.: The Effect of Ventilation Rates of Wood Finishing Materials, Proc. of Healthy Buildings '88, Vol.3, pp.423-432 (1988)

16) 岩下剛:ポリウレタン床仕上げ剤から放たれる揮発性有機化合物の時系列発生量のモデル化に関する試験研究,日本建築学会計画系論文報告集,第522号,pp.61-66 (1999.8)

引用文献

17) 野崎淳夫,吉澤晋,飯倉一雄 他:室内化学物質汚染低減化対策としてのベイクアウトに関する研究(2),住宅における建材由来のホルムアルデヒド及びVOC汚染に関する研究(3),空気調和・衛生工学会学術講演論文集,pp.37-40 (1999)

18) 野崎淳夫,吉澤晋,飯倉一雄,坊垣和明,池田耕一:室内化学物質汚染低減化対策としてのベイクアウトに関する研究(2),住宅における建材由来のホルムアルデヒド及びVOC汚染に関する研究(3),空気調和・衛生工学会学術講演論文集,pp.41-44 (1999)

19) 吉澤晋:例えば,煙突なしストーブを使用する室内空気状態とその対策,建築設備,第20巻2号 (1969.2)

20) Susumu Yoshizawa: Japanese Experiences on The Control of Indoor Air Pollution by Combustion Appliances, Proc. of 3rd International Conf. on Indoor Air Quality and Climate, pp.193-198 (1984)

21) 野崎淳夫,吉澤晋,小峯裕己:室内酸素濃度の変化が石油ストーブ,ファンヒーターのNO_x,CO発生特性に及ぼす影響,日本建築学会計画系論文報告集,第411号,pp.9-16 (1991)

22) Brian, P. Leaderer: Air Pollutant Emissions from Kerosene Space Heaters, Science, Vol.218, pp.1112-1115 (1982.10)

23) Gregory, W. Traynor, et al.: Pollutant Emissions from Portable Kerosene Fired Space Heaters, Environ. Sci. Technol., Vol.17, No.6, pp.369-371 (1983)

24) 野崎淳夫,吉澤晋,池田耕一,入江建久,堀雅弘:開放型石油暖房器具の非メタン炭化水素発生特性 (Part 1),室内VOC,ホルムアルデヒド汚染に関する研究(その1),日本建築学会計画系論文集,第517号,pp.45-51 (1999.3)

25) Nozaki, A., Yoshizawa, S., Ikeda, K., Hori, M., Matsushita, H.: Emission Characteristics of Volatile Organic Compounds from Domestic Flue-less Combustion Heaters, Healthy Buildings/IAQ'97, Vol.3, pp.63-68 (1997)

26) Nozaki, A., Yoshizawa, S., Ikeda, K.: Emission Characteristics of Formaldehyde from Domestic Kerosene Heaters in Dwellings, INDOOR AIR'96, Vol.2, pp.675-680 (1996)

27) 野崎淳夫 他:空気清浄ハンドブック,オーム社 (2001)

28) 野崎淳夫,吉澤晋,池田耕一:開放型石油暖房器具の窒素酸化物発生特性(その1),日本建築学会計画系論文集,第503号,pp.39-45 (1998.1)

29) Nozaki, A., Yoshizawa, S.: Studies on the NOx Emission Characteristics from Domestic Kerosene Fired Space Heaters with Indoor Oxygen Depletion, Proc. of 6th International Conf. on Indoor Air Quality and Climate (1993.6)

30) 野崎淳夫,吉澤晋:室内酸素濃度の低下が石油ストーブ,ファンヒーターのNO_x,CO発生特性に及ぼす影響(その2),燃焼器具による室内空気汚染の防止に関する研究(第2報),日本建築学会計画系論文集,第429号,pp.17-23 (1991.11)

1.5 汚染物質の吸着特性

1.5.1 吸着の理論

実験的に求めた発生量,換気量などから室内濃度を予測するとき,吸着性のある汚染物にあっては建材などへの吸着特性（脱着も含めて）を考慮に入れる必要がある。

吸着についての理論は,活性炭などの吸着剤についての理論から発達した。吸着などの物質移動は,平衡に達して停止する。その吸着量を平衡吸着量といい q_{eq} で表すと,一定温度下における平衡吸着量と気相中の吸着物濃度の関係は,以下の等温吸着式（Langmuir式）で表される[1]。

$$q_{eq} = \frac{aq_{max}C}{1+aC} \qquad (1)$$

ここで,
- a：吸着平衡定数($\fallingdotseq (RT/Ps) \times e^{E/RT}$)
- R：気体定数
- T：絶対温度
- E：吸着熱
- q_{max}：最大吸着量
- C：被吸着質濃度

C が小さければ,平衡吸着量は濃度に比例する（Henryの式）。

$$q_{eq} = \beta C \qquad (2)$$

β(吸着係数)$\fallingdotseq aq_{max}$ である。
次のFreundlich式もしばしば利用される。

$$q_{eq} = kC^{1/n} \qquad (3)$$

k, $1/n$ は系によって定まる定数である。それら3式の関係を図-1.5.1に示すが,C_a 以下の低濃度域では3種の等温吸着線はほとんど重なり,高濃度側でそれぞれの特徴が明らかになる。

1.5.2 吸着を考慮した室内濃度予測式[2]

前述の1.3節「濃度予測法と浄化設計法」において,吸着性を有する汚染物質についての微分方程式として式(20)（以下の式(4)）が得られている。この場合の吸着量率 A は室内濃度に正比例し,脱離量を差し引いたものである。

$$(M+C_0Q) - (AS'+CQ) = R\frac{dC}{dt} \qquad (4)$$

- M：発生量(m^3/h) $= mSe^{-Pt}$ $\qquad (5)$
  - m：単位面積当たり発生量(m^3/hm^2)
  - S：面積(m^2)
  - P：発生量の減衰率(1/h)
- C：室内濃度(m^3/m^3)
- C_0：外気濃度(m^3/m^3)
- Q：換気量(m^3/h)
- R：室容積(m^3)
- A：吸着量率(m/h) $= aC$ $\qquad (6)$
  - a：吸着速度(m/h)
- S'：吸着面積(m^2)

式(4),(5),(6)より得られた室内濃度予測式として,1.3節「濃度予測法と浄化設計法」の式(26)（以下の式(7)）,式(27)（定常な発生の場合,以下の式(8)）,式(28)（長時間経過した場合,以下の式(9)）が提示されている。

図-1.5.1 3種の吸着等温線の比較

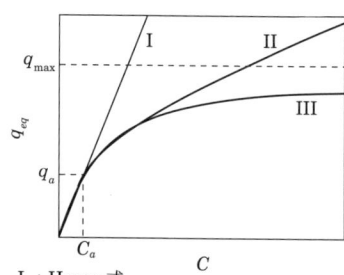

- Ⅰ：Henry式
- Ⅱ：Freundlich式
- Ⅲ：Langmuir式
- C：被吸着質濃度
- C_a：比例限界吸着質濃度
- q_{eq}：平衡吸着量
- q_{max}：最大吸着量
- q_a：比例限界吸着量

$$C = C_1 e^{\frac{Q+as'}{R}t} + \left(\frac{Sm}{Q+as'-PR} + \frac{C_0 Q}{Q+as'}\right)$$
$$\times \left(1 - e^{-\frac{Q+as'}{R}t}\right) - \frac{Sm}{Q+as'-PR}(1-e^{-Pt})$$
$$\quad (7)$$

定常な発生であると仮定すると，以下の式（8）になる。

$$C = C_1 e^{-\frac{Q+as'}{R}t} + \frac{C_0 Q + mS}{Q+as'}$$
$$\times \left(1 - e^{-\frac{Q+as'}{R}t}\right) \quad (8)$$

長時間経過した場合は，以下の式（9）になる。

$$C = \frac{C_0 Q + mS}{Q+as'} \quad (9)$$

文献2)に，その理論式を用いてチャンバ内のフローリング用接着剤からのTVOC放散特性からTVOCの吸着速度を求め，0.1m/hであることを報告されている。

1.5.3 吸着，脱着を考慮した室内濃度予測式

吸着と脱着とを区別したのに，建材等から発生する化学物質の吸着・脱着効果（Sink Effect）を考慮したモデルとして，EPA（米国環境保護庁）のTichenorらがLangmuir吸着プロセスを考慮し，モデル化した以下の式(10)，(11)が用いられる。

$$V\frac{dC}{dt} = R(t) - NCV - kaCA + kdMA \quad (10)$$

$$\frac{dM}{dt} = kaC - kdM \quad (11)$$

C ：化学物質の濃度(mg/m^3)

$R(t)$: 化学物質発生量(mg/h)
N ：換気回数 $(1/h)$
V ：チャンバーの容積(m^3)
ka ：吸着速度(m/h)
A ：sink面積(m^2)
kd ：脱着係数 $(1/h)$
M ：sink内の単位面積当たりの質量(mg/m^2)

Jorgensen[3]は，1.03m^3のガラス製のテストチャンバーで，いろいろなカーペットについて試験を行い，図-1.5.2に示すα-ピネンの濃度上昇，減衰曲線などから，式(10)，(11)を用いてカーペットの吸着速度，脱着係数を表-1.5.1に示すように求めている。なおLはローディングファクター$(m^{-1}) = A/V$，M_{eq}は平衡状態でのsink内の単位面積当たりの質量(mg/m^2)であり，keはka/kdで与えられる平衡係数である。

Doyun Wonら[4]は，表-1.5.2に示すように，同様に式(10)，(11)を用いてVOCのカーペットの吸着速度，脱着係数，吸着平衡係数(ka/kd)を

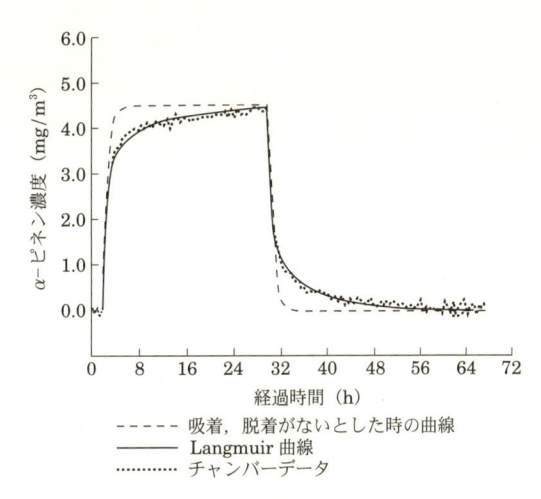

図-1.5.2 ナイロンカーペットに対するα-ピネンの吸着と脱着

表-1.5.1 モデルに基づいて計算されたMeq, ka, kd, keなどの実験結果

材料	化合物	N (1/h)	L (1/m)	Ceq (mg/m³)	Meq (mg/m²)	ka (m/h)	kd (1/h)	ke (m)
ウールカーペット	α-ピネン	1.25	0.97	4.46	10.11	0.448	0.195	2.302
ウールカーペット	トルエン	1.04	0.97	4.65	2.75	0.257	0.429	0.599
ナイロンカーペット	α-ピネン	1.25	0.97	4.32	9.92	0.433	0.187	2.320
ナイロンカーペット	トルエン	1.25	0.97	4.94	2.64	0.185	0.340	0.544
32℃でのウールカーペット	α-ピネン	1.23	0.97	4.44	10.43	0.386	0.159	2.430
組み合わせ	α-ピネン	1.21	4.4	4.13	4.48	0.093	0.085	1.098

表-1.5.2 パッドがある場合とない場合のカーペットについての化学物質の吸着速度，脱着係数，平衡係数

材料	パラメータ		MTBE	CH	IP	TOL	PCE	EB	DCB	TCB
カーペット1 (Cp1)	平均	ka (m/h)	ns	ns	b	0.11	0.17	0.30	0.52	0.58
		kd (1/h)	ns	ns	b	0.56	0.47	0.62	0.25	0.10
		keq (m)	ns	ns	b	0.22	0.36	0.46	2.1	5.9
	変動係数	ka	ns	ns	b	46	31	57	41	b
		kd	ns	ns	b	64	57	63	71	b
		keq	ns	ns	b	30	25	28	73	b
	n		5	6	b	7	9	9	8	1
カーペット2 (Cp2)	平均	ka (m/h)	nd	nd	b	0.26	0.31	0.41	0.80	0.91
		kd (1/h)	nd	nd	b	0.44	0.32	0.34	0.17	0.13
		keq (m)	nd	nd	b	0.60	0.97	1.2	4.7	7.8
	変動係数	ka	b	b	b	12	7.0	12	5.3	31
		kd	b	b	b	15	6.7	17	0.0	63
		keq	b	b	b	2.5	0.2	4.5	5.3	35
	n		2	2	b	2	2	2	2	2
カーペット3 (Cp3)	平均	ka (m/h)	nd	ns	b	0.18	0.16	0.17	0.43	0.49
		kd (1/h)	nd	ns	b	0.65	0.42	0.37	0.21	0.16
		keq (m)	nd	nd	b	0.28	0.38	0.46	2.0	3.1
	n		1	1	b	1	1	1	1	1
パッド付きカーペット1 (Cp1.p)	平均	ka (m/h)	0.76	0.39	0.76	0.49	0.44	0.48	0.60	1.5
		kd (1/h)	4.9	1.7	1.1	0.29	0.25	0.15	0.083	0.46
		keq (m)	0.15	0.24	0.78	1.7	1.8	3.3	8.0	4.9
	変動係数	ka	0.45	0.64	0.15	14	12	11	10	80
		kd	0.53	0.61	0.12	17	15	14	32	120
		keq	0.21	0.20	0.30	11	10	13	35	68
	n		6	9	5	10	10	10	10	10
パッド付きカーペット2 (Cp2.p)	平均	ka (m/h)	0.10	0.10	0.36	0.42	0.45	0.49	0.96	2.1
		kd (1/h)	0.45	0.67	1.2	0.23	0.22	0.15	0.15	0.36
		keq (m)	0.22	0.15	0.29	1.9	2.1	3.4	6.6	6.1
	変動係数	ka	0.71	0.0	51	3.4	3.1	4.4	6.7	43
		kd	19	15	43	9.4	10	15	15	54
		keq	18	15	10	6.1	6.7	10	8.0	13
	n		2	2	2	2	2	2	2	2
パッド付きカーペット3 (Cp3.p)	平均	ka (m/h)	0.10	0.10	0.27	0.23	0.23	0.29	0.62	1.4
		kd (1/h)	0.69	0.60	0.47	0.16	0.17	0.14	0.13	0.42
		keq (m)	0.14	0.16	0.57	1.5	1.4	2.1	4.9	3.5
	変動係数	ka	3.7	7.4	42	16	16	12	18	66
		kd	5.2	0.0	32	23	21	16	34	77
		keq	8.8	7.4	11	7.2	5.8	3.3	16	15
	n		2	2	2	2	2	2	2	2

注) 1. ka：吸着速度，kd：脱着係数，keq：平衡係数＝ka/kd
2. nd：測定せず，ns：吸着なし，b：失敗
3. MTBE：メチル第三ブチルエーテル，CH：シクロヘキサン，IP：イソプロパノール，TOL：トルエン，PCE：テトラクロロエチレン，EB：エチルベンゼン，DCB：オルトジクロロベンゼン，TCB：1,2,4-トリクロロベンゼン

求めている。パッドがある場合，ない場合に比較して一般的に吸着速度，脱着係数は大きい。なお表の化学物質については，MTBEはメチル第三ブチルエーテル，CHはシクロヘキサン，IPはイソプロパノール，TOLはトルエン，PCEはテトラクロロエチレン，EBはエチルベンゼン，DCBはオルトジクロロベンゼン，TCBは1,2,4-トリクロロベンゼンである。

岩下[5]は同様のモデルを用いて，ステンレス製の容積0.28m³のチャンバー内での定常状態後の

表-1.5.3 sink model により得られた吸着速度，脱着係数

発生物質	sink 材	Ce (mg/m³)	ka (m/h)	kd (1/h)
ホルムアルデヒド	珪藻土	5.76	0.69	0.31
デカン	珪藻土	6.04	1.27	0.47
デカン	カーペット	5.66	1.32	0.61
デカン	ビニルシート	6.58	1.33	1.15

注) Ce：初期濃度，ka：吸着速度，kd：脱着係数

表-1.5.4 sink model により得られた吸着速度，脱着係数

発生物質	sink 材	ka (m/h)	kd (1/h)
トルエン	珪藻土パネル	1.044	1.108
	壁紙	0.565	0.716
キシレン	珪藻土パネル	4.391	3.078
	壁紙	2.190	0.740

汚染物質の発生を停止した後の化学物質濃度減衰曲線から，デカンの珪藻土，カーペット，ビニルシートの吸着速度，脱着係数，ホルムアルデヒドの珪藻土の吸着速度，脱着係数を表-1.5.3のように求めている。また，同様のチャンバーを用いて，高橋[6]は One-sink モデルによるトルエン，キシレンの珪藻土，壁紙への吸着速度，脱着係数を表-1.5.4のように求めている。

松本[7]は，source/sink モデルを用いた IAQ 予測法を提示している。また，吸着を仮定した室内濃度数値解析もなされている[8]が，ここでは省略する。

1.5.4 室内材，家具への吸着

チャンバー内での濃度が高い状態での濃度減衰は，ほぼ吸着によると思われる。1.64m³ のテストチャンバーを用いて，各種建築資材についてのNO₂の減衰定数を求めた結果を，図-1.5.3[9]に示す。吸着による減衰について材料の表面積あたりで求めたのが前述の吸着速度である。0.69m³ のチャンバーを用いて SO₂，NO₂，ホルムアルデヒドについての各種建築材料の吸着速度を求めた結果を，表-1.5.5[10),11),12)]に示す。

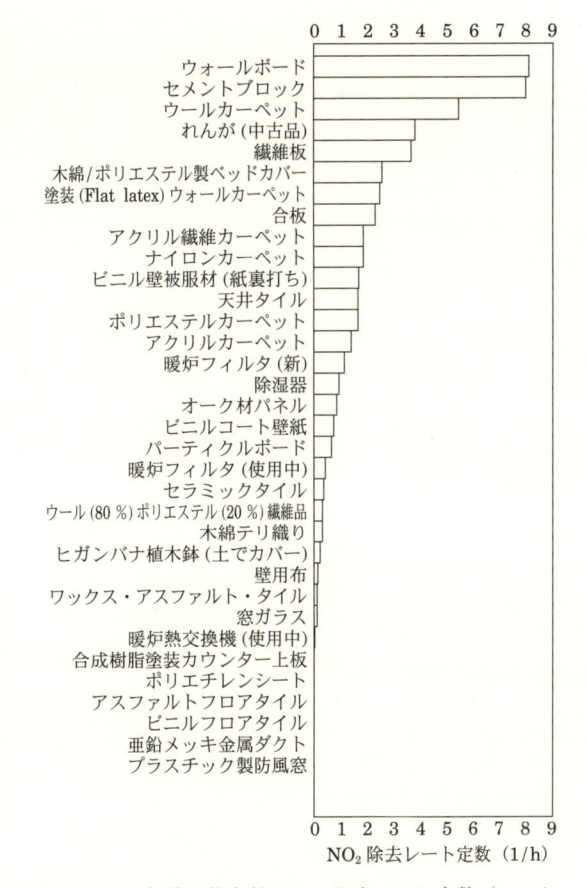

図-1.5.3 各種建築資材の NO_2 除去レート定数（テストチャンバー 1.64m³，相対湿度 50%）（Spicer et al. 1986）

表-1.5.5 SO_2, NO_2, ホルムアルデヒドの吸着速度の比較

建築材料		吸着速度 (m/h)		
		SO₂	NO₂	HCHO
床材	カーペット 1（アクリル）	3.47	1.21	0.70
	カーペット 2（アクリル）	2.60	0.74	0.96
	カーペット 3（アクリル）	1.40	0.55	0.42
	カーペット 4（ウール）*	3.85	2.18	2.30
	カーペット 5	4.29	3.46	0.42
	畳表	2.08	0.48	1.65
	ニードルパンチ	2.85	0.47	0.12
	フロアシート 1	0.02	0.04	0.03
壁材	壁紙 2	0.06	0.06	0.09
天井材	化粧テックス	2.74	2.13	2.25
	テックス	4.75	4.31	4.45
	プラスターボード*	1.63	0.66	2.41
家具・建具	塗装ステンレス	0.03	0.03	0.06
	ガラス	0.00	0.00	0.05
	塗装合板（ニス）	0.49	0.26	0.56

*は，NO₂，SO₂とホルムアルデヒドとで材料は異なる。

表-1.5.6 木材のホルムアルデヒド吸放出量の調査結果

試料名	吸収量 (mg/L)	吸収率 (%)	再放出率 (%)
ホワイトラワン	0.277	68.9	3.5
レッドラワン	0.161	38.4	26.8
スギ	0.188	45.3	26.4
ヒバ	0.185	42.8	26.4
サワラ	0.242	55.6	31.6

表-1.5.7 各種ホルムアルデヒド低減材の低減速度

低減材料	形状	大きさ (cm×cm)	ホルムアルデヒド濃度(ppm) 初期	ホルムアルデヒド濃度(ppm) 18h密閉後	低減速度 ($\mu g/m^2 \cdot h$)
A	ボード状	2×2	1.04	0.03	328
B	シート状	10×10	0.91	0.02	12
C	シート状	10×10	0.8	0.08	9
D	シート状	7.1×7.1	1.16	0.46	18
E	シート状	5.7×5.8	1.09	0.05	41
F	シート状	10×10	1.01	0.13	11
G	不燃布	2×2	0.71	0.03	220
H	不燃布	2×2	0.65	0.40	82
I	シート状	10×10	0.72	0.60	2

表-1.5.8 珪藻土仕上げ材のホルムアデヒドの平衡吸着量

材料	試験面 cm×cm	平衡吸着量 g/m^2 at 100ppm
仕上げ材A	7.0×1.5	0.699
仕上げ材B	7.0×1.8	0.966
仕上げ材C	7.0×2.0	0.767
仕上げ材D	6.9×1.9	0.729
仕上げ材E	7.0×2.1	0.080
壁紙	7.0×2.0	0.000
せっこうボード	7.0×2.0	0.000

1.5.5 吸着材（低減材料）への吸着

化学物質汚染対策として，吸着によって室内濃度を低減するために内装材に吸着材を用いる試みが考えられている。その効果をみるために，その材料の吸着性状を調べる試験はよく行われている。

木材へのホルムアルデヒドの吸収を，9〜11Lのデシケータ法で求めた結果を表-1.5.6に示す[13]。デシケータ法とは，建材の発生量を調べる方法であり，20℃，24時間でデシケータ内に設置したビーカー中の300mLの蒸留水が，試験片が放出するホルムアルデヒドを吸収する量（吸収量）で求められる。表-1.5.6の吸収量とは，試験片のみを入れた時の吸収量と吸収量0.4mg/Lに相当するホルマリン溶液を入れた場合の吸収量との合計から，試験片とホルマリン溶液を入れた場合の吸収量との差で求められる。吸収率でいえば，38.4〜68.9％が得られている。また，いったん吸収した試験片を用いた再放出試験の結果から，再放出率は3.5〜31.6％であった。

吸着シートなどの低減材の効果が，3.75Lのデシケータ内での18時間密閉後のホルムアルデヒドの低減速度として調べられている[14]。低減の原理は，Aが金属触媒による酸化，Fが物理吸着である他は化学吸着である。AとGが優れており，約0.8ppmの初期ホルムアルデヒド濃度で密閉時間を3時間とした評価でも，その2者のみが3時間後にホルムアルデヒド濃度を0.08ppm以下にした。

珪藻土壁材へのホルムアルデヒドの吸着，吸収が，22Lの循環チャンバーでの平衡吸着量として調べられている[15]。217Lの簡易型チャンバ試験の結果では，F2内装用合板単独の場合で23℃で0.3ppm，35℃で1ppmになったのに比較して，F2内装用合板と試験体共存の場合（その面積比はSink/Source比＝2.3），試験体Aでは23℃で0.03ppm，35℃で0.085ppm，試験体Eでも23℃で0.145ppm，35℃で0.420ppm，にまで低減した。

また，観葉植物などへの吸着特性も調べられており[16]，喫煙者のいる会議室内にスパティフィラムを1鉢（総葉面積0.9m^2）置くことにより，室内ホルムアルデヒド濃度は平均5％低くなると予測している。

引用文献

1) 日本空気清浄協会編：空気清浄ハンドブック，254，オーム社（1981）
2) 吉澤晋 他：VOC室内濃度予測と計算法（その2）吸着を考慮した理論式による予測，日本建築学会大会講演梗概集DⅡ，pp.837-838（1998）

3) Rikke B.Jorgensen et al.：THE INFLUENCE ON INDOOR AIR QUALITY OF ADSORPTION AND DESORPTION OF ORGANIC COMPOUNDS ON MATERIALS, Proceeding of indoor Air '93, pp.383-388
4) Doyun Won, Richard L.Corsi, and Mike Rynes：New Indoor Carpet as an Adsorptive Reservoir Volatile Organic Compounds, *Environ. Sci. Technol.* 34, pp.4193-4198 (2000)
5) 岩下剛：ホルムアルデヒド及びデカンの内装材への吸着・脱着効果に関する試験研究, 日本建築学会大会講演梗概集DⅡ, pp.811-812 (1999)
6) 高橋睦：揮発性有機化合物の建築内装材への吸着及び脱着効果算定法に関する研究 その2 実験方法及び濃度減衰時のsink効果に関する分析, 日本建築学会大会講演梗概集DⅡ, pp.841-842 (2000)
7) 松本博 他：建材からの汚染質発生を考慮した室内空気質の予測法に関する研究 その3 source/sinkモデルを用いたIAQ予測法, 日本建築学会大会講演梗概集DⅡ, pp.851-852 (1998)
8) 山本明 他：揮発性有機化合物の放散・吸脱着等のモデリングとその数値予測に関する研究（その6）Langmuir型吸着等温式を用いた吸着モデルによる室内濃度分布予測, 日本建築学会大会講演梗概集DⅡ, pp.701-702 (1999)
9) 環境庁環境保健部環境保全課監修：環境保健クライテリア窒素酸化物, 61, 丸善 (1999)
10) 宮崎竹二：各種建築材料のNO_xの吸着性状について, 日本建築学会論文報告集第333号, pp.92-101 (1983)
11) 宮崎竹二：各種建築材料のSO_2の吸着性状について, 大阪市立環境科学研究所調査研究年報, 46, pp.103-114 (1984)
12) 宮崎竹二：各種建築材料のホルムアルデヒドの吸着性状について, 日本建築学会大会講演梗概集DⅡ, pp.843-844 (2000)
13) 黒山英伸 他：木材によるホルムアルデヒドの低減に関する研究, 日本建築学会大会講演梗概集DⅡ, pp.823-824 (1998)
14) 成富隆昭 他：室内濃度域におけるホルムアルデヒド低減材の評価, 日本建築学会大会講演梗概集DⅡ, pp.859-960 (2000)
15) 坂本新 他：珪藻土壁材によるホルムアルデヒド低減に関する研究, 日本建築学会大会講演梗概集DⅡ, pp.773-774 (1999)
16) 近藤隆之 他：観葉植物による室内ホルムアルデヒド汚染改善効果の試算, 大気環境学会誌, 34 (4), pp.282-288 (1999)

1.6 対　　策

1.6.1 発生源（許容発生量）

(1) 原　則

　室内空気汚染物質の建築技術的除去手段としては，汚染質の室内侵入を許さない手段と汚染質の浸入は許したのち除去する手段の2つに大別される。前者は，さらに汚染発生源を除去，隔離する方法と，発生源の性質を変え無害化する方法の2つに分けられ，後者も，空気清浄機等によって汚染質を除去する方法と，換気により室外へ排出する方法の2つに分けられる。

　これら4つの方法は，汚染質に対する働きかけが，列挙した順に積極性が少なくなるという特徴を持っている。第1番目の方法は，その意味でもっとも積極的であるが，適用範囲が限られる対策であるといえよう。すなわち，対象とする汚染質の主要発生源の1つが人体およびその活動であるときは，この方法を適用することはできない。ただし，タバコ煙の場合には喫煙者の自覚と協力があればある程度の隔離は可能かと思われる。また，汚染物質ではないが，水蒸気（湿度）の場合も居住者の住まい方次第では発生量を低減させることが可能と思われる。一方，各種アレルゲン，建材や各種の設備機器から発生する放射性の汚染質や化学物質などのように，発生源が人以外の場合は，ある程度の室内からの除去，隔離が可能なこともある。

　次に2番目の，発生源を無害化する方法の1つに，発生源の性質を変えるための手段として，加熱，圧縮などの物理的手段を用いることが，考えられる。この方法は，空気質の改善という観点だけにたてば，それほど問題がないということができる。ただし，実際の建築現場では，空気質が改善されれば何をしても良いという訳ではないので，広い視点にたった判断が要求される場合が多い。

　3番目と4番目の空気清浄機，換気に関しては，他の章で説明されるので，以下においては，発生源技術対策のうちの1つである発生量の制御法としての許容発生量についてその基本的考え方を解説する。

(2) 許容発生量

　問題としている室内空気汚染物質に関しその発生源が室内にある場合には，発生量を M で，室の換気量を Q とすれば，その室内濃度 C は，

$$C = M/Q$$

と表される。

　この事は，逆な見方をすれば，汚染防止対策としてとれる換気の量に限界がある（それを Q_1 とする）ときには，その汚染物質に関する許容濃度が Ca であるとすれば，

$$Ma = Ca \cdot Q_1$$

により，その室内で発生することが許される許容できる発生量 Ma が決定されることを意味している。これはちょうど大気汚染問題における環境容量に通じるものである。

　この考え方に基づき発生量に関する制御を行うようにするためには，室内にある様々な汚染発生している汚染物質に関する発生強度が定量化されている必要がある。しかしながら，現在までの状況では，そのような定量化は十分とはいえないので，このような方法による全面的な室内空気汚染制御はできないが，将来的には，大気汚染規制の場合のような「総量規制」が行われるようになるべきであろう。そのためにも，各種建材や仕上げ材，家具等のラベリングが急務である。

(3) 評価方法

　現状で考えられる建材等からの発生量評価方法

としては，素材測定法，デシケータ法，チャンバー法の3つがある。

1番目の素材測定法は，建材などの素材中の対象とする汚染物質（やその発生源となる物質）の含有量を，その素材を粉砕するなどして測定し，含有量が多ければそれに従って発生量も多くなるであろうと考えるやり方である。発生量と含有量との間の関係は実験的に求めるのが本筋であるが，適当な仮定により推定することもできる。例えば，もっとも簡単な場合にはその含有量の汚染物質が，ある決められた期間（例えば，数ヵ月とか1年間とかいうような）にすべて室内に発生すると仮定すれば，安全側の推定ができる。しかし，この方法では極端なオーバーエスティメイトになりがちであり，現在はこのような方法はほとんど用いられない。

2番目のデシケータ法は，デシケータと呼ばれるガラスの容器の中に被験材料と蒸留水を密封状態で入れておくと，建材から発生した汚染物質が蒸留水に溶け込むので，一定時間後の蒸留水の濃度を測定することにより放散量を評価する方法である。これは，林業関係では古くから用いられてきた方法であり，JAS規格にもなっているが，この方法により推定された部材単体での放散量を実際に現場に施工された状態での部材からの発生量に適用して換気量との関係を考慮して濃度予測してもあまり良い一致が得られないことが多く問題となっている。この方法で求められたデータより，実際の建物での濃度を十分な精度で予測することは，現状ではまだ無理なようである。これは，実際の現場が，実験室のように単純でないことから来るものであるが，予測の誤差は必ずしも安全側ばかりでなく，危険側にも出ることがある。さらに，後述するチャンバー法による発生量予測値と必ずしも1対1の対応を示さないことも最近明らかになってきている。したがって，この方法で求められた結果より，実際の建物での濃度を十分な精度で予測するのは現状ではまだ無理なようである。

3番目のチャンバー法は，被験材料を試験チャンバー内に入れ，一定の換気量で換気しながらその中の濃度を測り，発生量を推定する方法で，もっとも現実の状況を忠実に再現した試験方法である。試験チャンバーの大きさは，実物の部屋くらいのものから，数十リットル程度のものまで様々で，その大きさによりラージチャンバーとかスモールチャンバーなどと呼ばれる。最近では，FLECと呼ばれる皿状の超小型チャンバーを材料表面に押し付けて測る方法も出てきている。現在までのところ，FLECまで入れた各大きさのチャンバー間での結果の相関は必ずしも良いとはいえず，また，デシケータ法の場合と同様，実際にチャンバー法で求められたデータより，実際の建物での濃度を十分な精度で予測するのは，現状ではまだ無理なようである。さらに，上述したように，デシケータ法との相関についても，2本以上の相関曲線が引けるようなデータがとれることもあるといわれている。

以上のように，現在までのところでは，方法や装置を特定のものに固定した場合には，建材からの部材レベルの発生量はかなりの再現性を持った評価ができるようになり，小型チャンバー法についてはJIS規格も整備されるようになったが，方法や装置が違うと結果が違ったり，また仮に方法・装置間の結果にそれほど差がなかったとしても，その結果を用いて建設後の濃度予測をすると大きく違う場合があり，確立した設計法というためにはまだ十分なレベルには達していないといえる。特に，予測の誤差が必ずしも安全側ばかりでなく危険側にも出ることがあるのは大きな問題である。

このような状況では，第1番目による簡易かつ安全側の方法，素材測定法による評価というのも，もう少し見なおされても良いのではないかと思われる。

1.6.2 換　気

（1）　はじめに

化学物質による住宅の室内空気汚染が大きな社

1 総論

会的問題となり，それを受けてシックハウス防止のために建築基準法が2003年7月に改正されたのは周知の通りである。シックハウスの背景には，原因となる化学物質を含む建材，家具，調度品，住宅設備，各種薬剤などが家庭内に持ち込まれて使用されるようになってきたこと，そしてまた住宅の気密度が増し隙間からの自然な換気が行われにくくなってきたことが挙げられる。前者に関しては，化学物質を含むそれらの使用を可能な限り押さえることや，入居前に化学物質を発散させてしまうこと[*1]が対策として考えられよう。後者の気密性能の向上に関しては，背景として省エネルギーに対する社会的な要請や快適性に対するニーズの増大が挙げられ，住宅に対する次世代省エネルギー基準[*2]には全国一律に気密住宅とすることが規定されており，気密化は大きな流れとして捉える必要がある。したがって，室内空気汚染を防止するためには，室内を適切に換気して汚染物質を希釈することがもっとも重要であるということになる。

そこで本項では，住宅を対象とした室内化学物質汚染の防止対策としての換気のあり方と，その前提として気密性能を確保することの重要性について解説する。また，建築基準法の改正に伴って制定された「化学物質の発散に対する衛生上の措置に関する技術的基準（施工例第20条の5）」に関しては，ここでは触れない。なお，一般建築の換気計画の考え方は，住宅と基本的には同様である。

（2） 気密化と室内空気質

a. 気密化の目的と気密性能の現状

気密性能とは，その建物がどの程度気密であるか，またはどの程度隙間があるかを示す住宅性能の一つである。近年，新築住宅の気密性能は格段に向上してきているが，気密化の目的を示せば以下の通りである。

① 隙間風の防止による快適性の向上
② 隙間風による暖冷房負荷の低減
③ 壁体内結露の防止
④ 設計で意図した換気性能の確保

上記の①，②の目的に関して特に異論はないであろう。③の壁体内結露とは，暖房時に室内側から侵入する水蒸気が壁体内で冷えて水滴となることである。その場合には断熱性能を低下させ，木材を腐朽させるおそれがあるためにこれは避けなければならない。また，断熱性能を高めればその分だけ断熱材の中で結露の発生する可能性が高くなる。したがって，防湿層を断熱材の室内側に設ける必要があり，隙間をなくすための気密層を防露の役割も兼ねて敷設するのが一般的方法である。④については，室内空気汚染の防止のために重要である。すなわち，適切なレベルの気密性能が確保されない場合には，設計時に意図した通りに換気経路が実現されず，十分に換気されない空間がでてくる可能性が生じるからである。

そこで，1999年3月に改正された次世代省エネルギー基準では，それまでは，地域区分Ⅰ（北海道）では気密住宅（床面積当たりの相当隙間面積（以下，隙間面積と略称する）が$5cm^2/m^2$以下）とすること，地域区分Ⅱ（青森県，秋田県，岩手県）では気密住宅とするよう努めるものとする，としていたのに対して，最近の新築住宅における断熱・気密化の傾向や，地球温暖化問題などを背景に，気密に関する規定は日本全国どこでも気密住宅，すなわち隙間面積を$5cm^2/m^2$以下とすること，地域区分Ⅰ，Ⅱでは$2cm^2/m^2$以下とするというように強化された。ちなみにカナダR2000住宅の技術指針[*3]では，約$1cm^2/m^2$の隙間面積を確保すること[*4]が規程されている。

なお，住宅の気密性能に関する評定制度が住宅・建築省エネルギー機構において平成4年度よ

[*1] 発散を促すために室内を加熱する方法をベイクアウト（Bake Out）と呼び，その効果が検討されている。
[*2] 住宅に係わるエネルギーの使用の合理化に関する建築主の判断の基準，通産産業省・建設省告示第2号，平成11年3月30日。
[*3] カナダ政府が「超省エネルギー住宅計画」を創設し，その一環として作成された超省エネルギー住宅の技術基準。
[*4] 正しくは，50Paの圧力差のときの通気量が換気回数表示で1.5回/hで規定されている。

り開始され,気密住宅として認められた工法は2004年4月現在で127件[*5]となっている。

現実の新築住宅においても寒冷な地域では隙間面積が$2cm^2/m^2$を下回ることは珍しいことではなくなってきており,工務店や住宅メーカーの一部では気密化の技術を工夫して,いかに小数点以下の小さな値が出るかを競っている向きもある。どの程度の気密性能が要求されるべきかについては,現実の環境条件の下で換気が設計の意図通りに行われるかどうかで判断する必要があり,その面からいえば気候条件や換気システムにもよるが$1〜2cm^2/m^2$もあれば十分[1])である。いたずらに気密化に走ることは意味のあることとはいえない。

b. 気密性能と室内空気質

気密性能の高い住宅において十分な換気が行われない場合には,当然のことながら室内の空気汚染が問題となる。気密性能との関連で居間において空気汚染濃度(この場合は二酸化炭素(CO_2)濃度)を調べた例[2)]を図-1.6.1に示す。CO_2の許容値に関していえば,それ自体の害を評価する場合,5 000ppm位までは人体への影響はないとされているが,室内空気の全般的な汚れ具合を示す指標として用いる場合は,従来より1 000ppmの値が用いられてきた。図によれば開放燃焼型の石油ストーブを使用している住宅のCO_2濃度は,他の住宅に比べて大きな値を示しており,特にNo.2の住宅の日平均CO_2濃度は4 800ppmにも達している。また,それらの住宅を除いた場合,隙間面積が約$5cm^2/m^2$以下になると,CO_2濃度の高い住宅が出現していることが分かる。しかし,居室の連続換気を行っているカナダR2000仕様の住宅のCO_2濃度は低く維持されており,換気の効果が明確に現れているといえよう。

隙間面積が$5cm^2/m^2$の住宅の漏気量は,試算によれば,内外温度差20℃,風速4m/sで,建物が密集している地域では,およそ0.3回/h程度と推定され,やや少ないと判断される。したがって,$5cm^2/m^2$以下の気密住宅においては,当然のことながら開放燃焼型ストーブの使用は避けるべきであり,化学物質による空気汚染を防止するためにも居室に対する常時換気を前提として外気を各室に確実に導入するように換気設計を行うべきである。

筆者らは,宮城県内におけるシックハウスと疑われる住宅75件を対象として,機密性能と室内のホルムアルデヒド濃度の測定を行い図-1.6.2の結果[3)]を得ている。図によれば,機械換気設備の設けられていない住宅では,気密性能の高い場合にホルムアルデヒド濃度の高い例が増加していること,機械換気設備が設けられている住宅でも,

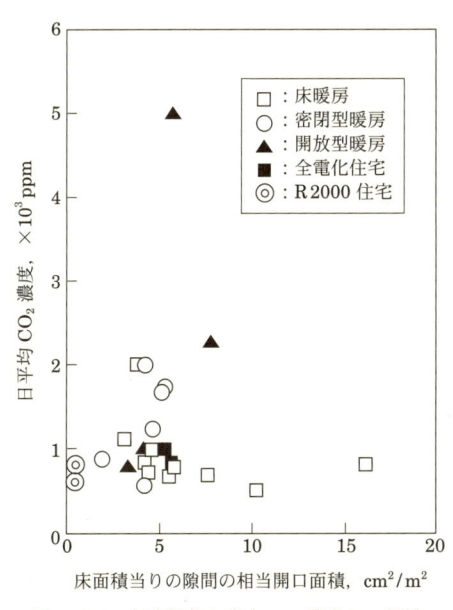

図-1.6.1 気密性能と室内CO_2濃度との関係

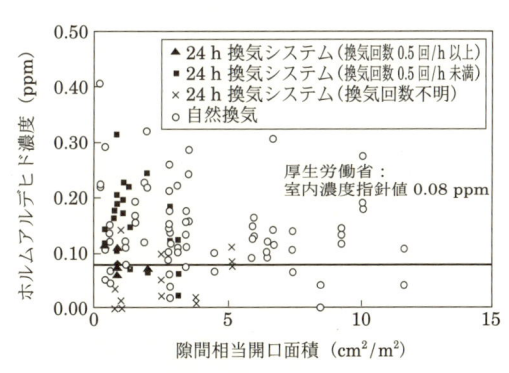

図-1.6.2 気密性能と室内ホルムアルデヒド濃度の関係

[*5] $5cm^2/m^2$以下が53件,$2cm^2/m^2$以下が37件,$1cm^2/m^2$以下が1件。ちなみに住宅・建築省エネルギー機構では,機密性能測定技能者の登録制度が1998年に発足した。

換気回数が0.5回/hを下回る場合にはホルムアルデヒド濃度が指針値を上回る例が多いことなどが読みとれる。これらのことから換気の重要性が示唆される。

(3) 換気計画
a. 必要換気量

換気計画とは，必要な換気量を必要な場所に供給するための換気システムを建物全体として考えることである。そのためには必要換気量を算出することが第1の課題となる。

必要換気量は，人体に影響のないレベル，すなわち許容濃度と汚染物質の発生量とが明らかであれば簡単に算出*6できる。しかしながら，許容濃度と汚染物質発生量の両方が明らかになっている物質は極めて少ない。主な汚染物質の許容濃度に関しては，空気調和・衛生工学会の換気規格[4]の中に表-1.2.6のようにまとめられている。同表の下欄には，いわゆる化学汚染物質としてホルムアルデヒドの値が示されている。また，厚生省は1997年6月にホルムアルデヒドの室内濃度指針値として0.1mg/m^3(0.08ppm)を示し，2000年6月にはトルエン260μg/m^3(0.07ppm)，キシレン870μg/m^3(0.20ppm)，ジクロロベンゼン240μg/m^3(0.04ppm)の室内濃度指針値を示した。これを受けて，改正建築基準法では，夏期の最も条件が厳しい時に家具からのホルムアルデヒドの発生も考慮して，基本的に0.5回/hの必要換気量を要求している。また筆者らは，欧米先進国15ヶ国の必要換気量の基準を調査し，建築学会のいわゆる標準モデル住宅[7]（図-1.6.3）を対象として必要換気回数を算出し，図-1.6.4のような結果[5]を得ている。これによれば，多くの国が必要換気回数として0.5回/h前後の値を規定していることが判る。

b. 換気方式と換気経路

換気方式としては，送風機を用いる第1種，第2種，第3種の機械換気と送風機を用いないパッ

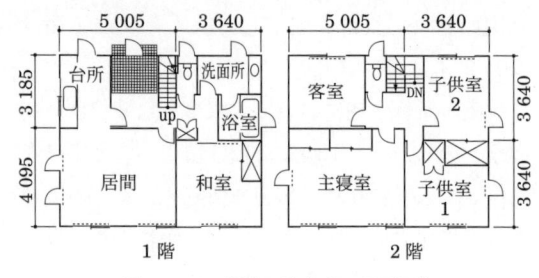

図-1.6.3 標準戸建住宅の平面図[7]

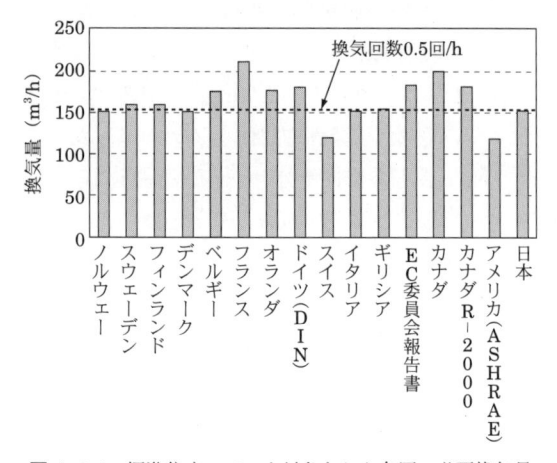

図-1.6.4 標準住宅モデルを対象とした各国の必要換気量

シブ換気がある。第1種機械換気は外気を供給するための給気機と室内空気を排出する排気機の両方を備えたシステム（強制給排気システム）である。第2種は給気機のみで換気口から室内空気を排出する方式，第3種は排気機のみを備え給気口から外気を導入するシステム（集中強制排気システム）である。したがって室内の圧力は第1種の場合は給気機，排気機の能力によって調整が可能，第2種の場合は室内が正圧，第3種の場合は負圧となる。住宅では室内の湿気が壁体内に侵入しないように負圧とすることが望ましく，第2種機械換気は住宅では一般には用いられない。第1種，第3種のシステム概念図[6]を図-1.6.5，1.6.6に示す。パッシブ換気は排気筒を設けた自然換気システムであり，送風機を用いずに室内外の温度差による浮力効果と外部風による誘引効果を利用して換気を行うシステムである。

換気経路とは屋外からどの部屋に外気を取り入

---

*6 必要換気量＝汚染物質の発生量／(汚染質濃度の許容値―外気の汚染濃度)

1.6 対　策

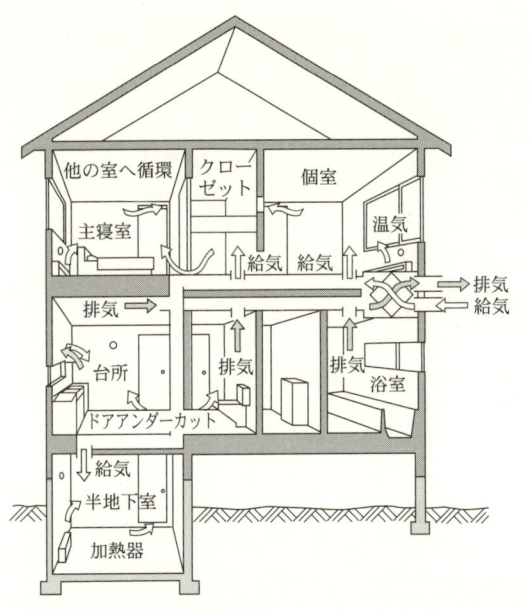

図-1.6.5　強制給排気システムの概念図[6]

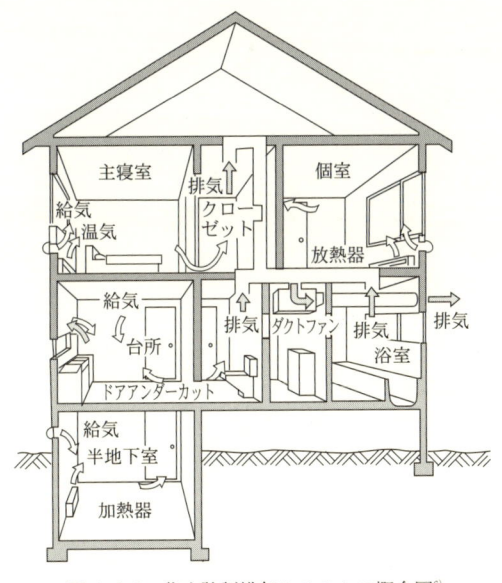

図-1.6.6　集中強制排気システムの概念図[6]

れるか，その外気をどのように経由させるか，室内の空気をどこから排気するかといった換気空気の道筋のことである．基本的には，汚染物質やにおい，水蒸気，熱などの発生が少ない居間，寝室などの居室に外気を導入し，それらの発生が多い空間，すなわち台所，浴室，便所などから排気する．

ただし，厨房用の必要換気量は $300～400m^3/h$ と他のスペースの換気量に比べて圧倒的に大きい

ので，厨房換気扇を運転した場合に，台所以外の部屋の居住性を乱す恐れがある．また，運転時は室内圧が低下するので半密閉燃焼器具からの逆流による不完全燃焼などが生じる可能性が大きく，運転時間が極めて短いこともあるので，他の換気経路とは独立させることを基本とすべきであろう．

また，結露防止のために押入などの収納スペースにも空気が抜けて行くように換気経路を考えることも必要である．床下空間における空気汚染が心配される場合には居室の空気を床下に導き，床下空間に設けた排気口から直接排出するという方法も有効である．第1種，第3種の換気経路の例[6]を図-1.6.7に示す．以下に換気システムの特徴を示す．

強制給排気システム：圧力のバランスが取りやすく制御性に優れ，安定している．各室への空気の分配が容易である．また，熱交換器や暖房システムとの組み合わせが可能などの長所がある．ただし，設備費は比較的高い．

集中強制排気システム：外気を壁から直接導入する場合が多く，快適性を損なうおそれがあるので，給気口の形状，位置を考慮する必要がある．放熱器の脇に給気口を設けて余熱する方法もある．騒音が給気口を通して侵入するなどの短所もある．設置費が割安なので気密住宅ではよく用いられている．ただし，浮力効果が大きいときは，2階の外壁に設けた給気口から外気が十分導入されず，換気不足となるときがある．

パッシブ換気システム：送風機を使わずに換気ができるということで注目され，近年研究が盛んに行われている．短時間の変動を問題としなければ，ある時間の幅で換気量は確保できるようであり，北海道・東北では実在住宅に導入され始めている．図-1.6.8に適用例[6]を示す．温度差や風圧が駆動力として不十分な場合に備えて，補助用のファンを設けることも考えられる．このシステムを特にハイブリット換気システムと呼ぶことがある．

第3種機械換気やパッシブ換気の場合に，予熱

1 総　　論

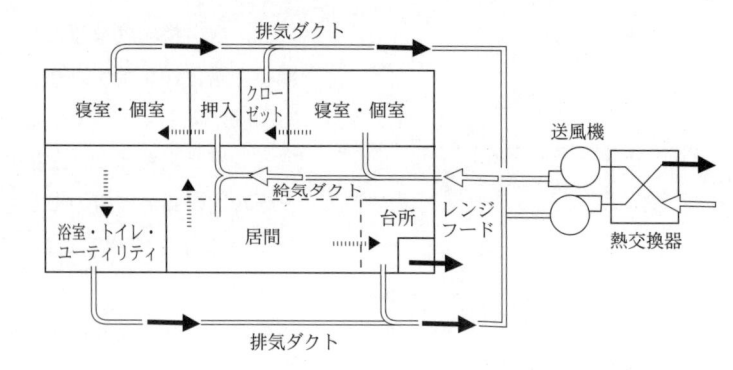

(a) 強制給排気システム(閉鎖的なプランの場合)

(b) 集中強制排気システム

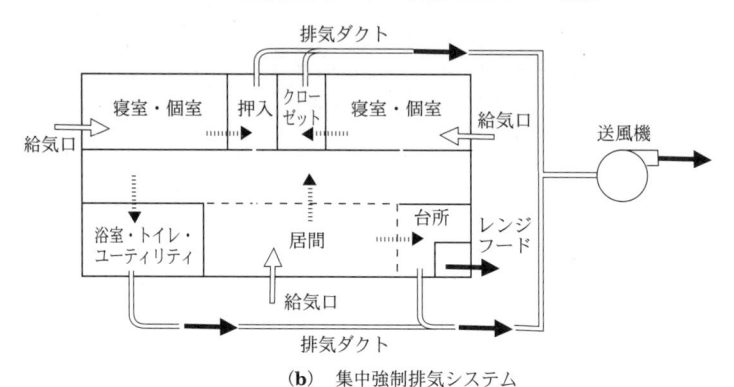

図-1.6.7　換気経路の例[6]

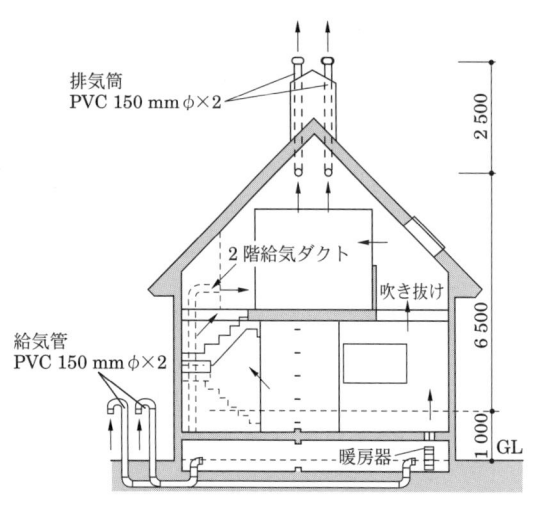

図-1.6.8　パッシブ排気システムの例[6]

のために外気を直接室内に導入しないで床下を経由させたり、地中のパイプを通したりすることも考えられ、それらの実施例もあるが、その際には床下の空間やパイプの中が汚染されないような処置が必要である。

また、第2種換気システムは、壁体内への侵入による内部結露が懸念されるため、住宅では適用されなかったが、外気が確実に居室に導入できるので、シックハウス防止の観点から取り入れる動きが出てきている。

以上の方式の他に、各室ごとに給気・排気を単独に行うことも考えられ、北海道では各居室に熱交換換気扇を設置している例も多い[*7]。

(4) 室内空気質の計算例

建築学会の標準モデル住宅[7](図-1.6.3)を対象として、室内で床面積当たり1mg/hの汚染物質の発生があったときの計算例[*8]を図-1.6.9に示す。住宅全体の換気量は150m^3/h、相当隙間面積は2cm^2/m^{2}であり、東京の1月20日の標準気象データを用いてCOMISモデル[8]で計算した。

第1種換気の場合(図-1.6.9(a))には、いずれの空間も濃度は低く押さえられていることが判

---

*7　北海道工業大学建築工学科鈴木憲三教授の資料による。
*8　仮に単位量の発生があるものとした。発生量が倍になれば、室内汚染物質の濃度も計算結果の倍となる。

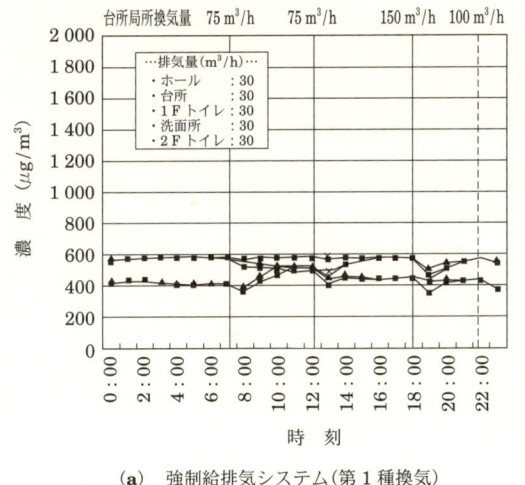

(a) 強制給排気システム（第1種換気）

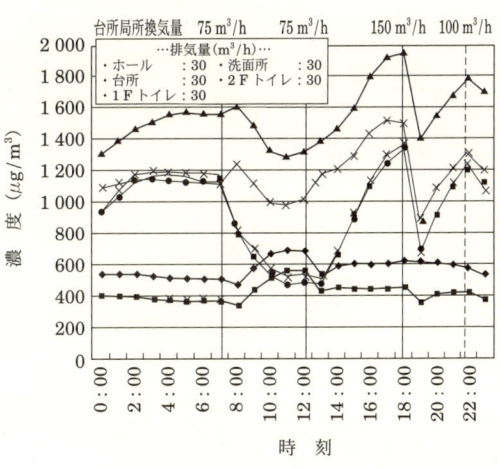

(b) 集中強制排気システム（第3種換気ケース1）

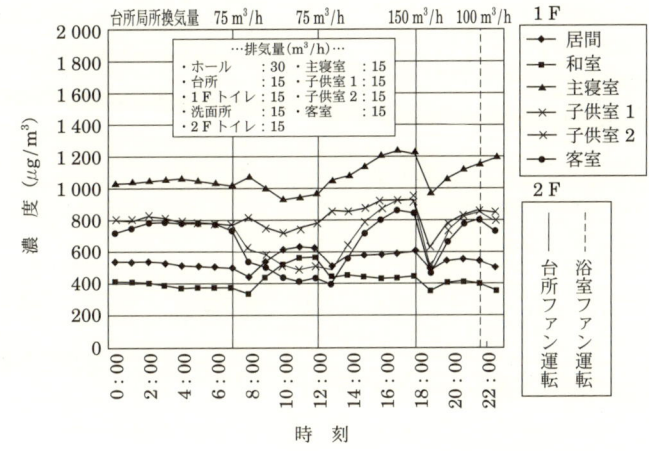

(c) 集中強制排気システム（第3種換気ケース2：排気口を2階居室に設けた場合）

図-1.6.9 標準モデル住宅を対象とした室内空気汚染濃度

る。しかしながら、第3種換気の場合（図-1.6.9(b)）には各室に床上2mの高さに相当開口面積20cm²の給気口を設けているが、2階の居室では汚染濃度が高くなっている。これは、浮力の効果で室内外の圧力差が小さくなり、給気口から外気が室内に十分に導入されないためである。このことは、筆者らの実測[9]においても明らかにされている。そこで、居室にも排気口を設けると図-1.6.9(c)のようになり汚染濃度は低く押さえられる。その他の解決方法として、換気量を増やす、給気口を低い位置に設けるといったことも考えられる。

また、各種の換気システムを対象とした暖房期間を通しての計算によれば、在室者が曝露される値と負荷（換気負荷＋ファンの電気消費量）の関係は図-1.6.10のように示される。図によれば、熱交換器付機械給排気方式はもっとも有利であるが、強制給気方式も濃度を低く維持されていることがわかる。

いずれにしても、このような予測は容易にできるようになってきており、設計段階での換気計画を綿密に検討することが重要である。

（5）換気システムのコミッショニング

筆者らはシックハウスが疑われる住宅を中心として、機械換気設備が設けられた宮城県の住宅21件を対象として換気量の測定を実施してきた。図-1.6.11は排気口における排気量の測定結果[10]を示す。図によれば必要換気量の目標値である0.5回/hを満たしている住宅は38%に過ぎないこと

1 総　　論

図-1.6.10　TVOC曝露濃度累積値とエネルギー負荷との関係

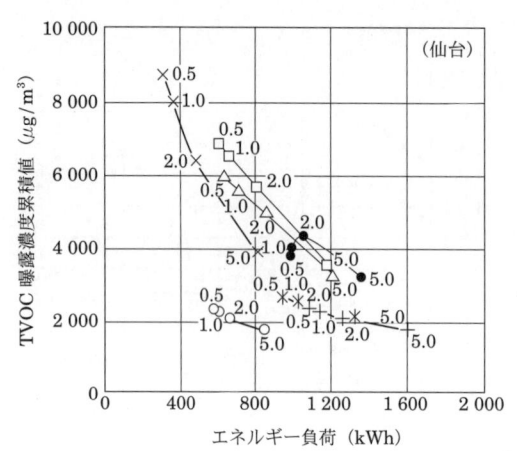

―×― 自然
―□― パッシブ
―△― ハイブリット
―＊― 機械給気
―●― 機械排気
―○― 機械給排気(熱交換あり)
―＋― 機械給排気(熱交換なし)
注）図中の数字は床面積当たりの相対開口面積

がわかる。また，図-1.6.12は，一定濃度法による換気量の測定結果を示している。両者を比較すると図-1.6.13のようになる。一定濃度法による値は建物に導入される外気量の総量を示しており，その一部は排気口以外の隙間などから排出される。したがって，排気口からの排気量の方が値は小さい。このように，設計目標0.5回/hの換気回数が現実に満足されていない例が多く存在する訳であり，いかにこれを確保するかが重要な課題である。したがって，設計時での綿密な換気計画の必要性とともに完成時における測定，更に運用時における定期点検などが必要であり，いわゆるコミッショニングの体制を整備していくことが大切である。

1.6.3　空気清浄機

　空気清浄機は，一般に空気調和装置の一部として，取入れ外気中あるいは循環空気中の汚染物質を除去するために用いられる。汚染物質の種類としては粉塵，微生物および有害ガスがある。取入れ外気中の汚染物質は，地域・季節・時刻などの変化によって大きく変動し，循環空気中の汚染物質は施設の用途や在室者の活動によって種々変化する。したがって，汚染物質の種類や濃度などに合った空気清浄機を選定することが重要である。
　以下に清浄原理の分類とそれに基づく装置の基本的な形状を報告する。

(1)　分　類

　空気清浄機をその清浄原理と保守方法により以下に分類する。

a.　清浄原理

① 衝突粘着式：粘着剤を塗布した金網・金属板などに粉塵を慣性力で衝突させて除去する。比較的大きな粉塵用。

② 静電式：高圧電界による荷電および吸引付着力により粉塵を除去する。比較的微細な粉塵用。

③ ろ過式：繊維などによる多孔質空間の中を粉塵が通過するとき，衝突・さえぎり・拡散などによって粉塵を除去する。粗塵用から超高性能まで種類が多く一般にもっとも多く利用される。

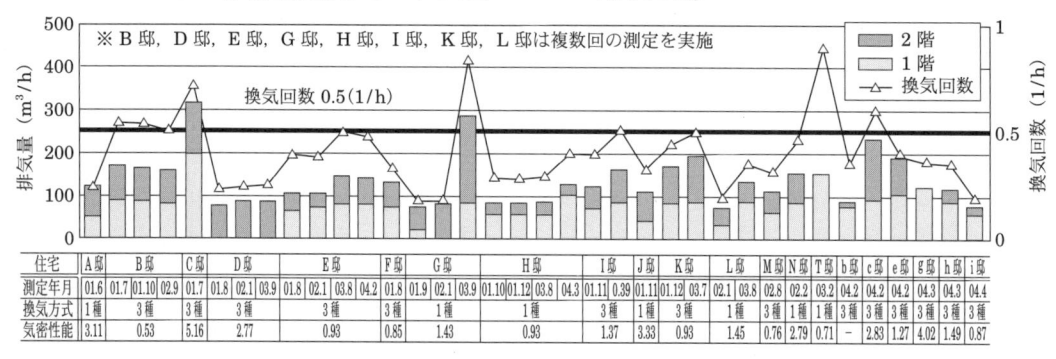

図-1.6.11　排気口風量測定の結果

1.6 対策

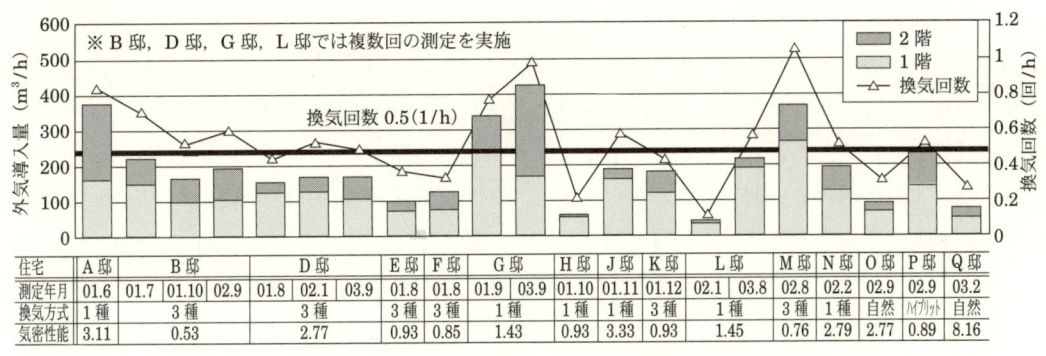

図-1.6.12 一定濃度法による外気導入量の測定結果

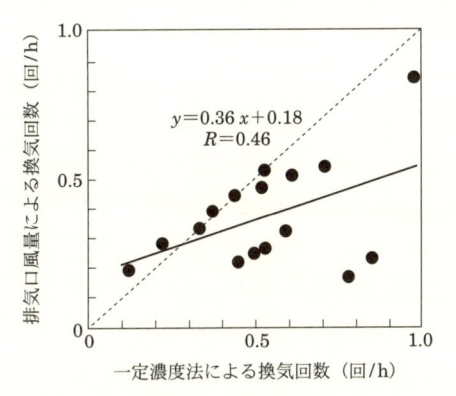

住宅	A邸	B邸		D邸	E邸	F邸	G邸		H邸	J邸	K邸	L邸	M邸	N邸	O邸	P邸	Q邸
測定年月	01.6	01.7	01.10	02.9	01.8	02.1	03.9	01.8	01.8	01.9	03.9	01.10	01.11	01.12	02.1	03.8	02.8	02.2	02.9	02.9	03.2
換気方式	1種	3種		3種	3種	3種	1種		1種	1種	3種	1種	3種	1種	自然	ハイブリット	自然
気密性能	3.11	0.53		2.77	0.93	0.85	1.43		0.93	3.33	0.93	1.45	0.76	2.79	2.77	0.89	8.16

図-1.6.13 排気口風量による換気回数と一定濃度法による換気回数の比較

$y = 0.36 x + 0.18$
$R = 0.46$

④ 吸着法:活性炭などのように表面積の大きい吸着剤によって有害ガスを除去する。多種類のガスに対して効果がある。

⑤ 吸収法:水または薬液などによって有害ガスを除去する。特定のガスに対して効果的である。

b 保守方法

① 自動洗浄型:粉塵除去部分を自動的に洗浄する。

② 自動更新型:ろ過媒体を自動的に更新する。

③ 定期洗浄型:粉塵除去部分またはろ過媒体を定期的に洗浄する。

④ ろ材交換型:粉塵除去したろ過媒体のみを定期的に交換する。

⑤ ユニット交換型:ユニット型に形成されたろ過媒体・吸着剤または吸収剤を交換する。

⑥ ガス除去剤の再生:ガス除去剤を取り出して再生する。

⑦ ガス除去剤の交換:ガス除去剤を含有したろ材のみ交換する。

(2) 空気清浄の方法

空気清浄機(装置)は,対象とする建物用途により室内汚染物の種類と量が異なるために,その選定に当っては,対象とする汚染物の発生特性を事前に調査する必要がある。

通常のオフィス等での空気清浄機は,空調装置に組み込む場合が多く,施工や管理面より乾式のろ過方式による方法が一般的である。一部に静電式や吸着式の方法が設けられる。特にオフィスや住宅での喫煙除去方法として静電式による空気清浄機が広く市販されており,最近では微生物の除去や脱臭機能を持つ物が多くなっている。

産業用としては種々の清浄方法が採用されている。特に最近では半導体製造空間の清浄化要求が高度化しており,フィルタろ材自体の開発とフィルタシステムとしての清浄化が必要条件となっている。

以下に清浄化原理別にその方法と一部製品の説明を示す。

a. 衝突粘着式

粘着ろ材として金網を数枚重ねたものやプラスチックをバインダーにより成形したものに,粘着剤を塗布し,粉塵を含んだ空気を通過させる。粉塵は慣性力により金網等のろ材に衝突し捕集される。粘着剤は捕集した粉塵を再飛散させないために使用され,材質は JIS K 2243(エアフィルタ油)に規定されている。

この方式には，自動洗浄型と定期洗浄型がある。自動洗浄型は，ろ材がタイマー等により定期的に回転することにより捕集された粉塵を下部の油槽内で洗浄沈降させ，新たな粘着剤をろ材に塗布する。定期洗浄型は金網枠に金網等でできたろ材を組み込み，粘着剤を塗布してあり，粉塵を捕集して圧力損失が規定の値となった時に金属枠を取りはずし洗浄し再び粘着剤を塗布して再使用する。

本方式は，粉塵の慣性衝突を利用しているので粗大粒子に対して捕集効果が大きい。また，風速が速い程，効果が大きいが，粘着剤の飛散等の問題が発生する。一般には産業用として使用される場合が多い。

b．静電式

静電式空気清浄装置は，高圧電界による荷電および吸引付着力によって粉塵を除去する。工業用電気集塵装置は陰極放電が用いられるが，空気清浄装置ではオゾンの発生量の少ない陽極放電が用いられる。

ⅰ）原 理

静電式には二段荷電型と一段荷電型がある。

二段荷電型は，荷電部（イオン化部ともいう）と集塵部よりなり，荷電部の放電線に正の高電圧をかけると，その表面から発生するコロナ放電によって流入する粉塵粒子は正に荷電される。つぎに荷電部の下流側に設けられた，正負の極板が平行している集塵部に荷電粒子が流入すると，正に荷電された粒子は負極板に吸引付着して捕集される。

一段荷電型には，誘電型とろ材誘電型がある。

誘電型の構造は，二段荷電型の集塵部に高圧電源を接続しないで，荷電部の放電線による誘電を利用するものであり，二段荷電型の変形と考えられる。

ろ材誘電型は，集塵極板を用いずに，ろ材として用いられる不織布などに荷電している。

荷電部にかける電圧は，二段荷電型および一段荷電誘電型では $10～12kV$ で，集塵部にかける電圧は $5～6kV$ が多い。

ⅱ）構 造

二段荷電型には自動洗浄型，定期洗浄型およびろ材併用型があり，一段荷電型にはろ材併用型とろ材誘電型がある。

① 自動洗浄型（二段荷電型）

荷電部と集塵部の陽極板は固定されているが，集塵部の陰極板は，2本のエンドレスチェーンに取り付けられていて，上部および下部のスプロケットによって駆動される構造になっている。装置の下部には難燃性の粘着油が入っていて，陰極板はこの油槽で洗浄される。陽極板は，陰極板とともに移動するワイパーによって洗浄される構造になっている。

② 定期洗浄型（二段荷電型）

集塵極板に付着捕集された粉塵を定期的に水洗するものである。洗浄ノズルが固定されているものと自動走行するものがある。

③ ろ材併用型（二段荷電型および一段荷電型）

自動洗浄型や定期洗浄型では，集塵部に捕集された粉塵が凝集粗大化して再飛散する前に洗浄して，捕集した粉塵を取り除いているが，ろ材併用型では集塵極板下流側に設置したろ材によって，再飛散した粉塵を捕集する構造になっている。この形式では，集塵極板は粉塵を凝集粗大化させるために使用しているので「凝集部」と称し，ろ材を「粉塵捕集部」と称する。粉塵捕集部には，ろ過式の自動更新型またはユニット型が用いられる。

④ ろ材誘電型（一段荷電型）

ろ材誘電型は，集塵極板がなく，高圧電界内に置かれたろ材（誘電ろ材と称する）に荷電して粉塵を捕集するものである。

ⅲ）性 能

静電式の粉塵捕集率は，変色度法で $80～90\%$ 程度のものが多い。

二段荷電型の場合，粉塵捕集率に影響を与える因子は，粒子径・粒子の比誘電率・流速・集塵極板面積・荷電部電圧・集塵部電圧などがある。粒子の比誘電率が一定で，粒子径が $5\mu m$ 以下とすると，集塵極板面積・荷電部および集塵部電圧は

大きいほど粉塵捕集率が高くなり，流速は小さいほど粉塵捕集率が高くなる。

c．ろ過式

ろ過式に使用されるろ材は，天然繊維，ガラス・セラミック・金属などの無機質材ならびにプラスチック等がある。ろ材の形状はろ紙，不織布，金網や多孔質のスポンジ状のものがあり，多くはそのまま乾式で使用するが一部に粘着剤を塗布して使用する製品もある。

ろ過式には種々の材料や形状のものがあり対象とする粉塵の粒径範囲が広い。なお，もっとも粒径の小さい粉塵を対象とするHEPAやULPAフィルタについては次項で述べる。

ⅰ）原　理

ろ過式の粉塵捕集原理は，さえぎり・慣性・拡散・静電気などがある。

ろ材の繊維から粒子の半径以内にある流線に沿う粒子は，繊維に付着捕集される。これをさえぎり（または直接さえぎり）という。粒子が比較的大きい場合や，ろ過風速が速い場合は慣性力が大きくなり，粒子は流線から外れて繊維に衝突・付着する。これを慣性衝突という。粒子が小さくなったりろ過風速が遅い場合は，ブラウン運動による拡散力が働いて粒子は繊維に付着する。これを拡散による付着という。実際のろ材では，これらの作用の和として働いている。

静電気力は，ろ材または粒子の帯電による吸引付着力により捕集されるものであり，通常のろ材でも多少はその効果はあると考えられている。静電気力を積極的に利用するため，合成繊維のろ材に永久荷電された製品もある。

ⅱ）構　造

ろ過式には自動型とユニット交換型がある。

① 自動型

自動型には自動更新型と自動再生型があり，自動更新型には，ろ材を巻き終ったのち新しいろ材と交換する方式と，巻き終ったろ材を洗浄して再使用する方式がある。新しいろ材と交換する方式では，ガラス繊維製，粘着剤を含浸させた不織布，ろ紙などが使用される。洗浄後再使用されるろ材としては，乾式の不織布が使用される。ろ材は，タイマーにより間欠的に巻き取る方法と，ろ材の圧力損失を検出して巻き取る方法の2通りあるが，動作が確実であることから，主として前者が使用される。

自動再生型のろ材は，網目状の基布に繊維を電気植毛したものや，繊維を織り込んだものが使用される。自動再生型は空気浄化装置本体と再生装置からなる。

② ユニット型

ユニット型には粗塵用から中・高性能フィルタまで多数の種類がある。

粗塵用エアフィルタは，金属や木製の枠にろ材を組み込んだもので，寸法は500〜610mm角，厚さは25〜50mmのものが多い。ろ材は自動型に使用されているものと同じものが多い。

中性能と高性能エアフィルタは外観・構造は同じで，使用されるろ材が異なる。中・高性能エアフィルタの構造は袋型，折込み型などがある。袋型は，マット状のガラス繊維または不織布製ろ材を袋状に縫製して，数個から10個を空気流入口となる枠に取り付けたものである。折込み型は，ろ紙状のろ材を枠の中に折り込み，アルミニウム・クラウト紙またはプラスチックなどでつくられた波形のセパレータをろ材の間に入れたものである。ろ材およびセパレータと外枠は，接着剤またはマット状のガラス繊維でシールされる。外枠は，袋型では主として金属製であるが，折込み型では金属や合板が使用される。

中・高性能エアフィルタに使用されるろ材は，粗塵用に比較して繊維径が細く，充填密度が大きいので，上記のような構造にして，ろ材面積を増す方法がとられている。このようにすることによってろ過風速は小さくなり，したがって圧力損失は小さく，粉塵保持容量は大きくなる。

d．超高性能フィルタ

超高性能フィルタとしてHEPAフィルタとULPAフィルタが市販されている。粉塵の捕捉方法はろ過式フィルタと同様である。これらのフィルタは，工業用クリーンルームやバイオロジカル

クリーンルームおよび原子力やRI施設の高度な空気清浄を要求される用途に使用されている。

超高性能フィルタには枠型と箱型がある。ろ材部分の構造はろ過式ユニット型の折込み型と同じである。ろ材およびセパレータと外枠は接着剤で密封されていて，外枠の片面または両面に，取付け枠との間を密封するためのガスケットを張り付けてある。

捕集効率は，種々の研究の結果，$0.1\mu m$付近の粒径がもっとも捕集しにくい。図-1.6.14にHEPAフィルタについての粒子透過率の試験結果を示す。

e．ガス吸着

ガスフィルタとしては，吸着フィルタ，薬剤フィルタおよび触媒フィルタ等がある。

ⅰ）吸着剤フィルタ

吸着剤としてシリカゲル，アルミナゲル，活性炭などがある。

活性炭は，多種多様のガスに対して，物理吸着あるいは化学吸着による幅広い吸着能力を持ち，とくにガス濃度が非常に低い場合でも有効であり，さらに空気中の水分の影響を受けにくい特徴があるため，一般の空調・換気において室内の脱臭の用途に広く使用されている。

フィルタの構造は，吸着剤を2枚の金網や多孔板の間に充填した商品が多く，フィルタシステムとして，対象ガスと吸着剤の接触時間を多くするためにフィルタをジグザグ状に設置する。

空気調和においては，活性炭のガス除去容量は吸着保持量で表されることが多い。吸着保持量とは，高濃度ガスをいったん活性炭に吸着させた後に清浄な乾燥空気を流して，下流側にガスの離脱が認められなくなったときに活性炭に吸着されている量であって，低濃度ガスの吸着量の目安として利用されている。

ⅱ）薬剤フィルタ

薬剤フィルタは，有害ガスと反応性の大きい吸収液を不織布や加工された紙などのろ材に含浸させて，フィルタに空気を流したとき有害ガス成分と薬剤を反応させて薬剤中に吸収除去するものである。薬剤としては$NaOH$やNa_2CO_3などのアルカリを利用して亜硫酸ガスなどの酸性ガスを除去するものが一般的である。

ⅲ）触媒フィルタ

触媒フィルタは，各種金属の酸化物や金属単体などの触媒作用によって有害ガスを酸化して無害化させたり，被吸収性や被吸着性を高めたりするものである。触媒としては二酸化マンガンを主剤とするものが多い。

最近では酸化チタンの光触媒を利用した方式も一般家庭用の清浄器で用いられている。

（3）空気清浄機の性能

健康への関心が高くなり，それに答えるように多くの空気清浄機が市販されている。以下にその除去性能データを紹介する。

a．メーカの性能表示

図-1.6.15に，店舗や病室等での粉塵除去と脱臭の目的で市販されている業務用空気清浄機につ

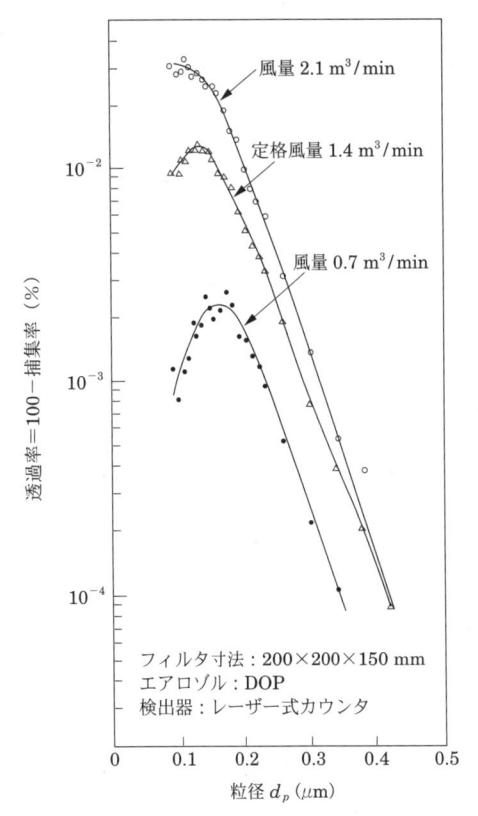

図-1.6.14 HEPAフィルタの風速および粒子径と透過率の例[1]（日本空気清浄協会）

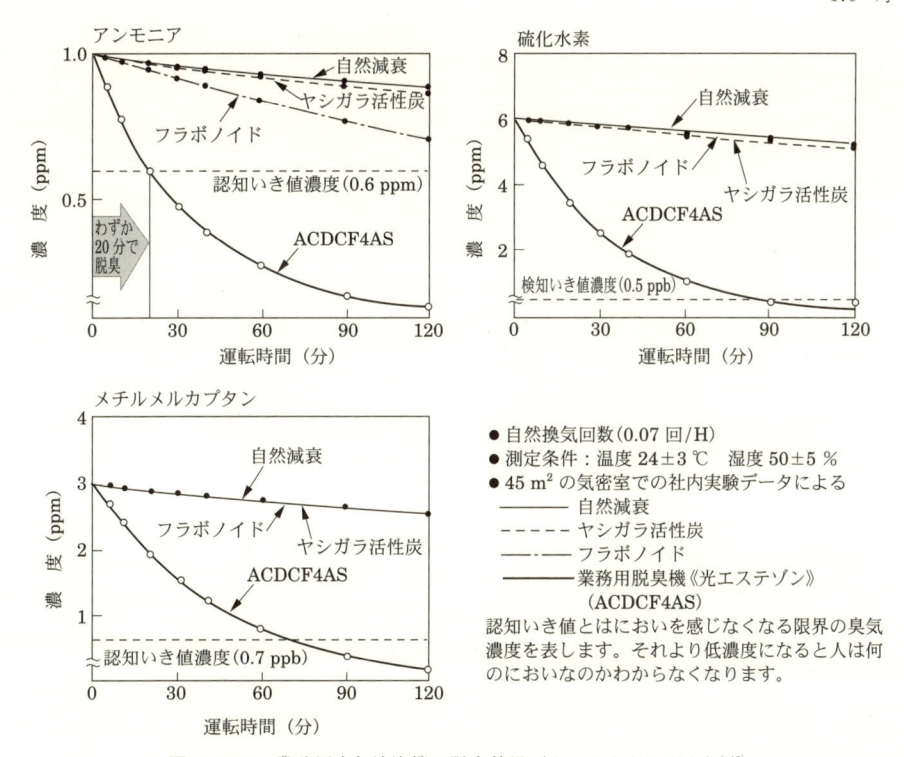

図-1.6.15 業務用空気清浄機の脱臭効果（メーカカタログより）[15]

表-1.6.1 家庭用空気清浄機の仕様[4]

機種	対照汚染物質	風量 (m³/min) 強	風量 (m³/min) 弱	フィルタの構造	適用面積（畳）	製造（年）
AC1	粉塵, VOC, HCHO, NO$_x$, 臭気	3.1	1	活性炭, ULPA	～21	2000
AC2	粉塵, HCHO, NO$_x$, 臭気	3.4	0.6	プレ, 静電, ULPA	～20	2000
AC3	粉塵	—	—	静電	～18	2000
AC4	粉塵, HCHO, NO$_x$, 臭気	3.0	0.5	プレ, 抗菌, HEPA	～20	2000
AC5	粉塵, VOC, HCHO, NO$_x$, 臭気	4.0	1.9	プレ, 静電, 活性炭		2000

注）カタログに記載されている事項を整理した。

いて，メーカカタログからの化学物質の除去性能の結果を示す。この清浄機のシステムは，プレフィルタ，高性能フィルタ（NBS60％以上の集塵効率を持つ），光触媒フィルタ（紫外線発生ランプ付き）で構成されており，脱臭物質は光触媒機能により脱臭される。

b. 実験室での性能評価実験結果（野崎らのデータによる）

表-1.6.1に示す5つの空気清浄機について，実験室でのホルムアルデヒド除去特性を図-1.6.16と表-1.6.2に示す。表-1.6.2は除去特性を相当換気回数と相当換気量で表示されている。相当換気回数と相当換気量の定義（野崎他）を以下に示す。

空気浄化設備を有する室内の定常濃度 C_{SS} (ppm)は，次式にて表される[15]。

$$C_{SS} = C_0 + \frac{M}{(Q+F)} \quad (1)$$

ここで，C_0：外気濃度（ppm），M：発生量（mL/h），Q：室換気量（m³/h），F：空気浄化能力（m³/h）とする。

一般の空調システムにおいて，F はフィルタ部の浄化能力を示すものであり，汚染物質除去率に通過風力を乗ずることにより求まる。

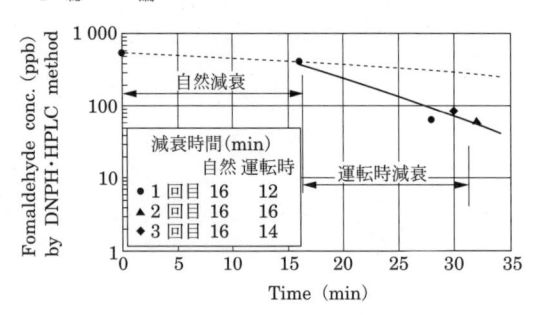

図-1.6.16 ホルムアルデヒド除去特性（1）[14]

表-1.6.2 ホルムアルデヒドの除去性能（相当換気回数，相当換気量）

機種	除去特性	1回目	2回目	3回目	平均値
AC1	N (1/h)	8.12	5.65	5.04	6.27
	Q_{eq} (m³/h)	4.29	2.98	2.66	3.31
AC2	N (1/h)	4.72	3.63	4.55	4.30
	Q_{eq} (m³/h)	2.49	1.92	2.40	2.27
AC3	N (1/h)	—	0.02	0.10	0.06
	Q_{eq} (m³/h)	—	0.01	0.05	0.03
AC4	N (1/h)	4.23	2.91	2.89	3.35
	Q_{eq} (m³/h)	2.23	1.54	1.53	1.77
AC5	N (1/h)	5.13	7.49	4.01	5.55
	Q_{eq} (m³/h)	2.71	3.95	2.12	2.93

ここで，家庭用の空気清浄機では，フィルタ部における室内空気の通過回数が大きいため，One passによる除去性能（汚染物質除去率）を求める意義は小さい。

そこで，家庭用空気清浄機の評価に用いられるのが，相当換気回数である。相当換気回数は，実験により一義的に得られる器具の浄化指標である。

すなわち，実験チャンバー内で空気清浄機を用いないときの換気回数（N_1 (1/h)），空気清浄機を用いたときの換気回数（N_2 (1/h)）を用いて，次式（2）より表される。

相当換気回数　N(1/h) $= N_1 - N_2$　　　（2）

換気回数 $N_{1,2}$ は，トレーサーガス濃度減衰法により，式（3）より求め，各種汚染物質に対する器具の除去性能が明らかなものとなる。

$$N = 2.303 \times \frac{1}{t} \times \log\left\{\frac{(C_1 - C_0)}{(C_2 - C_0)}\right\} \quad (3)$$

ここで，

n：換気回数（1/h）

t：濃度減衰の測定時間（h）
C_1：測定開始時の対象汚染物濃度（ppm）
C_2：t 時間後の対象汚染物濃度（ppm）
C_0：外気中の対象汚染物濃度（ppm）

とする。

さらに，実験チャンバーの気積 R_e (m³) と実験値である N(1/h) を用いて，空気清浄機の浄化力を換気量に相当させることができる。なお，このときの換気量を相当換気量 Q_{eq}(m³/h) といい，次式にて表される。

相当換気量　Q_{eq}(m³/h) $= N \times R_e$　　　（4）

ちなみに，式（1）中の F（空気浄化能力）が Q_{eq} と等しくなる。

1.6.4 ベイクアウト

(1) はじめに

ホルムアルデヒドや揮発性有機化合物等の化学物質による室内空気汚染低減化対策としてベイクアウト（Bake-out）が注目されている。

欧米では，住宅をまるごと加熱するベイクアウトがしばしば行われている。ベイクアウトは「室温をある一定期間，一次的に上昇させることにより，汚染源からの発生を促進させて，平常時の汚染物質発生量率を緩和する方法」と定義[18],[19]されている。ベイクアウトは，「ベークアウト」などと呼ばれることもあるが，学術的には「ベイクアウト」が正しい。近年，国内でもベイクアウトに関しての実大実験が行われており，一つの有望な汚染低減対策として注目されている。

ベイクアウトに関する研究報告（実大実験）として，例えば，Girmanら[22]はオフィスビルで，室温を29〜32℃まで上昇させ24時間保持したところ，ベイクアウト実施前後で，TVOC値が29%減少したと報告している。

野崎ら[18],[19]は竣工後4ヵ月を経たRC造集合住宅でベイクアウト実験を行い，加熱温度約32℃，加熱時間24時間のベイクアウトにより，①在来仕様の対象室で23〜33%のホルムアルデヒド発生量の低減が示され，低ホルマリン仕様の対象室

ではさらに大きな低減を示したことや，TVOCでは約20％を越える低減効果を示したことを報告している。

また，② 加熱温度を高くすると，ホルムアルデヒドのベイクアウト効果も増大する現象が観察され，③ 加熱時間を延長することで，より一層の低減効果が見込めることも報告している。

熊野ら[24]は，現場での制約を考慮した間欠的加熱手法によるベイクアウトを実施している。

小竿ら[21]は戸建て住宅で，石油ファンヒータを用いたベイクアウト実験を行っており，加熱温度約30.9～36.9℃，加熱時間48時間のベイクアウトで，26～45％のホルムアルデヒド発生量の減少を報告しており，また，ベイクアウトにより，室内真菌濃度も低下したことを報告している[19]。

また，野﨑ら[31]はベイクアウト効果が建物の仕上げ仕様によって異なると考えており，実態調査におけるベイクアウト効果のばらつきの原因の一つが，ここにあることを報告している。

そこで，建材部材レベルでのベイクアウトの実験室実験を行い，ベイクアウト実施前後の化学物質発生量を求め，ある加熱条件における建材部位別のベイクアウト効果を定量的に明らかにしている。すなわち，住宅の仕上げ仕様を下地レベルから再現した試験片（床部，壁部，天井部）を作製し，ある加熱条件（加熱温度約38（℃），相対湿度約40（％），加熱時間72（h））のもとで実験を行っている。結果としては，ホルムアルデヒドで約16～46％のベイクアウトによる明確な低減効果が現れることを示している。特に，木質系フローリングが使用されている床部における低減効果は小さいものの，せっこうボード下地のクロス張り，塗り壁仕様の壁，天井部においては，28から46％程度の低減効果が期待できることを明らかにしている。

（2） 実大実験におけるベイクアウト効果

ベイクアウトによる化学物質汚染の低減効果，すなわちベイクアウト効果に注目が集まっている。

実際の建物におけるベイクアウトの実施法と評価法が提案されている。ここでは，特に評価手法を主とした解説を行う。

a． ベイクアウト効果の評価法[18],[19]

室内でベイクアウトを実施すると，図-1.6.17に示されるような化学物質濃度の変化が生ずる。この室内濃度変化を測定し，次の式（1）に示されるベイクアウト実施前後の室内濃度減少率（R_b（％））を求めて，ベイクアウト効果の評価が行える。

$$R_b = \left(1 - \frac{C_{sa}-C_{la}}{C_{sb}-C_{lb}}\right) \times 100 - R_m \quad (1)$$

ここで，

C_{sb}：ベイクアウト実施前の室内定常濃度
C_{sa}：ベイクアウト実施後の室内定常濃度
C_{la}：ベイクアウト実施後の室内初期濃度
C_{lb}：ベイクアウト実施前の室内初期濃度
R_m（Reduction rate in measurement periods）：ベイクアウト実施期間中の建材履歴による室内濃度減少率（％）であり，同仕様の2室ついての濃度測定を行い，ベイクアウトを実施した室と実施しなかった室の比較を行うことにより求まる。

b． ベイクアウトのホルムアルデヒド低減効果

ベイクアウト実施前後（加熱操作の前後）とベイクアウト実施中（加熱操作中）における室内ホルムアルデヒド濃度の変化を図-1.6.18～1.6.19に示す。ベイクアウトを実施すると室内濃度は，

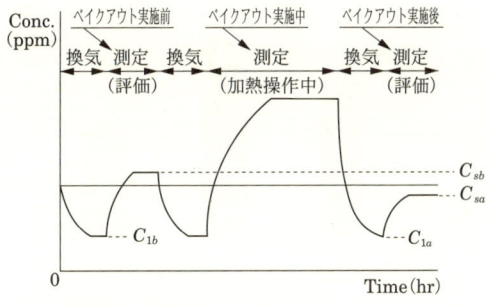

① 対象室の換気を充分に行う（1 h）。
② 室内ホルムアルデヒド，VOC上昇濃度を測定する。
③ 対象室の換気を充分に行う（1 h）。
④ 対象室を加熱し，温度を30～38℃に上昇させ，室内ホルムアルデヒド，VOC上昇濃度を測定する。
⑤ 対象室の換気（冷却）を充分に行う（6 h）。この時，建材表面温度が②の時と同レベルであることを確認する。
⑥ 室内ホルムアルデヒド，VOC上昇濃度を測定する。

図-1.6.17　実大ベイクアウト実施手順とベイクアウト実施に伴う室内化学物質濃度の変化

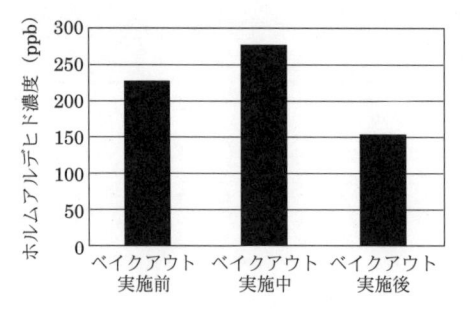

図-1.6.18 ベイクアウト実施に伴うホルムアルデヒド濃度（A室）

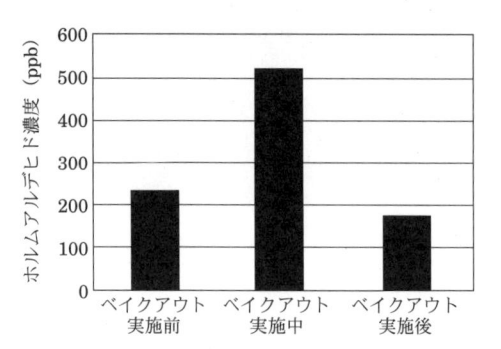

図-1.6.19 ベイクアウト実施に伴うホルムアルデヒド濃度（B室）

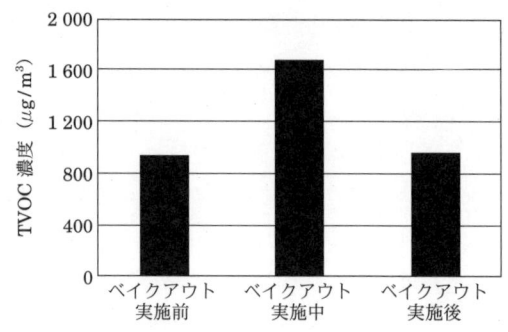

図-1.6.20 ベイクアウト実施に伴うTVOC濃度（在来仕様B室）

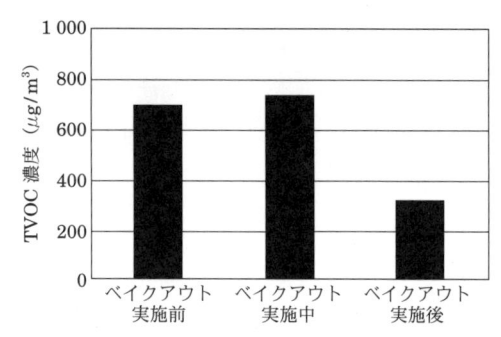

図-1.6.21 ベイクアウト実施に伴うTVOC濃度（低ホルム仕様C2室）

顕著な上昇を示し，発生速度の増大が認められている。ちなみに，このときの加熱条件と測定対象室の換気条件は以下に示される（加熱条件：30℃で24時間の加熱操作，換気条件：換気回数＝約0.5回/h）。

図-1.6.18と図-1.6.19に示すように，ベイクアウト実施後の室内濃度が実施前の室内濃度よりも低く，A室では，33％，B室では23％の低減効果が認められる。

c. ベイクアウトのTVOC低減効果

ベイクアウト実施前後とベイクアウト中におけるTVOC濃度の変化を図-1.6.20～1.6.21に示す。ベイクアウトを実施すると室内濃度は，1.2～3.0倍の上昇を示し，ホルムアルデヒドと同様に，発生速度の増大が認められた。ちなみに，この時の加熱条件と換気条件は，ホルムアルデヒドの例と同じである（加熱条件：33℃で24時間の加熱操作，換気条件：換気回数＝約0.5回/h）。

なお，TVOC濃度は，GC/FIDによる同定物質濃度と未同定物質濃度（トルエン換算）との和で示されている。

図-1.6.20と図-1.6.21に示すように，ベイクアウト実施後の室内濃度を比較すると在来仕様のB室では，ほとんど変化はないが，低ホルム仕様のC2室では53％のベイクアウトによるTVOC濃度低減効果が認められる。

d. ベイクアウト実施時の室温とホルムアルデヒド減少率 R_b（％）との関係

図-1.6.22は実大実験により求められたベイクアウト時の室温とホルムアルデヒド減少率 R_b（％）との関係を示すものである。図に示すように，ベイクアウト時の加熱温度を高くすることにより，ホルムアルデヒドに対するベイクアウト効果（ベイクアウトによる汚染物質発生量の低減効果）も増大することがわかる。

e. ベイクアウト実施時の留意点

ベイクアウトを実施するうえでの涯意点を以下に述べる。

① 特定の部分を加熱することは，火災や損傷をまねく危険性がある。

② 温度を上げすぎることによる建具などの損

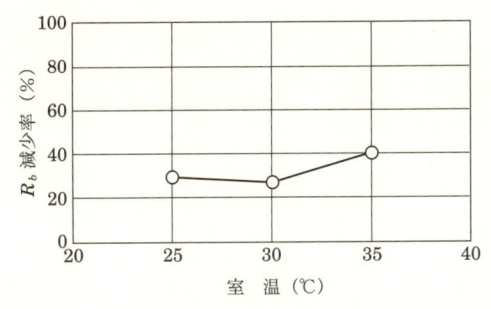

図-1.6.22 ベイクアウト実施時の室温とホルムアルデヒド減少率 R_b(%) との関係

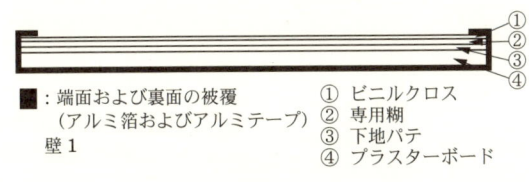

図-1.6.23 試験片の具体例 [壁1]
■：端面および裏面の被覆（アルミ箔およびアルミテープ）
壁1
① ビニルクロス
② 専用糊
③ 下地パテ
④ プラスターボード

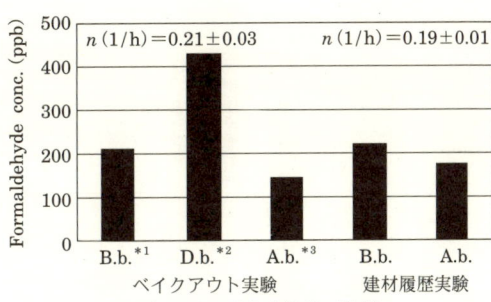

図-1.6.24 ベイクアウト実施に伴うホルムアルデヒド濃度 [床1]
＊1 B.b.（ベイクアウト実施前の濃度）
＊2 D.b.（ベイクアウト実施中の濃度）
＊3 A.b.（ベイクアウト実施後の濃度）

傷に留意する必要がある（とくに，表と裏の仕上げが違うドアは，温度変化により反りが生じやすい）。

③ 開放型ストーブを用いて行う場合には，酸欠によるススの発生に注意する。

④ 加熱中の室内濃度は，著しく高くなることが報告されており，加熱中の室内滞在は危険である。また，ベイクアウト実施後に，一時的に濃度の高くなるケースがあり，加熱後は充分に窓を開けて，室（建物）の換気と冷却をはかる必要がある。

(3) 実験室実験におけるベイクアウト

実験室実験を用いたベイクアウト効果を求める試験法と評価法が提案されている。すなわち，スモールチャンバーを用いて，温度，湿度，気流，換気量，空気質等を制御しながら，建材部位別のベイクアウト効果を求めるものである。

以下に，試験法とその評価法について示し，これにより得られた結果について記す。

a. 試験片の作製方法[20],[31]

ベイクアウト試験に用いる試験片は，現場施工を忠実に再現するものとしている。また，端面や裏面をアルミ箔・アルミテープにて被覆し，仕上げ面のみを露出させることにより，仕上げ面からの発生量の変化を求めることができる。壁部における試験片の一例が，図-1.6.23 に示されている。

b. ベイクアウトの試験法[20],[31]

ベイクアウトによる汚染物質発生量の低減効果は，2つの同一仕様のサンプルを用意し，同時に2つの実験を行うことにより求められる。同一仕様で同一時期につくられた2個のサンプルを用意し，一方はベイクアウト実験に用い，他方は建材履歴実験に用いるものである。

両実験は，温度，湿度，気流，換気量，空気質を制御した小型ステンレスチャンバー内で行われるものである。

ベイクアウト効果は，ベイクアウト実験と建材履歴実験時のチャンバー内の濃度変化の測定により求まる。

ベイクアウト時の加熱条件により，ベイクアウト効果は異なるが，加熱条件は，加熱温度30〜40℃，相対湿度40〜50%，加熱時間24〜(h)の範囲で行うものとしている。

c. ベイクアウト効果の評価法[20],[31]

同時に行われる2つ実験により，建材部位別のベイクアウト効果が求められる。2つの実験時の手順とそれに伴うチャンバー内濃度の変化は図-1.6.24に示される。

すなわち，ベイクアウト実験により，ベイクアウトによる建材の発生量減少率（R_b）と実験期間中の建材履歴による発生量低減率が付加されたものが求められる。また，建材履歴実験により，ベイクアウト実験期間中の建材履歴による発生量減少率（R_m）が，求められるものである。

1 総論

表-1.6.3 ベイクアウト実施に伴うホルムアルデヒド濃度と発生量減少率 R_b (%)

部位	ベイクアウト実験			建材履歴実験		R_m(%)	R_b(%)	換気回数(1/h)	
	B.b.[*1]	D.b.[*2]	A.b.[*3]	B.b.	A.b.			ベイクアウト	建材履歴
床1	211	443	143	223	179	19.7	12.5	0.21±0.03	0.19±0.01
床2	163	374	119	151	135	10.6	16.4	0.19±0.02	0.18±0.02
床3	79.8	199	67.8	85.1	76.3	10.3	4.70	0.20±0.03	0.20±0.03
壁1	64.5	183	53.9	73	69.4	5.06	11.4	0.20±0.01	0.21±0.01
壁2	59.1	189	46	70	68.1	2.44	19.6	0.22±0.03	0.23±0.03
壁3	42.9	116	38	58	61.3	—	11.7	0.21±0.02	0.21±0.02

*1 B.b.(ベイクアウト実施前の濃度)(ppb)
*2 D.b.(ベイクアウト実施中の濃度)(ppb)
*3 A.b.(ベイクアウト実施後の濃度)(ppb)

すなわち，真のベイクアウト効果は，R_b から R_m を差し引くことにより求められ，ベイクアウト効果の評価は，次式(1)により求められる。

$$R_b = \left(1 - \frac{C_{sa} - C_{1a}}{C_{sb} - C_{1b}}\right) \times 100 - R_m \quad (1)$$

ここで，

C_{sb}：ベイクアウト実施前のチャンバー内定常濃度

C_{1b}：ベイクアウト実施前のチャンバー内初期濃度

C_{sa}：ベイクアウト実施後のチャンバー内定常濃度

C_{1a}：ベイクアウト実施後のチャンバー内初期濃度

R_m：実験期間中の建材履歴による発生量減少率(%)とする。

d. ベイクアウトのホルムアルデヒド低減効果

ベイクアウトに伴うホルムアルデヒド濃度変化の一例を図-1.6.25に示す。これらの測定結果を評価式(1)に代入し，発生量減少率を求めた(表-1.6.3)。

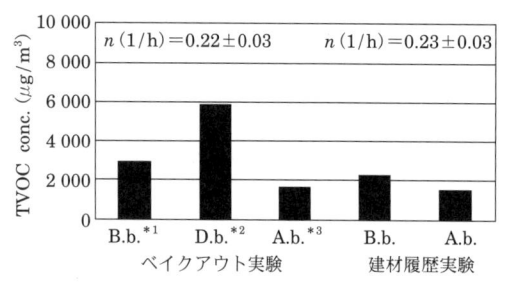

図-1.6.25 ベイクアウト実施に伴う TVOC 濃度 [壁3]

ベイクアウトによるチャンバー内の濃度上昇が認められ，全ての試験体が2.1～3.2倍の濃度上昇を示した。

このベイクアウト実験による発生量減少率(R_b)は，床1(12.5%)，床2(16.4%)，床3(4.70%)，壁1(11.4%)，壁2(19.6%)，壁3(11.7%)であり，ベイクアウトによる明確な発生量低減効果が示された。この時の加熱条件は，加熱温度38(℃)，相対湿度40(%)，加熱時間72(h)である。また，この時の試験片の仕様は，表-1.6.4に示されている。

e. ベイクアウトのTVOC低減効果

ベイクアウトに伴う TVOC 濃度の一例を図-1.6.26に示す。ホルムアルデヒドと同様に，こ

表-1.6.4 試験片の概要

試験片	試験片のサイズ			単一材	表示区分
	縦(mm)	横(mm)	厚さ(mm)		
床1	300	300	33.5	構造用合板(@24mm)	FCO
				床接着剤	低臭タイプ
				繊維板系 防音フロア(@9.5mm)	EO
床2	300	300	25.8	構造用合板(@24mm)	FCO
				専用接着剤	
				ビニル系クッション	
床3	300	300	39	構造用合板(@24mm)	FCO
				薄畳	
壁1	300	300	12.5	せっこうボード	
				下地パテ	
				専用糊	
				ビニルクロス	
壁2	300	300	15.5	せっこうボード	
				下地パテ	
				ジョリパット	
壁3	300	300	18	ラスボード	
				モルタル塗り	
				聚楽仕上げ	

1.6 対策

表-1.6.5 ベイクアウト実施に伴う TVOC 濃度と発生量減少率 R_b (%)

部位	ベイクアウト実験			建材履歴実験		R_m (%)	R_b (%)	換気回数	
	B.b.[*1]	D.b.[*2]	A.b.[*3]	B.b.	A.b.			ベイクアウト	建材履歴
床1	41 860	79 765	28 589	43 656	33 375	23.6	8.2	0.21±0.03	0.19±0.01
床2	37 747	78 159	18 622	36 878	23 371	36.6	14.0	0.19±0.02	0.18±0.02
床3	3 628	5 804	2 072	3 552	2 784	21.6	21.3	0.20±0.03	0.20±0.03
壁1	36 210	87 742	14 924	31 460	19 989	36.5	22.3	0.20±0.01	0.21±0.01
壁2	2 917	5 938	1 679	2 365	1 598	32.4	10.0	0.22±0.03	0.23±0.03
壁3	1 341	3 070	676	1 155	897	22.3	27.3	0.21±0.02	0.21±0.02

＊1　B.b.(ベイクアウト実施前の濃度)
＊2　D.b.(ベイクアウト実施中の濃度)
＊3　A.b.(ベイクアウト実施後の濃度)

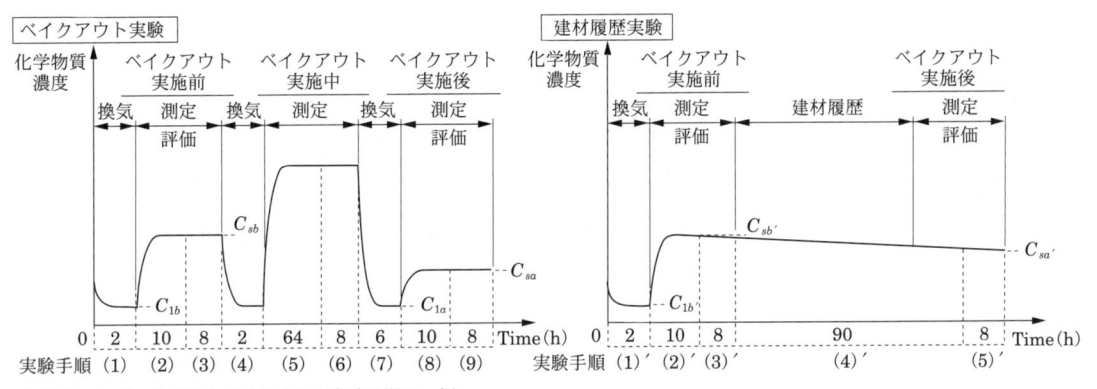

小形チャンバーを用いたベイクアウト実験手順の一例
(1) あらかじめ，チャンバー内を清浄[1]し，換気を充分に行う(2(h))。
(2) チャンバー内に一定の換気(n)，温度(Temp.)，湿度(RH)，気流(u)条件を構築し，汚染物質の濃度上昇を測定する(10(h))，n：0.5(1/h)，Temp：23(℃)，RH：40〜50(%)，u：0.2〜0.3(m/s)。
(3) 定常状態の汚染物質濃度測定を行う(8(h))。
(4) チャンバー内の換気を充分に行う(2(h))。
(5) ベイクアウト実施中の汚染物質濃度を測定する(8(h))。
(6) (4)と同様(6(h))。
(7) (2)と同様。適宜，建材の温度が(2)と同程度であることを確認する。
(8) (3)と同様。

建材履歴実験の手順
(1)′,(2)′,(3)′は，それぞれ(1),(2),(3)と同様である。
(4)′チャンバー内の温度を室温 23(℃)，相対湿度 40〜50(%)に制御する(90(h))。
(5)′(8)と同様である。

図-1.6.26 ベイクアウト実験と建材履歴実験時のチャンバー内濃度変位

れらの測定結果を評価式(1)に代入し，求められた発生量減少率(R_b)を**表-1.6.5**に示す。

このベイクアウト実験による発生減少率(R_b)は，床1(8.2%)，床2(14.0%)，床3(21.3%)，壁1(22.3%)，壁2(10.0%)，壁3(27.3%)であった。これにより，ホルムアルデヒドと同様にベイクアウトによる明確な低減効果が示された。この時の加熱条件は，ホルムアルデヒドと同様に，加熱温度 38(℃)，相対湿度 40(%)，加熱時間 72(h)である。また，この時の試験片の仕様は，ホルムアルデヒドの場合と同様であり，**表-1.6.5**に示されている。

参考文献

1) 吉野博，趙雲：計画換気を実現するための気密性能，特集：高断熱高気密住宅の換気設計，建築技術(1999.7)
2) 吉野博，長友宗重，石川善美，松本真一，内海修明，長谷川兼一：カナダ R2000 仕様に基づいて建設された高断熱高気密住宅の熱空気環境に関する長期測定，日本建築学会計画計論文集，第471号(1995.5)，

3) 天野健太郎, 吉野博, 松本麻里, 鈴木憲高, 飯田望, 池田耕一, 野崎淳夫, 角田和彦, 北條祥子, 石川哲：シックハウスにおける室内空気質と居住者の健康状況に関する研究－その7 3ヶ年の調査概要と化学物質濃度の測定結果, 日本建築学会大会学術講演梗概集, D-2, pp.901-902 (2003.9)
4) 空気調和・衛生工学会規格 SHSE-S102-2003：換気規準・同解説
5) 吉野博, 村上周三, 赤林伸一, 倉渕隆, 加藤信介, 田辺新一, 池田耕一, 大澤元毅, 澤地孝男, 福島明, 足立真弓：先進諸国を対象とした住宅の必要換気量の基準に関する調査, 空気調和・衛生工学会学術講演会講演論文集, pp.1317-1320 (2003.9)
6) 本間義規：排気システムの選択, 特集：高断熱高気密住宅の換気設計, 建築技術 (1997.7)
7) 宇田川光弘：住宅用標準問題, 伝熱解析の現状と課題, 日本建築学会環境工学委員会, 熱分科会, 第15回熱シンポジウム (1985.9)
8) Helmut Feustel et. al. : Fundamentals of the Multi-zone Air Flow Model-COMIS, Air Infiltration and Ventilation Center, May (1990)
9) 李重勲, 吉野博, 石川善美：居住状態にある住宅の換気量測定—SF6を用いた一定濃度法, 日本建築学会大会学術講演梗概集 (2000.9)
10) 吉野博, 三原邦彰, 三田村輝章, 鈴木憲高, 熊谷一清, 奥泉裕美子, 野口美由貴, 柳沢幸雄, 大澤元毅：居住状態の住宅34戸における換気量測定, 室内環境学会 (2004.10)
11) 空気調和・衛生工学会編：空気浄化装置, 空気調和・衛生工学便覧Ⅱ空調設備編, 空気調和・衛生工学会, 丸善 (1987.12)
12) 日本空気清浄協会編：空気清浄機器各編, 空気清浄ハンドブック, オーム社 (1981.10)
13) 日本工業標準調査会：JIS B 9908-1991 換気エアフィルタユニット, 日本規格協会 (1991.3)
14) 野崎淳夫, 吉澤晋 他：家庭用空気清浄機によるホルムアルデヒドの除去性能に関する研究, 日本建築学会大会学術講演梗概集, 日本建築学会 (2001.9)
15) ニッタ：フィルタカタログ
16) 新晃工業：空気清浄装置カタログ
17) ダイキン工業：脱臭装置カタログ
18) 野崎淳夫, 飯倉一雄, 吉澤晋, 池田耕一, 堀雅宏：室内化学物質汚染低減化対策としてのベイクアウト効果（その1), 日本建築学会計画系論文集, 第530号, pp.61-66 (2000.4)
19) 野崎淳夫 他：室内化学物質汚染の低減化対策に関する研究, 第1報 室内ホルムアルデヒド, VOC汚染低減化対策としてのベイクアウトに関する研究, 空気調和・衛生工学会論文集, pp.13-20 (2000.4)
20) 野崎淳夫, 飯倉一雄, 坊垣和明 他：室内化学物質汚染低減化対策としてのベイクアウトに関する研究（2), 日本建築学会大会学術講演梗概集, pp.785-786 (1999)
21) 小竿真一郎 他：ベイクアウトによる室内ホルムアルデヒド濃度の制御に関する研究, 第15回空気清浄とコンタミネーションコントロール研究大会, pp.187-192 (1997.4)
22) J.R. Girman et al. : Bake-out of a New Office Building to Reduce Volatile Organic Concentrations, Proc. of the 82nd Annual Meeting and Exhibition of the Air Pollution Control Association, June (1989)
23) Fariborz Haghighat et al. : To Bake or Not to Bake. Proc. of the 3rd International Conf. Healthy Building '94, Vol.2, pp.364-374 (1994)
24) 熊野康子 他：新築集合住宅におけるベイクアウトと換気によるTVOC低減化についての研究, 日本建築学会大会学術講演会梗概集, pp.771-772 (2000)
25) 野崎淳夫 他：我が国における室内化学物質汚染低減化対策の現状について, 空気調和・衛生工学会学術講演論文集, pp.645-648 (1998)
26) 野崎淳夫, 吉澤晋, 池田耕一, 堀雅宏, 飯倉一雄：集合住宅におけるベイクアウト効果に関する研究（2), 空気調和・衛生工学会学術講演論文集, pp.57-60 (1997)
27) K. Iikura, A. Nozaki et al. : Effects of Bake-out Practice on Indoor Formaldehyde and VOC from Building Materials, Proc., of Second International Conference on Human-Environment System, pp.362-365 (1998)
28) 野崎淳夫：室内空気対策研究会, 改修技術分科会報告書 (2001.3)
29) 野崎淳夫：室内空気対策研究会, 改修技術分科会報告書 (2001.3)
30) 野崎淳夫, 坊垣和明, 大澤元毅 他：実験室実験によるベイクアウト効果, 室内環境学会 (2001)
31) 野崎淳夫, 飯倉一雄, 坊垣和明, 吉澤晋：室内化学物質汚染低減化対策としてのベイクアウト効果（その2), 日本建築学会計画系論文集, 第557号 (2002.7)
32) 野崎淳夫（共著）：健康な住まい作りのための設計施工ガイド, 建設省 (2000.10)
33) 野崎淳夫（共著）：健康な住まい作りのためのユーザースガイド, 建設省 (2000.10)
34) 野崎淳夫（共著）：室内空気清浄便覧, オーム社 (2000)
35) 野崎淳夫（共著）：室内空気対策, 空気清浄機及びベイクアウトによる化学物質濃度の低減, IBEC, No.126, Vol.22-3 (2001.9)

室内空気質環境設計法

2 各論

2.1 粉　　塵

2.1.1 概　要

（1）粉塵（DUST）の発生源

　広義な粒子状物質には，粉塵，ヒューム，煙，ミスト，霧等が含まれるが，ここでは室内の一般的な生活でもっとも係わりの多い粉塵を扱うものとする。

　粉塵の発生源は，物体の破砕により生じた微粒子が空気中に分散したものであり，その粒子の大きさは0.1μ程度から数十μの範囲にある。身の周りでの発生原因としては，天然現象として土砂崩壊，飛散，日常的なものとして衣服，清掃，喫煙，冷暖房，工場での発生は粉体，研磨材，交通に係わるものは道路粉塵，車両粉塵がある。一般家庭やオフィス等の粉塵は人間の行動により発生するものがほとんどで，衣服，喫煙，書類，人体等が発生部位となる。ここ10年程，半導体製造や医薬品の製造過程で必要となるクリーンルームでは，対象とする粉塵の粒径が0.1μ以下となっており，ここでの粉塵の制御法や計測法の技術には目を見張るものがある。図-2.1.1に粒子の大きさと粉塵の種類および法規制の範囲，測定法について示す。

（2）人体影響

　粉塵を吸引することによって起こる障害として塵肺が揚げられる。これは不溶性の物資が呼吸気道内の深部まで侵入して肺機能を阻害するもので

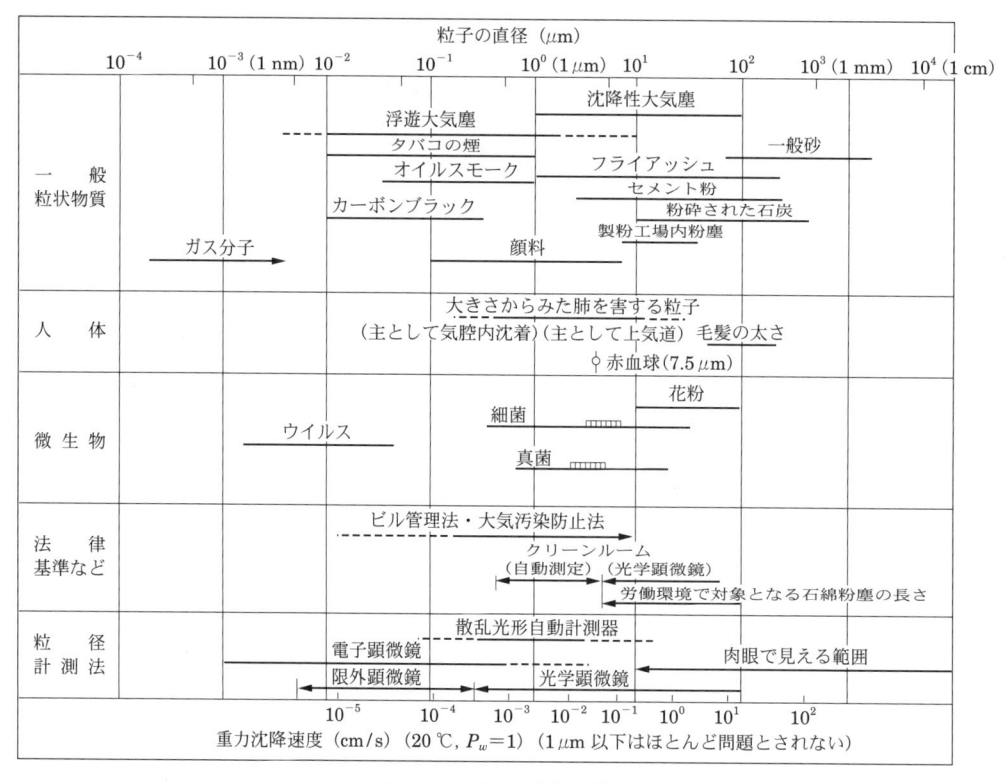

図-2.1.1　粉塵の粒径と種類

ある。不溶性物質としては遊離ケイ酸，石綿，アルミニウム，鉄粉，石炭粉塵があり，これらの粉塵を扱う職場での安全基準として後述するが日本産業衛生学会から許容濃度が出されている。粉塵が肺深部に至らなくても上部気道に沈着した粒子によりぜん息等の呼吸器障害が発生する。一般の環境測定では，肺胞内への沈着の目安として 10μ 以下の粒子を対象とした測定がされている。

金属粉塵によっては以下の症状が観察される。亜鉛では発熱，呼吸困難，鉛では貧血や末しょう神経炎，ニッケルやクロム等は発がんの危険性が報告されている。

喫煙による障害は粉塵より各種のガスによる健康影響が報告されている。微粒子による気道障害や肺がんの原因とされている。

粒径別の肺胞沈着率については，図-2.1.2 のような特性が知られている。

（3） 粉塵濃度の許容値

粉塵濃度に関する許容濃度については，1章の基準値にも示されている。一般の室内での濃度はビル管理衛生法に示されている「浮遊粉塵量の $0.15\mathrm{mg/m^3}$」が広く使われており，我が国の室内環境の保持に大きく役立っている。

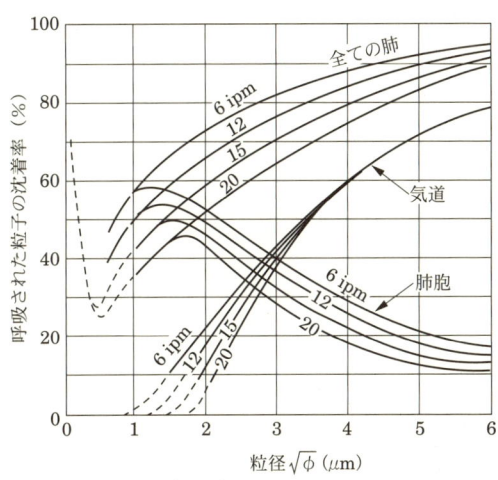

（4） 粉塵濃度の実態

一般オフィスでの粉塵濃度は喫煙の有り無しに大きく左右され，内部での人間の行動や事務機器の多少により左右される。喫煙が無い場合には $0.15\mathrm{mg/m^3}$ を満足する例が多くなっているが，喫煙がある場合は $0.15\mathrm{mg/m^3}$ は満足できない場合が見られる。図-2.1.3 にビル管理教育センターが行ったオフィスでの実測結果を示す。この結果は $0.15\mathrm{mg/m^3}$ を満足している。

最近の工場では，特に粉塵発生工程以外の場所の室内基準値として $0.15\mathrm{mg/m^3}$ を目安として室内空気清浄管理を行っている。

大気粉塵の年平均濃度は $0.05 \sim 0.08\mathrm{mg/m^3}$（東京，埼玉，大阪の代表地域での 1965 ～ 1977

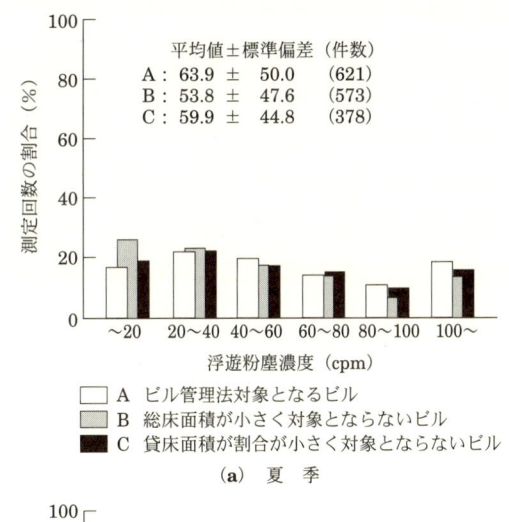

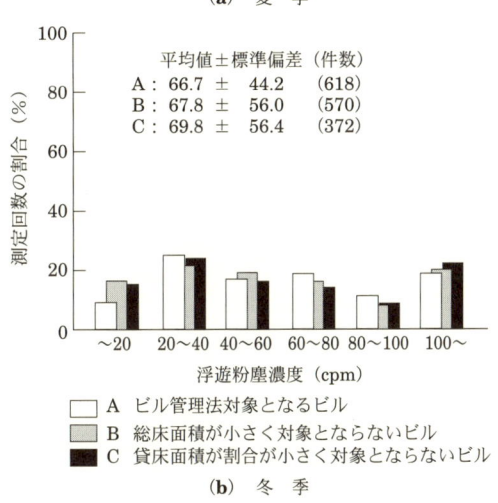

図-2.1.2　粒径別粉塵肺胞沈着率（Hatch 1964）

注）ipm：毎分の呼吸回数

図-2.1.3　オフィンスビル室内の浮遊粉塵量測定結果（ビル管理教育センター 1987 ～ 1988）

年の年平均値）程度である。

粉塵濃度に限らず室内汚染物質濃度は時間的な変動と空間的な変動を考慮して計測しなければならない。室内の人間の数，行動，分布や室内での発塵源の有無，さらには空調換気による気流分布，温度湿度等の状況を予備調査として把握し実測値との関係を評価する必要がある。

2.1.2　測定法

(1)　概要

粉塵測定は粉塵の質が雑多であり，大きさ，重量，形に幅があり，時間的空間的変動があり，さらに計る目的により粉塵の質や大きさが変化する等の要因により，決定的な方法はなく目的にあった測定器や測定法を選択する必要がある。以下に示す方法は一般環境を主とした測定器を紹介する。

粉塵濃度の表示は重量濃度と，重量濃度からあらかじめ換算係数を求めた相対濃度計を用いて測定する相対重量濃度，光学的な尺度による間接的尺度で表示する相対濃度，さらに個数を計測する個数法がある。測定の方法は浮遊粉塵を浮遊のまま捕集する方法とフィルタに捕集する方法がある。

(2)　測定器

a．ディジタル粉塵計

ⅰ）測定器の用途

本測定器の用途は，ビル管理法に基づく環境衛生管理，労働安全衛生法・作業環境測定法に基づく労働作業現場における環境測定，および大気汚染防止法に基づく規制値の測定に使用される。

ⅱ）原理

浮遊粉塵を含む一定流量の試料空気を吸引口から吸引し，吸引口に設けられたインパクタを介して測定部（セル内）に導かれる。この際，粗大（おおむね $10\mu m$ 以上）粒子は，このインパクタにより除去されるようになっている。測定部（セル内）には，安定化された光源による光が照射され，試料空気が，照射領域内を通過する際，個々の浮遊粒子によって散乱光を生じる。この散乱光をフォトダイオードに集光し，光電変換し，得られた電流は I-V，V-F の変換によりパルス状電気信号に変換される。

その後，増幅して積算値を表示することにより相対濃度（cpm）として表示する。

図-2.1.4 にディジタル粉塵計の原理図と測定器のダイアブロック図を示す。

ⅲ）測定

① 測定器の特長

・測定時間が速い（最少 1 分間程度）

・持ち運びが容易（3kg 程度）

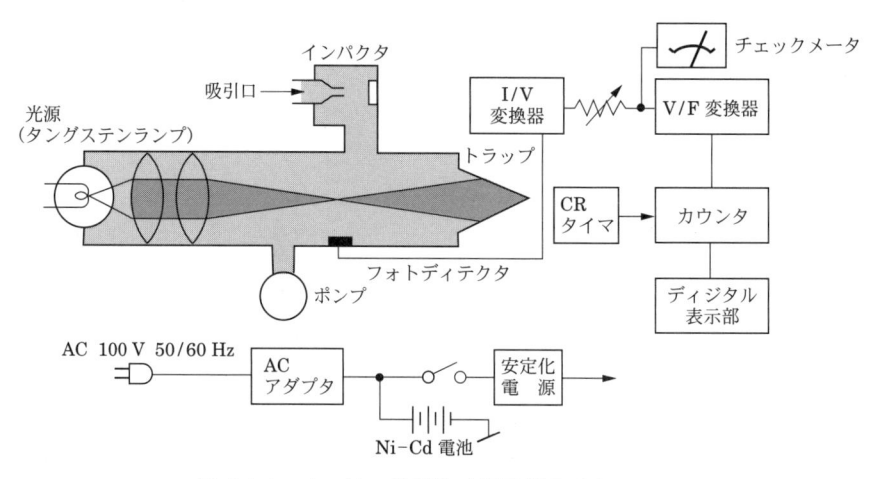

図-2.1.4　ディジタル粉塵計の原理と測定ダイアグラム

② 測定値の表示

本測定器での粉塵濃度は1分間のカウント数 cpm (counts par minute) として表される。

測定器の校正は $0.3\mu m$ のステアリン酸粒子の重量濃度 $0.01mg/m^3$ に対して，1cpm となるように調整されている。

③ 測定上の留意点

・測定の時間は，10分間程度として，その平均値を測定値とすることが望ましい。

・高濃度の煙に対しては，受感部を損傷する恐れがある（例：タバコの直接煙他）。この場合は測定器に付属したクリーニング用フィルタで再度校正が必要である。

・本測定器は，ステアリン酸の標準粒子により，カウントの校正がされているため，対象とする粒子がステアリン酸粒子と同じ重量特性を示さず，新めて換算係数を求める必要がある。図-2.1.5 に各種建物内で測定した重量濃度とディジタル値との比較例を示す。

④ 相当重量濃度への換算

ディジタル値（cpm）を重量濃度（相当）に変換するには次式による。

$$C = (R-D)K$$

C：相当重量濃度 (mg/m^3)
R：ディジタル値（cpm）
D：ダークカウント*（cpm）
K：1カウント当りの重量濃度 $(0.01mg/m^3)$

b. ピエゾバランス粉塵計

ⅰ）用途

ディジタル粉塵計とほぼ同様の用途に使用される。

ⅱ）原理

浮遊粉塵を圧電結晶素子（クォーツ）に静電捕集し，粉塵の量をクォーツの振動数減少変化として抽出し，直接重量濃度 (mg/m^3) で表示される。

図-2.1.6 にピエゾバランス粉塵計の原理図および測定器のブロックダイアグラムを示す。

ⅲ）測定法

① 測定器の特長

・粉塵の質量を直接測定する。
・測定時間は，粉塵濃度により，24秒または2分（120秒）以内で完了する。
・圧電結晶素子を自動洗浄できる。
・持ち運びが容易（重量3～4kg）である。

c. β線吸収式測定器

ⅰ）測定器の用途

$10\mu m$ 以下の大気浮遊状粒子を対象として，主

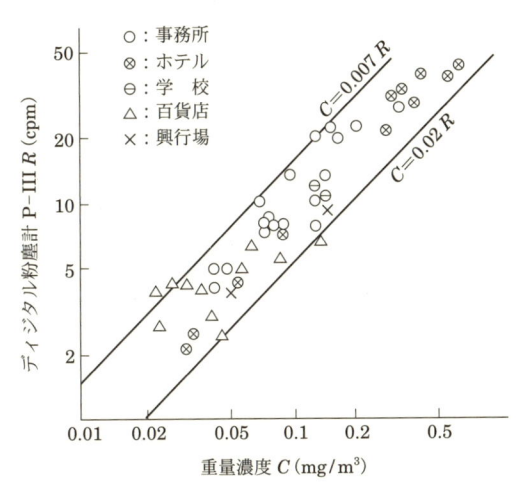

図-2.1.5 重量濃度とディジタル粉塵計の指示値との関係[6]

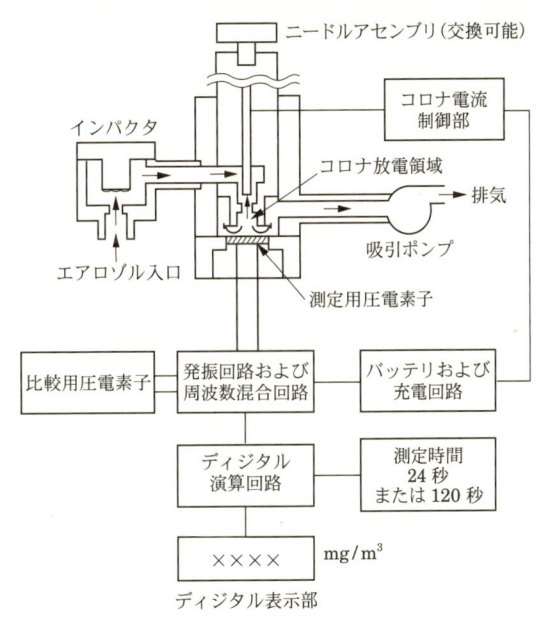

図-2.1.6 ピエゾバランス粉塵計の原理と測定ダイアグラム

＊測定器固有のノイズ値

に大気汚染分野で使用されている。

ⅱ）原　理

ろ紙捕集方式であるが，粉塵の検出機構にβ線を用いたところが特徴である。

放射線の一種であるβ線は電子の流れであるために，物質を透過する際，物質内の電子と散乱，衝突を起こし，吸収される。この吸収量はβ線のエネルギが一定ならば，物質の重量に比例し，粉塵の粒径・成分・分散・色などに影響を受けない。

本測定器はこのβ線吸収方式を利用して，ろ紙に捕集した粉塵の重量をβ線吸収量から求め，質量濃度（mg/m³）として表示させ，粉塵の粒径・成分・色に関係なく，粉塵量を測定できる。

d．ローボリュームサンプラー（低流量重量濃度測定器）

ⅰ）用　途

本測定器は，公害対策基本法，ビル管法などに規定されている基準的重量濃度測定に用いられる。

ⅱ）原　理

直径55mmの高性能ろ紙を用い，毎分20〜30Lの対象空気を吸収し，ろ過を行う。その後，ろ紙を天秤で計量し，重量の増加量を求め，重量濃度を換算する。

機器の構成は，次のようである。

・ろ紙およびろ紙ホルダ

　ろ紙は一般にガラス繊維のフィルタを使用。直径55mm。

・セパレータ（多段分粒装置）

・流量計

・吸引ポンプ

・その他

　三脚，ホース，天秤，デシケータ（ろ紙乾燥用）

ⅲ）測定法

各回の測定につき，同種のろ紙を2枚ずつ重量測定をしておく。秤量は，温・湿度制御をした室に24時間くらい放置したうえで行うのが望ましい。この2枚を重ねたまま，ろ紙ホルダに装着し，規定の流量でサンプル空気を吸引する。採塵後，それぞれ再び秤量し，次式によって濃度を計算する。

ただし，

$$C = \frac{1}{v} \{(W_{12} - W_{11}) - ((W_{02} - W_{01})\}$$

C　：重量濃度（mg/m³）
V　：吸引空気量（m³）
W_{11}：採塵前の上流側ろ紙重量（mg）
W_{12}：採塵後の上流側ろ紙重量（mg）
W_{01}：採塵前の下流側（コントロール）ろ紙重量（mg）
W_{02}：採塵後の下流側ろ紙重量（mg）

ろ紙自体の重量が100〜200mgあり，天秤で精度よく計測するためには，1mg程度の粉塵を捕集しなくてはならないので，建物内などでは3〜6時間以上捕集せねばならないことや，吸湿の影響などで秤量に誤差が入りやすいことが欠点である。

e．アンダーセンサンプラ

ⅰ）測定器の用途

アンダーセンサンプラは，大気中や室内の作業環境における固体や液体状の浮遊粒子状物質の粒度分布を測定でき，次の用途に利用できる。

大気や室内粉塵の粒径特性把握，呼吸器障害に関する研究，放射線微粒子の分粒捕集，およびエアフィルタの評価。

ⅱ）原　理

本測定器は，8つの分級ステージとバックアップフィルタおよび流量計と吸引ポンプによって構成されている。8つの各ステージにはそれぞれにジェットプレートと捕集板があり，ジェットプレートの孔は，下段になるにつれて順に小さく，かつ少なくなっている。準備された真空ポンプにより，28.3L/minの流量で吸引すると，下段のジェットプレートになるに従ってノズル部分の流速が増大する。

吸引空気中に含まれる粒子は，各ステージにおいてノズルで加速され，捕集板によって急に流れの向きを変えられる時に，粗大粒子は流線に沿って通過することができずに捕集板に慣性衝突し捕

集される。この時、捕集される粒子の大きさは、ノズルの直径とノズル部分の流速に関係し、いわゆる慣性パラメータ Ψ によって決められ、その関係は次式で表される。

$$\Psi = \frac{C\rho\upsilon D_p^2}{18\mu D_c}$$

- υ：ノズル部分の平均流速
- ρ：粒子の密度
- D_p：粒子の直径
- C：カニンガムのスリップ係数
- μ：気体の粘性係数
- D_c：ノズルの直径

吸引空気に含まれる粒子はこのようにして、上段から下段のステージに向かい粗大粒子より順に慣性衝突により捕集され、捕集されなかった小さい粒子は次段に流れて各ステージに分級捕集されてゆく。最終捕集板（8ステージ目）をも通過したサブミクロン粒子は、バックアップフィルタに捕集される。

ⅲ）測定器の特徴
・0.43～9μm 以上の粒子を8段階に分級可能。
・持ち運びが容易である。

f. パーティクルカウンタ

ⅰ）ハロゲン光パーティクルカウンタ

① 測定器の用途

クリーンルームで代表される清浄空間において、粒径 0.3μm 以上の微粒子について、粒径範囲別の微粒子個数を求める。

② 原理

測定器内臓ポンプによって、被検空気を吸引し、その空気の流れにハロゲンランプを光源とする安定した光を側方より照射し、この時、個々の微粒子によって散乱した光をパルス状の電気信号に変換する。このパルスの高さと回数より微粒子を粒径別に自動的に計測する。

図-2.1.7 にハロゲン光源による光学系の詳細を示す。

粒径の範囲は 0.1/0.3/0.5/1.0/2.0/5.0μm 以上の表示が多く、サンプル空気の吸収量は 2.8L/min (0.1CFM) から 30L/min まで種々の機種が販売されている。

なお、清浄空間での空気清浄度の測定法については、JIS B 9920-1989（クリーンルーム中における浮遊微粒子の濃度測定方法及びクリーンルームの空気清浄度の評価方法）が参考となる。

ⅱ）レーザ光パーティクルカウンタ

① 測定器の用途

本測定器は、主に工業用クリーンルーム等の超清浄空間での微粒子個数の計測に使用される。

② 原理

ハロゲン光によるパーティクルカウンタと同様に、レーザを光源として、サンプル空気中の微粒子からの散乱光により微粒子の個数と粒径を検出する。

図-2.1.8 よりサンプリングされた試料気体は、放物面鏡の焦点の位置を通過する。気流はこの位置でレーザ光と交わり、気流中の微粒子により散乱されたレーザ光は焦光され、検出器を経て電気

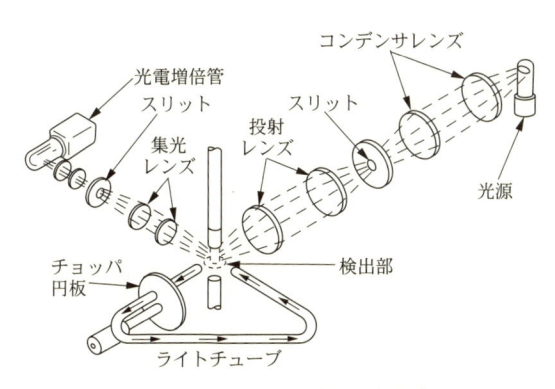

図-2.1.7 ハロゲン光源の光学系

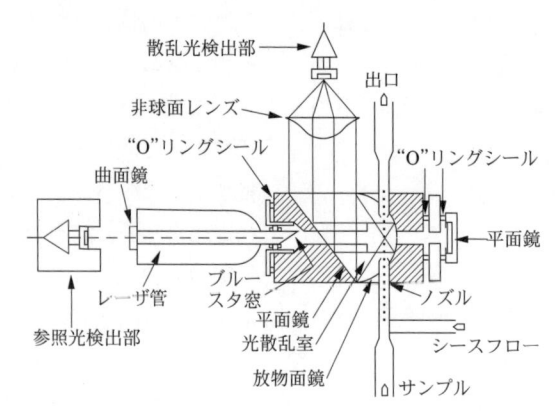

図-2.1.8 レーザ光パーティクルカウンターの光学系

パルスに変換され、さらに信号処理部を経て、微粒子個数と粒径分布が求められる。

g. 凝縮核測定器（CNC 測定器）
ⅰ） 測定器の用途

超清浄クリーンルームの空気清浄度測定、超高性能エアフィルタの除塵性能試験等に使用される。一般には実験室での使用が多い。

ⅱ） 原理

過飽和の蒸気気体が微小粒子上に凝縮し、光散乱での計測可能粒径まで粒子を成長させて計測する。

サンプル空気を一定量で測定器内に吸引し、サンプル空気はアルコール飽和蒸気と混和され、冷却凝縮チューブへ導かれる。ここで過飽和蒸気は微粒子を核として凝縮して、見かけ上、微粒子が成長する。この成長した微粒子をレーザ光、またはハロゲン光を光源とする光散乱光方式により、微粒子の個数を計測する。

なお、通常使用する場合には、拡散バッテリや静電式分級器等により対称空気中の微粒子を分級して、ほぼ単一粒径微粒子として本測定器に導く。

2.1.3 対策法

粉塵の対策には発生させない、室内に持ち込まないが重要である。

除去法としては、重力沈降法、遠心力・慣性力分離法、洗浄分離法、ろ過集塵法、静電沈着法があり、粉塵の大きさ、物性、対策目的により除去の方法は選定されなければならない。

工業的にはサイクロン、バグフィルタ、エアワッシャ洗浄、大型電気集塵装置、重力・衝突沈降装置が使われる。

一般居室では、乾式のエアフィルタが多く使用されており、除去の性能によりプレフィルタ、中性能、高性能に分類される。その他に電気集塵装置も空調機に内臓された形式で使用される。最近では家庭用のエアコンに乾式フィルタや静電フィルタが内臓されている場合が多い。

クリーンルームでは超高性能のエアフィルタ（HEPA, ULPA）が一般的で、粉塵と同様にガス除去を対象としたケミカルフィルタやエアワッシャも使われることがある。

2.1.4 クリーンルームの清浄度

クリーンルームの浮遊粉塵を対象とした清浄度の基準としては、「クリーンルーム中における浮遊微粒子の濃度測定方法及びクリーンルームの空気清浄度の評価方法（JIS B 9920）」がある。現在は、JIS が発展した ISO で示されている表-2.1.1 と図-2.1.9 のクラス分けが一般化している。

キーワード

浮遊粉塵：エアロゾルの粒径は $0.001\mu m$ から $100\mu m$ にわたっている。一般の室内環境では、

2.1 粉　　塵

表-2.1.1　ISO クリーンルーム清浄度

ISO classification number (N)	Maximum concentration limits (particles/m³ of air) for particles equal to and larger than the considered sizes shown below (concentration limits are calculated in accordance with equation (1) in 3.2)					
	$0.1\mu m$	$0.2\mu m$	$0.3\mu m$	$0.5\mu m$	$1\mu m$	$5\mu m$
ISO Class 1	10	2				
ISO Class 2	100	24	10	4		
ISO Class 3	1000	237	102	35	8	
ISO Class 4	10 000	2 370	1 020	352	83	
ISO Class 5	100 000	23 700	10 200	3 520	832	29
ISO Class 6	1 000 000	237 000	102 000	35 200	8 320	293
ISO Class 7				352 000	832 000	2 930
ISO Class 8				3 520 000	832 000	29 300
ISO Class 9				35 200 000	8 320 000	293 000

NOTE Uncertainties related to the measurement process require that concentration data with no more than three significant figures be used in determining the classification level

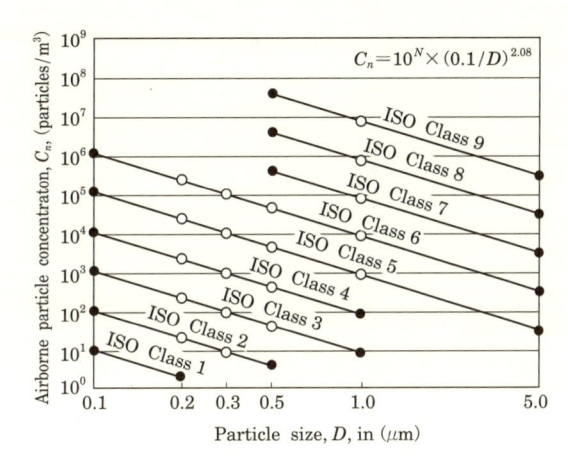

図-2.1.9　ISO クリーンルーム清浄度図

$10\mu m$ 以下を対象としている。これは，粒径 $1\mu m$ 前後の粒子が肺胞への沈着が大きく，細菌のキャリヤになりやすいことが影響している。クリーンルームでは $0.1\mu m$ 以上を対象に清浄度を表示している。

タバコ煙：一般オフィスではもっとも大きな汚染源であり，その煙は 2 000 以上の化学物質で構成されている。主に CO，CO_2，NO_x，揮発性炭化水素，揮発性アルデヒドケトン類の含有量が多い。粒径は $1\mu m$ 以下である。

粒子数濃度：絶対濃度表示の一つで，一定容積の空気中に浮遊している粉塵の個数を表示する。単位は個 /cm³ 等で示される。

重量濃度：絶対濃度表示で，一定容積中に浮遊している粉塵の量を質量で表示する。mg/m³ 等で示される。

相対濃度：空気中に浮遊している粉塵の粒子濃度や重量濃度と相関関係にある濃度で表示する。ディジタル粉塵系のカウント数が相当する。

引用文献

1) 木村菊二：粉塵測定法，労働科学研究所 (1979)
2) 日本建築学会・環境工学委員会編：建築分野における浮遊粉塵測定法，日本建築学会 (1975.7)
3) 吉澤晋：浮遊粉塵，空気調和・衛生工学，空気調和・衛生工学会 (1975.3)
4) 吉澤晋：室内空気汚染状態の測定，空気調和・衛生

2 各論

　　工学，空気調和・衛生工学会（1979.3）
5) 入江建久 他：環境計測の実際（1）空気汚染，空気調和・衛生工学，空気調和・衛生工学会（1988.6）
6) 池田耕一：室内空気汚染のメカニズム，鹿島出版会（1999）
7) JIS B 9920-1989，クリーンルーム中における浮遊微粒子の濃度測定方法及びクリーンルームの空気清浄度の評価方法
8) ISO 14644-1 Cleanrooms and associated controlled environments Part1 Classification of air cleanliness

2.2 ホルムアルデヒド

2.2.1 ホルムアルデヒドの健康影響

(1) 化学的物理的性質

ホルムアルデヒドは無色で強い刺激臭を有する有機性の化学物質である。常温では可燃性気体で、化学式は HCHO、分子量は 30.03、爆発限界は 7%（下限）、72%（上限）、引火点 50℃、発火点 300℃である。重合防止剤としてメタノールが 10～15% 程度入ったものはホルマリンと言われる。ホルマリンの需要量は 1996 年度でポリアセタール樹脂、ユリア・メラミン系の接着剤が 31万t、フェノール樹脂が 9.2万t、ユリア樹脂の 2.5万t、その他、消毒剤、防腐剤、脱臭剤等に使用されている[1)~3)]。

(2) 人体影響

人体に対する影響は主に、目、鼻および喉に対する刺激作用である。個人差もあるが、不快感、流涙、くしゃみ、咳、吐き気を生じることがある。非常に高濃度になると呼吸困難等を引起す。表-2.2.1 に人体と曝路濃度の関係を示す[1)]。ECA（ヨーロッパ共同研究）によれば臭気いき値は 0.05～1.0ppm で、一般的に 0.08ppm からにおいを感じることが多い。それ以上の濃度では気中濃度が 0.4ppm 程度で目がチカチカしたり、0.5ppm を超えてくると喉に炎症が現れる人が出てくる。高濃度のホルムアルデヒドに連続して曝露されていると、慢性呼吸器系疾患や発がんの原因となる。日本産業衛生学会、EPA（米国環境保護庁）などにおいて、「ホルムアルデヒドは人間に対して発がん性の可能性の高い物質」と評価されている。環境庁の有害大気汚染物質リストに挙げられる[3)]。

表-2.2.1 ホルムアルデヒドの短期間曝露による人体影響評価[1)]

影響	ホルムアルデヒド濃度（ppm）	
	推定中央値	報告値
におい検知閾値	0.08	0.05～1
目への刺激閾値	0.4	0.008～2
喉の炎症閾値	0.5	0.08～3
鼻・目への刺激	3	2～3
30分間なら耐えられる（流涙）	5	4～5
強度の流涙（1時間しか耐えられない）	15	10～21
生命の危険、浮腫、炎症、肺炎	31	31～50
死亡	104	50～104

注）20℃、1気圧において体積濃度 0.08ppm は質量濃度 0.1mg/m³ に相当する。

2.2.2 発生源

居住環境内におけるホルムアルデヒドの放散源としては建材、家具、タバコ煙、暖房機器の使用等が考えられる。とくに合板等の接着剤として使用されているユリア系、メラミン系、フェノール尿素系の接着剤等が室内空気汚染の主な原因になっている。

(1) 建材・内装仕上げ材

接着剤は合板や木質系ボードの製造過程で、木材チップや木材片を貼り合わせる加工工程で使用される。これらの多くは、ユリア樹脂（尿素とホルムアルデヒドの合成樹脂）、メラミン樹脂（メラミンとホルムアルデヒドの合成樹脂）、フェノール樹脂（フェノールとホルムアルデヒドの合成樹脂）が接着剤の原料に使われる。例えば、ユリア樹脂は尿素とホルムアルデヒドを触媒で反応させて生成されるが、合成反応が 100% 進行せずに、未反応のホルムアルデヒドが僅かに樹脂中に残留する。また、高温高湿下で加水分解して元のホルムアルデヒドが生成されやすい。そのため、除々に建材から放散され、室内空気汚染を生じる。濃

縮したユリア樹脂は，コーティングや紙の生産過程で用いられる他，発泡断熱材にも用いられる。また，デンプン糊のように，ホルムアルデヒドを直接の原料としていないタイプでも，デンプンの腐食防止が目的で含まれている場合があり，それらのタイプの接着剤を使用した場合にホルムアルデヒドが発生する危険性が高い[1],[7]。

(2) 暖房機器

石油やガスの化石燃料を用いた暖房機器を使用した時に発生する。表-2.2.2に各種暖房機器使用時における室内汚染物質濃度の測定結果を示す[2]。石油ファンヒータは1時間値の最高が0.068ppmで調査期間中の平均値は0.042ppmであった。1時間値の最高値で比較すると，石油ストーブは0.082ppm，排気型ガスストーブは

表-2.2.2 各種暖房器具使用時における室内汚染物質濃度[2]
（ガス：ppm，浮遊粒子状物質：$\mu g/m^3$）

暖房器具の種類	調査期間	汚染物質	測定日数	1時間値の最高	日平均値の最高	調査期間中の全平均値
一般大気測定局*1	1984.11.1 〜 1985.2.28	SO_2	118	0.083	0.033	0.013
		SPM	118	481	223	64
		NO_2	118	0.142	0.077	0.037
		NO	106	0.321	0.160	0.054
		CO	119	12.1	3.4	1.1
非暖房シーズン	1984.11.18 〜 1985.11.28	SO_2	11	0.020	0.016	0.011 (0.006)*2
		SPM	11	130	69	29 (48)
		NO_2	11	0.070	0.022	0.017 (0.028)
		NO	11	>0.5	0.209	0.135 (0.049)
		CO	9	7.0	4.0	2.0 (1.1)
		CO_2	9	2 600	1 639	1 223
		HCHO	11	0.070	0.049	0.033
石油ファンヒータ	1984.12.7 〜 1984.12.18	SO_2	12	0.028	0.012	0.010 (0.007)
		SPM	12	120	68	35 (62)
		NO_2	12	0.275	0.054	0.039 (0.029)
		NO	12	>0.5	0.249	0.180 (0.058)
		CO	12	11.0	5.0	3.1 (1.4)
		CO_2	12	3 900	1 829	1 438
		HCHO	12	0.068	0.047	0.042
石油ストーブ	1984.12.27 〜 1985.1.7	SO_2	12	0.028	0.012	0.011 (0.007)
		SPM	12	117	42	23 (48)
		NO_2	12	0.220	0.062	0.042 (0.028)
		NO	12	>0.5	0.264	0.123 (0.047)
		CO	12	21.0	5.0	3.2 (1.4)
		CO_2	12	>5 000	2 329	1 908
		HCHO	12	0.082	0.043	0.036
排気型ガスストーブ	1985.1.13 〜 1985.1.23	SO_2	11	0.023	0.009	0.008 (0.009)
		SPM	11	115	44	25 (48)
		NO_2	11	0.184	0.037	0.025 (0.032)
		NO	11	>0.5	0.155	0.117 (0.059)
		CO	11	8.0	3.0	1.9 (1.5)
		CO_2	11	3 000	1 723	1 367
		HCHO	11	0.048	0.034	0.030
ガスストーブ	1985.1.29 〜 1985.2.7	SO_2	10	0.026	0.011	0.009 (0.007)
		SPM	10	109	42	26 (47)
		NO_2	10	0.210	0.058	0.047 (0.032)
		NO	10	>0.5	0.172	0.130 (0.049)
		CO	10	11.0	4.0	3.1 (1.4)
		CO_2	10	>5 000	2 339	1 976
		HCHO	10	0.063	0.043	0.035

*1 東京都八王子市一般大気汚染測定局
*2 （ ）内は東京都八王子市一般大気汚染測定局の調査期間中の平均値

0.048ppm，ガスストーブは0.063ppmで，石油ストーブがもっとも高い値を示したが，厚生省のガイドラインをやや超える程度である。

(3) 侵入外気

環境中のホルムアルデヒドの放散源としては工場，自動車，航空機等の排ガス，大気汚染の光化学反応等が考えられる。しかし沿道や光化学スモッグ発生時を除けば，外気のホルムアルデヒド濃度は一般的に低く，0.01ppm以下である。

(4) その他

この他に住居内でホルムアルデヒドの濃度が上がる原因としては，タバコを吸った時，新しく家具を購入した時，カーペットをひいた時，衣類を新しく購入した時などが考えられる。

2.2.3 汚染レベルの現状

(1) 戸建て住宅

表-2.2.3にビル管理教育センターが1995～1996年に実施した地方および首都圏の新築および中古住宅31軒におけるホルムアルデヒドの実態調査結果を示す[1]。調査から，住宅内のホルムアルデヒド濃度は新築か否か，高気密住宅か否か，また，夏季か冬季か，暖房機器を使用しているか否か，さらに，1日の内でも時間帯によっても異なっていた。住宅内のホルムアルデヒド濃度は様々な因子によって影響され，24時間平均値の最高は0.177ppm，最低は0.005ppm，平均は0.036ppmであった。全測定値の20%が厚生省のガイドライン0.08ppmを超えていた。報告書の概要は次のとおりである。

① 新築住宅の場合，合板等の木材表面における未反応のホルムアルデヒドが多いため，それらが室内に放散し室内濃度を高めた。そのため新築住宅内のホルムアルデヒド濃度は中古住宅の2倍濃度が高かった。

② 高気密住宅の場合は，寒冷地にある高気密住宅での調査によると，24時間平均値で最

表-2.2.3 住宅のホルムアルデヒド濃度[1]

対象住宅	ホルムアルデヒド濃度(ppm)[*1]	
	冬・春季[*2]	夏・秋季[*3]
木造戸建て新築住宅(10戸)(地方都市)	0.016～0.102 (0.060)	0.005～0.133 (0.030)
木造戸建て中古住宅(8戸)(地方都市)	0.010～0.052 (0.030)	0.007～0.019 (0.011)
鉄鋼系プレハブ中古住宅(4戸)(首都圏)	0.018～0.028 (0.025)	0.013～0.021 (0.017)
木造戸建て新築住宅(9戸)(首都圏)	0.032～0.177 (0.064)	0.014～0.076 (0.050)
外気	< 0.005	< 0.005

注)　(　)内は平均値を示す(24時間平均値)
*1　検出限界：0.005ppm (パッシブサンプラー法)
*2　試料採取期間：1996年3月6日～4月18日
*3　試料採取期間：1996年8月12日～8月30日

高0.110ppmを示したが，その他は0.1ppm以下であり，24時間換気の機械換気システムが常設されている高気密住宅は，高濃度を示さなかった。

③ 同一住宅内でのホルムアルデヒド濃度は季節によって変動した。築年数，窓開け換気時間，温湿度等によって異なった。温湿度については，気温や湿度の上昇に伴って合板等に使用されているユリア樹脂系接着剤が加水分解等を起こすことにより合板等からの放散量が増加した。

④ 暖房機器からはホルムアルデヒドが1時間当り8～148mg/h程度放散されていた。

⑤ 窓を閉じた住宅内のホルムアルデヒド濃度は，日中に濃度が上昇する1山型を示す場合が多く，室内の変化パターンと類似していた。これは室温が日中に上昇するため，それに伴い建材等からホルムアルデヒドの放散量が増加し，室内濃度が上昇した。

⑥ 外気のホルムアルデヒド濃度は一般的に低く，0.01ppm以下であった。

(2) 集合住宅

ビル管理教育センターが1995～1996年の春，夏に27住戸に調査した報告書によれば[1]，春季実態調査では，新築入居前および入居直後で比較的高い濃度が測定され，厚生省指針値を上回る住

2 各論

表-2.2.4 戸建住宅と集合住宅の室内濃度比較[9]

物質名	戸建住宅（平均8.0年）				集合住宅（平均9.5年）			
	n	最小値	最大値	幾何平均値	n	最小値	最大値	幾何平均値
ホルムアルデヒド	36	4.4	139	30.6	30	10.8	241	39.7
トルエン	36	0.71	57.6	9.1	31	0.24	143	12.1
エチルベンゼン	24	0.32	7.4	1.6	26	0.43	46.6	2.6*
キシレン類	24	0.89	11.6	3.0	26	0.74	126	4.8
スチレン	36	0.01	8.4	0.31	31	0.11	8.9	0.94**
p-DCB	36	0.32	1 150	5.5	31	0.03	1 520	6.1
ナフタレン	22	0.13	60.0	0.44	26	0.13	28.9	0.45
ブタノール	24	0.43	26.3	1.9	22	0.54	57.3	2.3

注) 平均値の差の検定は自然対数に変換した値を用いt-検定により行った
  * $p<0.05$, ** <0.01

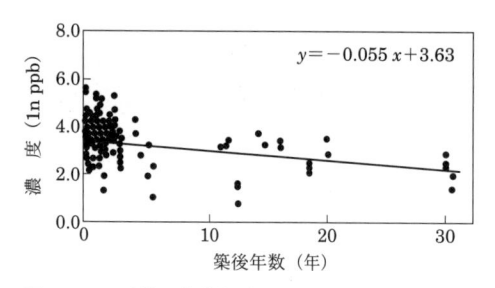

図-2.2.1 建物の築後年数とホルムアルデヒド濃度[9]

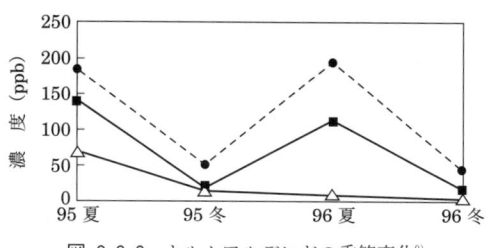

図-2.2.2 ホルムアルデヒドの季節変化[9]

宅がみられたが，入居後3か月程度の住宅では指針値より低くなっていた。夏季実態調査では，ホルムアルデヒドは放散しやすくなっているため，新築入居前住宅は，春季測定結果より高い濃度が測定された。しかし，入居後は入居者によって窓をあける頻度が多くなるため，入居前の測定結果とは反対にホルムアルデヒドの濃度は低くなる傾向にあった。

東京都衛生研究所が1995年4月～1999年7月に東京近郊の住宅を対象として延べ約340軒の室内空気中のホルムアルデヒドとVOC濃度を測定した[9]。図-2.2.1に示すように，住宅の築後年数とホルムアルデヒド濃度の間に有意な負の相関が見られ，日間変動は少ないが，図-2.2.2の夏期に高く冬期に低いという季節変動を繰り返しながら，長期的に濃度が徐々に減少することが判った。表-2.2.4に，築後年数がほぼ同程度の木造戸建住宅と鉄筋集合住宅について，それぞれ30軒について調べた結果を示す。鉄筋集合住宅が木造戸建住宅に比べて一部の化学物質で室内濃度が高い傾向がみられた。

一般に集合住宅は，戸建住宅と比較して気密性が高いため，換気量がホルムアルデヒド濃度に及ぼす影響が大きいといえる[1]。

(3) 事務所ビル

ビル管理教育センターが1965年から1985年までに建てられた床面積が3 000～12 000m^{2}の「特定建築物」10棟について調査した[1]。ホルムアルデヒド濃度は，春季・冬季とも，0.01ppmから0.02ppmの範囲であり，厚生省のガイドライン0.08ppmに比べ，もっとも高い場合でも，1/4程度の値であった。事務所内のホルムアルデヒド濃度は，厚生省のガイドライン0.08ppmに比べそれほど高くないと思われる。

(4) その他

表-2.2.5に松村らが事務所ビルを含めて各種建物で実施した測定結果を示す[1]。デパートではカーペット売場を除けば1時間平均値が0.08ppm以下であった。スーパーマーケット，学校，事務所ビルは0.08ppm以下で，ホルムアルデヒド濃度は，厚生省のガイドライン0.08ppmに比べそれほど高くないと思われる。

表-2.2.5 各種建築物内のホルムアルデヒド濃度の測定結果[1]

対象建築物	測定場所	測定年度	測定値(ppm)	測定時間
デパート	家具売場	1981	0.002−0.079	1時間平均値
	玩具売場		0.040	1時間平均値
	乳児休息室		0.029	1時間平均値
	大工用具売場		0.044	1時間平均値
	カーペット売場		0.089	1時間平均値
スーパーマーケット	雑貨売場	1981	0.051	1時間平均値
	飲食売場		0.004−0.043	1時間平均値
	洋服売場		0.007−0.036	1時間平均値
	雑貨売場		0.030−0.065	1時間平均値
集合住宅	居間(9軒)	1988	0.011−0.052	24時間平均値
	居間(1軒)	1989	0.123	1時間平均値
	和室		0.161	1時間平均値
一般住宅	居間(5軒)	1988−1989	0.012−0.198	24時間平均値
	居間(1軒)	1983	0.833	1時間平均値
高気密・高断熱住宅	洋間(1軒)	1993	0.078−0.146	1時間平均値
学校	小学校	1989	0.016−0.018	8時間平均値
	中学校		0.012−0.013	8時間平均値
	高校		0.013−0.016	8時間平均値
オフィスビル	事務室	1979	<0.003−0.041	1時間平均値
	事務室	1993	<0.003−0.019	1時間平均値
一般住宅	居間(竣工直後)	1995	0.126	24時間平均値
	居間(竣工直後)	1995	0.148	24時間平均値
	居間(築1年)	1995	0.039	24時間平均値
	居間(竣工直後)	1995	0.200	24時間平均値
	子供部屋(竣工直後)	1995	0.132	24時間平均値
	寝室(竣工直後)	1995	0.040	24時間平均値
	子供部屋(築20日)	1996	0.280	24時間平均値
	子供部屋(築3か月)	1996	0.031	24時間平均値

2.2.4 室内濃度のガイドライン

(1) 厚生省ガイドライン

厚生省で組織された「快適で健康的な住宅に関する検討会議/住宅関連基準策定部会/化学物質小委員会」は1997年6月に、ホルムアルデヒドの室内濃度指針値として、30分平均値で0.1mg/m^3以下を提案している。このホルムアルデヒド濃度0.1mg/m^3は室温23℃の下で、約0.08ppmに相当する。23℃はヨーロッパの夏の平均気温である。

(2) WHOと諸外国のガイドライン

WHOは感覚刺激を防ぐ観点から長期曝露において、30分平均値で0.1mg/m^3（0.08ppm、20℃換算）をガイドライン値として勧告している。表-2.2.6に欧米諸国の室内空気濃度に係るガイドライン値等を示す[1]。多くの国と機関で0.1ppm前後の数値が採用されている。

表-2.2.6 欧米諸国の室内空気中のホルムアルデヒドに係わる室内環境基準，勧告，指針[1]

種別	国，機関	HCHO濃度(ppm)
指針値	WHO	0.08
勧告値	ASHRAE学会	0.1
基準値	米国 ウイスコンシン州	0.2
勧告値	米国 カリフォルニア州	0.05
指針値	カナダ（アクションレベル）	0.1
	カナダ（目標値）	0.05
基準値	オランダ（天井値）	0.1
勧告値	スウェーデン	0.1
勧告値	ドイツ	0.1
指針値	フィンランド	0.13
勧告値	オーストリア	0.08
勧告値	デンマーク	0.12
指針値	オーストラリア	0.1
指針値	日本	0.08 (0.1mg/m^3)

2 各 論

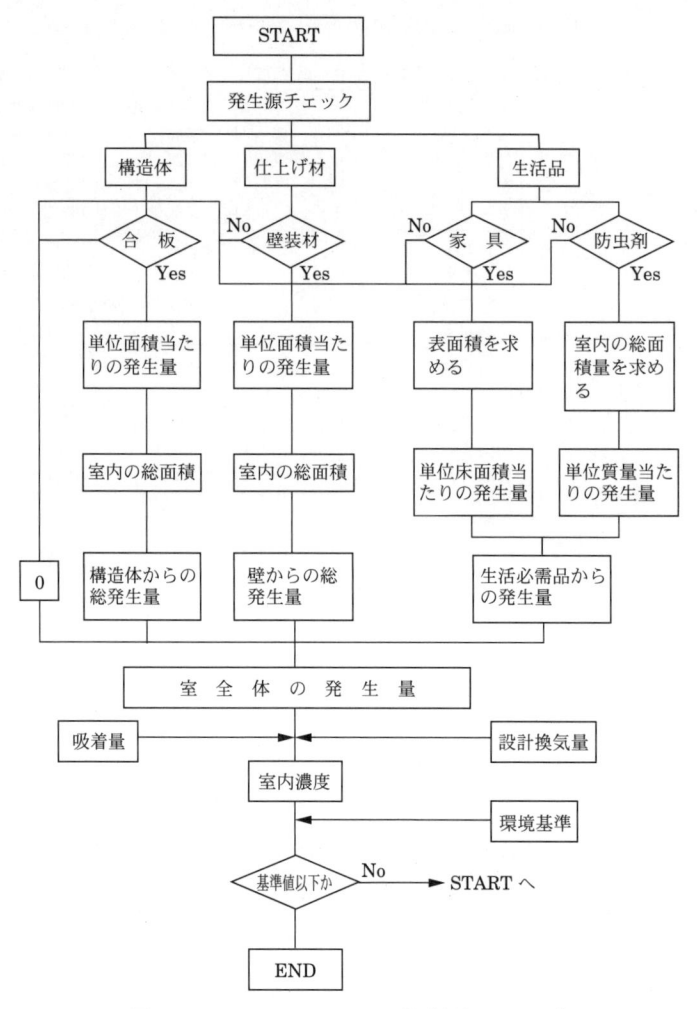

図-2.2.3 ホルムアルデヒドの設計評価スキーム[4]

(3) 空気調和衛生工学会の換気規格

室内の汚染濃度の変動は急激であるので，短い評価時間の基準値を参考にして，WHO の 30 分平均値である 0.08ppm を室内基準値としている。

(4) 壁装材料協会

壁紙等の建材の製造者団体である壁装材料教会ではISM（生活環境の安全に配慮したガイドライン）として，壁紙等のインテリア材料に関する自主基準を設けている。壁紙は 0.05ppm 以下を基準値としている[1]。

2.2.5 ホルムアルデヒドの発生量の算定

図-2.2.3 にホルムアルデヒド濃度の設計評価スキームを示す[4]。ある換気システムにおいて，室内ホルムアルデヒド濃度を予測するためには，室内を構成する構造体，仕上げ材，生活品の構成機構について，室内全体の発生量を算定する必要がある。放散量の算出方法としては動的環境試験チャンバー法や静的試験チャンバー法などがあり，日本では静的試験チャンバー法が多く採用されている。ホルムアルデヒドが水に非常に溶けやすい性質を利用して，デシケータと呼ばれる容器内で一定量の試料を 24 時間放置した際に放散されるホルムアルデヒドを蒸留水に吸収させて濃度を測定している。濃度の単位は水 1 L 当りの重量で表示される。

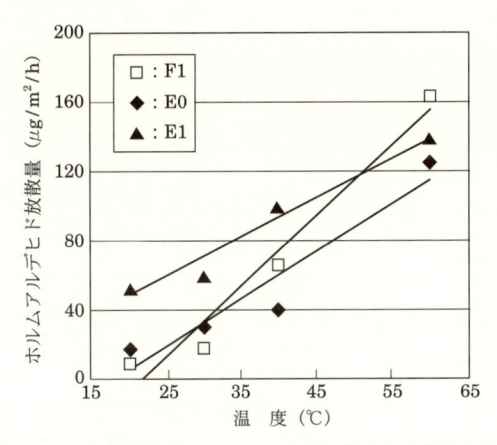

図-2.2.4 合板およびパーティクルボードからのホルムアルデヒド放散の温度依存性[11]

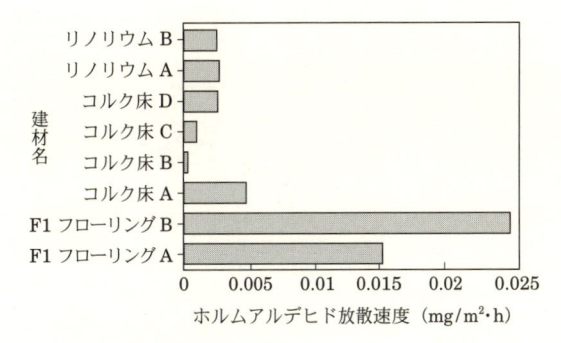

図-2.2.5 各種床材のホルムアルデヒド放散速度[12]

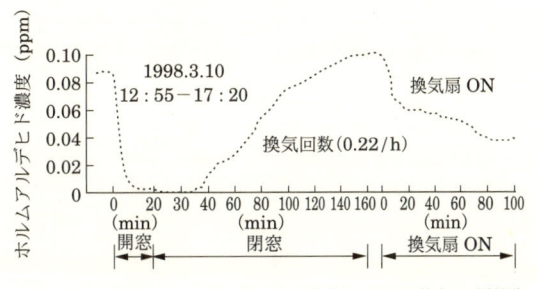

図-2.2.6 室内ホルムアルデヒド濃度に及ぼす換気の影響[4]

(1) 建材・内装仕上げ材

合板等からのホルムアルデヒドの放散メカニズムは，第1過程として接着剤中の未反応ホルムアルデヒドが放散する。第2過程として接着剤の加水分解，縮合反応等によりフリーのホルムアルデヒドが生成する。ついで，フリーのホルムアルデヒドが木材表面へ移動，蓄積そして木材表面からの脱着，放散の過程が考えられる[1]。図-2.2.4に合板とパーティクルボードからのホルムアルデヒド放散の温度依存性を示す[11]。ホルムアルデヒド放散量は温度上昇とともに増大する。表-2.2.7に日本農林規格（JAS），日本工業規格（JIS）および住宅性能表示制度による内装材の等級と放散量を示す。2000年10月に改正された日本農林規格は合板，複合フローリング，単板積層材からの放散量を F_{c0}，F_{c1}，F_{c2} の3段階に，集積材からの放散量を F_{c0}，F_{c1}，F_{c2-s} に区分している。F_{c0}，F_{c2} は旧等級の F_1，F_2 に相当する。合板は普通合板，構造用合板，コンクリート型枠用合板，特殊合板を意味する。日本工業規格（JIS）は中密度繊維板（MDF）やパーティクルボードについて放出量を E_0，E_1，E_2 の3段階の等級で定めている。E_0 レベルの放散量がもっとも少ない。表-2.2.8，表-2.2.9および図-2.2.5に放散量の報告例を示す[11],[12]。また前掲の表-2.2.1（岩下）にも建材の放散データを示す。

(2) カーペット

表-2.2.10にカーペットの種類と材料を示す[4]。カーペットには建設時に敷き込むタイプと，居住者が購入して敷くタイプとがある。敷き込みタイプはタフテッドカーペット，ウイントルカーペット等に分かれ，防虫，抗菌，防臭を目的として有機窒素リン系や有機シリコン系等の化学物質が含まれる可能性がある。表-2.2.11に敷き込みカーペットからの放出速度例を示す。7タイプの測定で最大値は $0.06\mu g/g/$ 日であった[4]。表-2.2.12にホルムアルデヒドの沈着速度を示す[13]。

(3) 暖房機器

暖房機器からのホルムアルデヒド放散量は，石油系暖房機器からは10.4～46.4mg/h ガス暖房機器からは8.5～148.5mg/hの範囲で放散しているとの報告がある[1]。

2.2.6 ホルムアルデヒドの予防，抑制

(1) 換気・通風

換気による室内空気中の汚染除去はもっとも消極的な方法であるが，ホルムアルデヒドの外気濃

2 各 論

表-2.2.7 内装材の等級とホルムアルデヒド放射量

(1) 旧日本農林規格

建材	規格	等級	ホルムアルデヒド放射量	使用用途の目安
合板	383（昭和39年） 1869（昭和44年） 932（昭和42年） 1371（昭和44年） 1650（昭和47年） 1373（昭和44年）	F_0	平均値 0.0mg/L以下 最大値 0.005mg/L以下	
		F_1	平均値 0.5mg/L以下 最大値 0.7mg/L以下	ホルムアルデヒドに関する安全性について特に配慮すべき気密性の高い建築物の内装用
		F_2	平均値 5.0mg/L以下 最大値 7.0mg/L以下	一般の建築物の内装用
複合フローリング	1073（昭和49年）	F_3	平均値 10.0mg/L以下 最大値 12.0mg/L以下	気密性があまり高くなく，合板等の使用量がさほど多くなく，内装工事をしてから人が入居するまで3週間以上経過する場合の建築物の内装用

合板：普通合板，難燃合板，コンクリート型枠用合板，構造用合板，特殊合板

(2) 新日本農林規格

建材	規格	等級	ホルムアルデヒド放射線量	
			平均値	最大値
合板	920（平成12年） 978（平成12年） 852（平成11年） 987（平成12年） 979（平成12年） 921（平成12年）	Fc_0	0.5mg/L以下	0.7mg/L以下
		Fc_1	1.5mg/L以下	2.1mg/L以下
複合フローリング 単板積層材	990（平成12年） 988（平成12年）	Fc_2	5.0mg/L以下	7.0mg/L以下
集成材	991（平成12年） 989（平成12年）	Fc_0	0.5mg/L以下	0.7mg/L以下
		Fc_1	1.5mg/L以下	2.1mg/L以下
		Fc_{2-s}	3.0mg/L以下	4.2mg/L以下

注）Fc_0：旧等級の F_1 に相当
　　Fc_2：旧等級の F_2 に相当

(3) 日本工業規格

建材	規格	等級	ホルムアルデヒド放射線量
パーティクルボード	日本工業規格 A5908	E_0	0.5mg/L以下
		E_1	1.5mg/L以下
繊維版（MDF）	日本工業規格 A5905	E_2	5.0mg/L以下

(4) 住宅性能表示

パーティクルボード（JIS A 5908），MDF（JIS A 5905）

	0.5mg/L以下	1.0	1.5以下	2.0	2.5	3.0	3.5	4.0	4.5	5.0以下
等級	4等級	3等級		2等級						

合板，構造用パネル，複合フローリング，集成材，単板積層材

	0.5mg/L以下	1.0	1.5以	2.0	2.5	3.0	3.5	4.0	4.5	5.0以下				
等級 平均値	4等級	3等級		2等級										
	0.7mg/L以下	1.0	1.5以	2.1以下	2.5	3.0	3.5	4.0	4.5	5.0以下	5.5	6.0	6.5	7.0以下
等級 最大値	4等級	3等級		2等級										

2.2 ホルムアルデヒド

表-2.2.8 建材, 衣類, 家庭用品等からのホルムアルデヒドの放散速度[11]

製 品	ホルムアルデヒド放散速度	
	$\mu g/g/h^a$	$\mu g/m^2/h^b$
圧縮木材製品		
パーティクルボード A	0.17−0.22	542− 708
B	0.28−0.34	958−1 083
C	0.20−0.30	833−1 167
D	$2\times10^{-2}-2\times10^{-2}$	75− 92
合板 A (内装材)	0.31−0.38	542− 625
B (外装材)	$1.3\times10^{-3}-1.3\times10^{-3}$	2− 2
C (外装材)	N.D. $(4.2\times10^{-4})^c$	N.D.
パネル A	0.79−0.88	1 333−1 500
B	0.19−0.20	296− 313
C	0.29−0.30	267− 288
D	0.16−0.18	217− 233
E	$3.5\times10^{-2}-3.6\times10^{-2}$	62− 64
新品衣料(未洗濯)		
メンズシャツ(ポリエステル/木綿)	0.10−0.12	16− 23
レディズドレス	0.14−0.20	16− 31
ガールズドレス(ポリエステル/木綿)	$3.8\times10^{-2}-4.6\times10^{-2}$	5− 6
子供服(ポリエステル/木綿)	$8.3\times10^{-3}-1.3\times10^{-2}$	0.6− 2
断熱材		
0.75インチガラス繊維天井パネル	$5.4\times10^{-2}-7.1\times10^{-2}$	16− 23
硬質円筒形エアダクト	$2.8\times10^{-2}-3.0\times10^{-2}$	16− 18
硬質円筒形ガラス繊維エアダクト	$2.5\times10^{-3}-2.5\times10^{-3}$	6− 6
ガラス繊維	$4.2\times10^{-2}-9.6\times10^{-2}$	11− 26
3.5インチガラス繊維	$1.3\times10^{-2}-2.9\times10^{-2}$	2− 5
黒色断熱外装	$1.3\times10^{-3}-1.7\times10^{-3}$	14− 18
紙製品		
紙皿および紙コップ A	$5.0\times10^{-2}-1.5\times10^{-2}$	17− 42
B	$1.3\times10^{-3}-5.8\times10^{-3}$	3− 19
C	$4.2\times10^{-3}-6.3\times10^{-3}$	14− 14
織物		
服地 A (木綿100%)	0.12−0.13	14− 15
B (木綿100%)	$3.3\times10^{-2}-3.8\times10^{-2}$	4− 5
C (レーヨン77%, 木綿23%)	$1.3\times10^{-2}-1.3\times10^{-2}$	2− 2
D (レーヨン77%, 木綿23%)	N.D. $(4.2\times10^{-4})^c$	N.D.
カーテン, 壁クロス A (ナイロン100%)	$1.3\times10^{-2}-2.1\times10^{-2}$	0.4− 0.5
B (ナイロン100%)	$8.3\times10^{-4}-8.3\times10^{-4}$	0.3− 0.3
C (オレフィン100%)	$0-8.3\times10^{-4}$	0− 0.2
D (オレフィン100%)	N.D. $(5.8\times10^{-4})^c$	N.D.
E (木綿100%)	N.D. $(5.8\times10^{-4})^c$	N.D.
F (木綿100%)	N.D. $(5.8\times10^{-4})^c$	N.D.
カーペット A (クッション裏地付)	$2.1\times10^{-3}-2.5\times10^{-3}$	3− 3
B (クッション裏地付)	$2.5\times10^{-4}-4.2\times10^{-4}$	0.3− 0.5
C (クッション裏地付)	$0-8.3\times10^{-5}$	$0-8.3\times10^{-2}$
D	$2.1\times10^{-5}-3.8\times10^{-5}$	0−0.2
E	$2.9\times10^{-5}-3.8\times10^{-5}$	$0-4.2\times10^{-2}$
F	$0-3.8\times10^{-5}$	$0-4.2\times10^{-2}$
G	N.D. $(1.8\times10^{-3})^c$	N.D.

注) a:複数回測定値で,単位は1時間当り製品1g当りのホルムアルデヒド放出量(μg)
 b:複数回測定値で,単位は1時間当り製品1m²当りのホルムアルデヒド放出量(μg)
 c:検出限界以下。( )内は検出限界

度は一般的に低いので,外気を室内に導入し希釈することにより,室内ホルムアルデヒド濃度を下げることができる。

図-2.2.6にホルムアルデヒド濃度と換気の関係を示す[4]。実験は八王子の都市整備公団建築技術試験場で実施された。窓開閉,換気扇作動の2条件で換気による効果を検討した。部屋の窓などの開口をすべて閉め切った場合,建材や壁紙など

2 各論

表-2.2.9 家具からのホルムアルデヒド放散速度[11]

	Test NO.	家具名称と関連データ	試験日までの保管期間 day	放散面積 m²	放散速度 mg/h	温度 ℃	相対湿度 %
市販家具	M-1	絨毯，W2 600 L3 500mm	21	―	0.17	30	40
	M-2	食器棚(1)，W1 150 D360 H1 200mm	46	3.6	1.23	30	60
	M-3	食器棚(1)	49	3.6	0.58	25	45
	M-4	食器棚(1)，中央設置	50	3.6	0.62	25	45
	M-5	食器棚(1)，扉開放	51	9.3	0.76	25	45
	M-6	食器棚(2)，W830 D360 H2 100mm	46	10.9	0.91	25	30
	M-7	サイドボード，W1 400 D400 H900mm	19	2.8	0.52	25	45
	M-8	サイドボード，扉＆抽出開放	20	5.7	0.58	25	50
	M-9	飾り棚，W830 D400 H1 800mm	485	2.3	1.21	25	40
	M-10	飾り棚，扉＆抽出開放	486	7.0	1.15	25	30
	M-11	食卓(1)，W1 800 D930 H670mm	245	4.5	0.10	25	50
	M-12	食卓(2)，円形，D1 200 H690mm	559	2.8	0.12	25	35
	M-13	アームチェア(本革)	183	2.4	0.44	25	25
	M-14	学習机(1)，対策品	108	―	0.16	25	30
	M-15	学習机(2)	109	2.6	0.38	25	30
つくり付け家具	B-1	シューズボックス(1)，W1 260 D360 H2 350mm	100	8.4	0.57	25	25
	B-2	シューズボックス(1)，扉開放	101	13.2	0.62	25	25
	B-3	シューズボックス(1)	102	8.4	0.73	30	20
	B-4	シューズボックス(1)，扉開放	68	13.3	1.04	25	35
	B-5	シューズボックス(2)，W860 D360 H820mm ＆ W860 D360 H2 350mm	69	8.8	0.87	25	30
	B-6	シューズボックス(3)，W860 D360 H820mm ＆ W860 D360 H2 350mm	45	9.1	0.19	25	25
	B-7	シューズボックス(3)，扉開放	46	13.2	0.22	25	25
	B-8	シューズボックス(4)，W825 D350 H900mm	44	2.7	0.35	25	45
	B-9	洗面化粧台(1)，W600 D440 H700mm	8	1.7	0.16	25	40
	B-10	洗面化粧台(2)，W600 D440 H700mm	35	1.7	0.11	20	40
	B-11	洗面化粧台(3)，W750 D440 H700mm	34	2.0	0.41	25	45
	B-12	キッチンセット(1)，吊戸付。W1 800 D650 H850mm，吊戸：W900 D350 H600mm。従来(F2)仕様。	203	7.3	0.96	20	45
	B-13	キッチンセット(1)，吊戸付。扉＆抽出開放	204	7.9	0.94	20	40
	B-14	キッチンセット(1)，吊戸付	205	7.3	1.13	25	30
	B-15	キッチンセット(2)，吊戸付。W1800 D650 H850mm，吊戸：W900 D350 H600mm。F1，E0 仕様。	52	7.3	0.26	20	40
	B-16	キッチンセット(2)，吊戸付。扉＆抽出開放	53	7.9	0.67	30	40
	B-17	システムキッチン＋サービスカウンタ(1)，吊戸のみ。W1 720 D350 H700mm ＆ W1 728 D350 H900mm	17	10.7	0.32	25	50
	B-18	システムキッチン＋サービスカウンタ(1)，吊戸ナシ。W2 620 D700 H850mm ＆ W1 728 D400 H850mm	18	13.8	0.31	25	45
	B-19	システムキッチン＋サービスカウンタ(1)，吊戸付	19	24.5	0.36	25	20
	B-20	システムキッチン＋サービスカウンタ(1)，吊戸付。扉＆抽出開放	20	28.4	0.36	25	25
	B-21	システムキッチン＋サービスカウンタ(1)，吊戸付	21	24.5	0.47	30	20
	B-22	システムキッチン(2)，吊戸付。W2 620 D700 H850mm，吊戸：W1 720 D350 H700mm	27	10.3	0.50	25	40
	B-23	サービスカウンタ(2)，吊戸付。W1 728 D410 H850mm，吊戸：W1 728 D350 H900mm	28	12.4	0.22	25	40
	B-24	サービスカウンタ(3)，吊戸付。W1 710 D400 H850mm，吊戸：W1 710 D350 H900mm	57	11.7	0.38	25	40
	B-25	システムキッチン(3)，吊戸付。W2 620 D700 H850mm，吊戸：W1 720 D350 H700mm	58	10.3	0.72	25	40
	B-26	トイレ収納棚，W820 D290 H860mm	26	1.1	0.13	25	35
	B-27	居室収納棚，W1 274 D300 H1 800mm	54	3.9	0.57	25	35
	B-28	インテリアドア(フレーム付き)，W720 H2 100mm	28	1.5	0.07	25	30

2.2 ホルムアルデヒド

表-2.2.10 カーペットの種類と材料[4]

織り方	呼び名	パイル糸	備 考
手織り	緞通	紡毛糸	
機械織り	ウィルトンカーペット	紡毛糸,混紡糸,化繊,合繊	パイルと基布を同時に織る
	フックドラグ	紡糸	フックドラグ,ハンドタフロッドマシンを用いて刺繍されたもの
	タフテッドカーペット	合繊	基布に機械刺繍したもの 裏側にラテックスゴムを塗ってパイルを固定している
	ニードルパンチカーペット	綿,化繊,合繊	基布にフェルト繊維を針でからませてフェルト状に圧巻,圧型させた不織カーペット
	電着カーペット	合繊	ゴムやポリ塩化ビニルシートに1繊維を静電植毛したもの

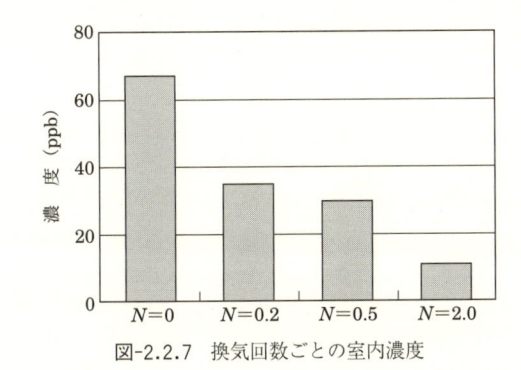

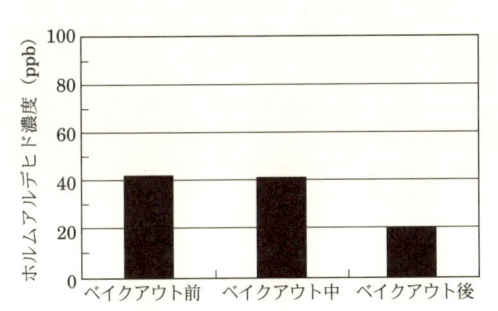

図-2.2.7 換気回数ごとの室内濃度

図-2.2.8 ベイクアウト前後とベイクアウト中のホルムアルデヒド濃度

表-2.2.11 カーペットからのホルムアルデヒド放射測定例[4]

材 料	ホルムアルデヒド放出速度 ($\mu g/g/day$)
カーペット A (クッション裏地付)	0.05 - 0.06
カーペット B (クッション裏地付)	0.006 - 0.01
カーペット C (クッション裏地付)	0 - 0.002
カーペット D	0.0005 - 0.0009
カーペット E	0.0007 - 0.0009
カーペット F	0 - 0.0009
カーペット D	検出限界以下

から染み出すホルムアルデヒドによって室内の濃度は0.09ppmに達する。気密時の換気回数は0.22回/hであった。窓を開けると急激に室内濃度は0.01ppm以下に低下する。窓を閉めると徐々に上がり,2時間40分後には元の濃度に戻り,平衡状態になる。その後,換気扇を運転することにより,ホルムアルデヒド濃度は徐々に低下し,0.04ppmまで下がる。図-2.2.7にホルムアルデヒド濃度と換気回数の関係を示す。試験室でスモールチャンバー法により測定した結果である。窓を開けたり,換気扇を用いて換気することが室内ホルムアルデヒド汚染を防ぐ観点からは効果的であり,もっとも費用がかからないので,実用性の高い方法といえる。

(2) ベイクアウト

建築材などに含まれるホルムアルデヒドや揮発性有機化合物等の化学物質は,室内の温度が高いほど発生が盛んになる性質がある。その性質を利用して,新しい建物に人が住む前に,意図的にストーブなどの加熱装置を用いて室温を上げて,化学物質の放散を活発にしておき,入居時に発生量を低減させる対策がとられる。効果のポイントは室内温度を30~40℃に数日間保つことである[3]。図-2.2.8に野﨑らの報告を示す[6),8]。数日間のベイクアウトはすべての部屋で23~52%濃度減衰を示し,24時間のベイクアウトは約30%の濃度低減効果があった。ベイクアウトの時間は長いほど効果は上がるものと思われるが,温度の上げすぎは,建材や仕上げ材に反りをもたらすことになる。また,ベイクアウトによっていったんは発生量が増えてしまうリバウンド現象の指摘が

表-2.2.12 ホルムアルデヒドの沈着速度[13]

建築材料		表面積 (m^2)	沈着速度(m/h)	
			攪拌	攪拌せず
床材	カーペット1(アクリル)	0.361	0.70 ($n=4$)	0.24 ($n=2$)
	カーペット2(アクリル)	0.581	0.96 ($n=6$)	0.46 ($n=2$)
	カーペット3(アクリル)	0.598	0.42 ($n=4$)	0.16 ($n=2$)
	カーペット4(ウール)*	0.516	2.30 ($n=6$)	1.43 ($n=2$)
	カーペット5(エステル,アクリル)	0.308	0.42 ($n=2$)	—
	畳表(新)*	0.442	1.56 ($n=6$)	0.84 ($n=2$)
	畳表(旧)	0.607	1.65 ($n=2$)	0.97 ($n=2$)
	ニードルパンチ	0.464	0.12 ($n=3$)	—
	フロアシート1	0.628	0.03 ($n=2$)	—
	フロアシート2	0.606	0.04 ($n=2$)	—
壁材	壁紙2	0.655	0.09 ($n=1$)	—
天井材	化粧テックス	0.182	2.25 ($n=4$)	1.18 ($n=2$)
	テックス	0.260	4.45 ($n=4$)	—
	プラスターボード*	0.232	2.41 ($n=2$)	—
家具・建具	塗装ステンレス	0.410	0.06 ($n=2$)	—
	ガラス	0.483	0.05 ($n=2$)	—
	塗装合板(ニス)	0.183	0.56 ($n=3$)	—

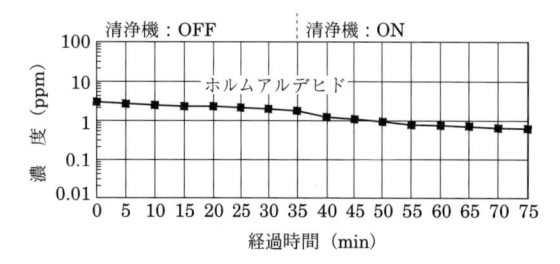

図-2.2.9 空気清浄機使用に伴う室内ホルムアルデヒド濃度の例(換気回数0.26回/h)

あり,今後の研究報告が待たれる。

(3) 空気清浄機

家庭用空気清浄機は,タバコの煙などの粒子状物質に主眼をおいて開発されたものが多く,ガス状物質を主眼に開発されたものは少ない。除去性能は,対象とする汚染質が単なる浮遊粉塵1種類の場合のような単純なケースの場合には実用的であるといえる。しかし,VOCのような気体やエアロゾルなどの様々な化学物質からなる場合には,必ずしもすべての原因物質を除去できないという欠点を抱えている[1),6)]。図-2.2.9に空気清浄機の使用に伴うホルムアルデヒド濃度の経時変化を示す。濃度の微妙な低減化が観測された。今後の性能向上が期待される[10)]。

引用文献

1) ビル管理教育センター:平成9年度快適な暮らしのスタイル開発促進事業報告書,建材・機械等の揮発性有機化学物質に関するガイドライン(1998.3)
2) ビル管理教育センター:平成8年度快適な暮らしのスタイル開発促進事業報告書,建材・機械等の揮発性有機化学物質に関する調査研究,ビル管理教育センター(1997.3)
3) 池田:室内のVOC対策,ベース設計資料 No.94,建設工業調査会,pp.65-70 (1999.3)
4) 健康住宅研究会:室内空気汚染の低減に関する調査研究報告書(1998.3)
5) 壁装材料協会:健康住宅研究会 内装・実験分科会報告書(1998.4)
6) 野﨑:新築住宅の室内化学物質汚染低減化対策について,建築設備と配管工事,pp.18-25 (1999.8)
7) 池田:VOC ホルムアルデヒド等の化学物質による室内空気汚染問題,日本建築学会環境工学部門研究協議会資料(1998.3)
8) 野﨑ら:室内化学物質汚染低減化対策としてのベイクアウトの効果 その1,日本建築学会計画系論文集,530,61-66 (2000)
9) 東京都立衛生研究所:プロジェクト研究居住環境の安全性に関する研究(2000)
10) 建設省建築研究所:健康な住まいづくりのための設計施工ガイド(2000)
11) 土橋,宇,中川,本田,小林:建材やホルムアルデヒド放散速度の測定に関する研究 その6,日本建築学会大会学術講演梗概集,717-718 (1999)
12) 成富,富岡,山口:床材のホルムアルデヒド,VOC放散速度と防ダニ性能評価,日本建築学会大会学術講演梗概集,727-728 (1999)

13) 宮崎:各種建築材料のホルムアルデヒドの吸着性状について,日本建築学会大会学術講演梗概集, 843-844 (2000)

14) 清水,大門,上原,奥村,広川:大小チャンバを用いたホルムアルデヒド濃度に関する研究,日本建築学会大会学術講演梗概集, 833-834 (2000)

2.3 ラドンとラドン娘核種[6]〜[27]

2.3.1 ラドンとは

(1) ラドンの発見

1898年にCurie夫妻がウラン鉱物ピッチブレンドから放射能を持つ新しい元素，ラジウム，ポロニウムを発見した。1900年にDornにより大気中に放射性気体のラドン（当初，ラジウム・エマナチオンと称された）の存在が認められた。1901年にElsterとGeitelが洞穴内の空気の伝導度が高いことを発見し，翌1902年その原因が空気中のラドンの娘核種にあることを明らかにした。

P. Curieがノーベル賞受賞講演で大気中のラドンとその娘核種の利用について指摘して以来，初期のころからラドンの研究は行われてきた。今日，ラドンがそれ自体あるいは他の目的の為に研究・調査されあるいは利用される分野は，地球科学（温泉水・地下水・海洋水・マグマなど），大気環境（大気電気・気象・大気汚染・エアロゾル），室内空気環境（IAQ・トレーサー利用），原子力・放射線（環境放射能・人体影響・放射線管理・測定上の問題），計測技術（測定方法・技術の開発・確度・精度の向上・校正・トレイサビリティ）など非常に多くの分野におよんでいる。わが国では，ラドンガスのトレーサーとしての利用や放射線防護の観点から日本保健物理学会，日本原子力学会，ラドン濃度と建物に関する観点から日本建築学会などにおいて研究論文の発表が行われている。

(2) ラドンの性質について

ラドンとは周期律表第86番目の放射性希ガスの元素である。ラドンには ^{222}Rn，^{220}Rn，^{219}Rn の3種類の天然に存在する同位元素がある。これらは，ラドン（Rn，半減期(2.3.4節，用語1) 3.824日），トロン（Tn，半減期55.6秒），アクチノン（An，半減期3.96秒）と呼ばれ区別されている。ゆえに，一般的にラドンといえば ^{222}Rn を指すことが多い。本文中においても，ラドンは ^{222}Rn を意味するものとする。ラドンは単原子分子からなる無色の気体で，水，二硫化炭素その他の溶媒に溶け，特にエーテル，アルコールなどの有機溶媒によく溶ける。活性炭やシリカゲルに吸着されるが，加熱によって放出される。化学的には不活性である。ラドンは，天然の放射性核種のウラン（^{238}U，半減期 4.5×10^9 年）が放射壊変し，約1600年という長い半減期を持つ ^{226}Ra（ラジウム－226）が α 壊変(2.3.4節，用語2)する事で生成され，さらに α，β 壊変を繰り返して途中半減期の長い ^{210}Pb(RaD)を経た後，最終的には非放射性の ^{206}Pb となり安定する。この一連の壊変系列はウラン系列と呼ばれている。ラドン娘核種(2.3.4節，用語3)の場合は，短寿命娘核種（^{218}Po(RaA)，^{214}Pb(RaB)，^{214}Bi(RaC)，^{214}Po(RaC')）を指している場合が多く，本稿でも同様である。

ラドンは希ガスであるが，娘核種はそれぞれ金属粒子である。大気中でラドンから生まれた直後の娘核種 ^{218}Po(RaA) は単体原子であるが，^{218}Po はやがて大気中のさまざまなエアロゾル（ばい煙，排気ガス，細かい土壌粒子など）に付着して「放射性エアロゾル」を形成する。このようにラドン娘核種は大気中のエアロゾルに付着している成分（付着成分）と付着していない成分（非付着成分またはフリー成分）と分類される。付着成分は，粒子の大きさが $0.1\mu \sim 0.2\mu m$ 付近に極大を持ち，$0.02\mu \sim 2\mu m$ 程の範囲に分散している。これらはさらに帯電した成分と中性成分に分かれ，その大気中での様相はバラエティに富んでいる。

わが国における地上1m付近の屋外ラドン濃度

は 5Bq/m³ 程度であり，大気中のラドン濃度は気圧，大気安定度，降水によって変化，日変動，季節変動がある。また，土壌中のラジウム含有量も地域によっても異なるので屋外濃度には影響を与える。

（3） ラドンの人体への影響

ラドンの身体影響は，ラドンやその娘核種が壊変したとき出す放射線が身体に影響をあたえることでおこる。放射線の影響は，被曝した（身体）部位の細胞の種類と放射線の種類（α 線，β 線，γ 線，X 線など）によって異なるが，大きく分けて放射線をうける状態で外部被曝（身体の外から放射線を受けた場合）と内部被曝（身体の中にある放射性物質から放射線を受けた場合）に分けて考えられる。このように分けて考えるのは放射線管理や被曝線量の評価の方法などが違ってくるからである。外部被曝の場合は，放射線を受けないようにしたり，受ける線量を少なくすることができるが，内部被曝は身体の中にある放射性物質を通常は人為的に取り除くことができにくいので，放射性物質が減衰してしまうか生理現象を通して体外に排出されるまで壊変のつど放射線を受けつづけることになる。このため，身体に放射性物質が（吸入，経口，皮膚，病的な状態として外傷，胎児では胎盤，乳児では母乳などから）取り込まれないようにする以外に方法はない。

放射線が生物に与える影響は，放射線が物質中を通過するときにはもっているエネルギーをその道筋にある原子や分子に与えることでおこる。このエネルギー受容が生物に作用をおこしていくのである。

α 線は，空気中を通り抜ける距離が γ 線，X 線など他の放射線にくらべると短いが，その短い距離の間に α 線は大きなエネルギーを周りの組織に与える。加えて，外部被曝で曝露される皮膚や水晶体と内部被曝で曝露される肺などの組織では，肺のほうが放射線に対する感受性が高いため，特に α 線による内部被曝は注意を払う必要がある（このためラドンとラドン娘核種の内部被曝が注目されるのである）。

2.3.2 ラドン濃度の実態

（1） 一般居住環境

天然に存在する放射性核種は，地球が誕生してきてからこれまでの間普遍的に存在している。ラドンによる被曝が問題として取り上げられるようになったのは，以下のような理由がある。① α 線による影響が従来考えられていたより大きいということがわかってきたこと，② スウェーデンなどの北欧諸国でレンガづくりの地下室などのある住居での屋内ラドン濃度の高いことが報告されたこと，③ 建物の気密化（特に寒冷地）が進み広い意味での換気が減ったこと，④ この時期アメリカでは省エネルギーのため機械換気をあまり行わなかったことで室内の汚染物質濃度が上がり問題となっていたこと，などがその理由である。

これらのことから，アメリカやヨーロッパ諸国で屋内におけるラドンが注目され大規模な調査が行われるようになり，この時期研究は非常に盛んであった。現在はこれらの国において濃度規制値や対策・対処法も決められ一応の解決をみている。

屋内に存在するラドンガスの発生源としては，建物の建っている土壌や岩石，建築資材（セメント，骨材，土，せっこうボードなど），生活用水，天然ガス等があげられる。これらにはラドンの同系列に属するラジウム同位体が微量であるが普遍的に存在しており，その放射性壊変によって生じたラドンガスが絶えず出てきているからである。建材でラジウム含有量が問題視される無機質系のコンクリートとせっこうボードについては伊藤ら[1]による測定データがある（表-2.3.1）が，ラジウムの含有量からラドンガスがどの程度室内にしみだしてくるかのメカニズムはまだ不明である。

わが国における通常の屋外環境中の放射性濃度は，地上 1m 付近のラドンとトロンで 5Bq/m³ 程度であり，わが国の住宅内におけるラドン濃度は，

2 各 論

表-2.3.1 各建築材料の放射能含有量(伊藤らによる)各種建築材料の放射線含有量

建築材料			放射能濃度(Bq/kg)			備 考	
			Ra-226	Th-232	K-40		
コンクリート系	セメント	普通ポルトランドセメント	最小〜最大	22.6〜67.4	1.5〜15.2	75.9〜225.2	全国14箇所のセメント工場の製品(14種)	
			算術平均値	39.6±13.9	7.9±3.4	148.9±54.8		
		混合セメント	最小〜最大	65.6〜84.8	17.4〜21.5	131.5〜155.9	山口県の2箇所のセメント工場の製品(2種)	
			算術平均値	75.2±13.6	19.5±2.9	14.3±17.3		
	コンクリート用骨材	普通コンクリート	最小〜最大	5.2〜37.0	BG以下〜42.6	166.3〜1 248.5	静岡県以東の1都12件の各種骨材(41種)	
			算術平均値	22.3±8.7	18.5±11.7	607.0±233.4		
		重晶石		4.1	BG以下	GB以下	北海道(1種)	重量骨材
		鉄鉱石		12.2	BG以下	BG以下	金平鉱山(1種)	
		カンラン岩		BG以下	BG以下	BG以下	北海道(1種)	
	コンクリート	普通コンクリート	最小〜最大	24.4〜37.0	14.8〜28.9	444.8〜684.0	茨城県つくば市で打設したもの	
			算術平均値	29.8±5.5	21.4±5.0	587.8±78.4		
		軽量コンクリート	最小〜最大	13.3〜469.6	BG以下〜113.7	19.3〜2 633.3	各種軽量コンクリート(7種)	
			算術平均値	97.0±165.1	29.2±39.0	769.1±892.8		
	その他	石綿スレート板	最小〜最大	BG以下〜93.3	3.3〜15.2	34.8〜154.4	各種石綿スレート板(8種)	
			算術平均値	39.9±32.3	8.8±4.5	82.9±45.6		
石・粘土系	タイル	陶器質(施釉)	最小〜最大	41.1〜110.0	39.6〜68.5	194.8〜401.1	壁タイル(内装用)(14種)	
			算術平均値	79.8±21.0	50.7±7.0	271.4±57.4		
		半陶器質(施釉)	最小〜最大	48.2〜102.6	44.1〜61.9	221.9〜375.2	壁タイル(内装用)(7種)	
			算術平均値	83.8±16.8	52.2±5.5	333.6±53.4		
		陶器質(施釉)	最小〜最大	58.9〜73.0	60.0〜61.5	1 198.5〜1 273.3	壁タイル(内装・外装用)(3種)	
			算術平均値	65.4±7.1	61.6±0.9	1 228.4±39.6		
		陶器質(無釉)	最小〜最大	67.4〜115.6	65.9〜87.8	924.4〜1 134.4	床タイル(8種)	
			算術平均値	82.6±17.7	73.7±8.9	99.8±74.5		
	せっこうボード	燐酸せっこうボード	最小〜最大	407〜1 233.3	BG以下〜140.7	BG以下〜59.3	燐酸せっこう混合比が50%以上のボード(15種)	
			算術平均値	678±216.7	15.7±35.0	23.9±19.2		
		排煙脱硫せっこうボード	最小〜最大	BG以下〜25.9	BG以下〜14.8	BG以下140.7	排煙脱硫のせっこうが100%のボード(15種)	
			算術平均値	13.1±8.7	3.2±4.8	20.7±38.2		
		チタンせっこうボード	最小〜最大	BG以下	BG以下	11.1	チタンせっこうが100%のボード(1種)	
			算術平均値	BG以下	BG以下	11.1		
		天然せっこうボード	最小〜最大	1.9〜14.8	BG以下〜3.7	BG以下〜10.0	天然せっこうが100%のボード(5種)	
			算術平均値	5.1±5.5	0.7±1.7	3.5±4.9		
	その他	ロックウール天井材	最小〜最大	53.7〜123.7	13.3〜38.1	17.4〜140.4	各種ロックウールの天井材(7種)	
			算術平均値	91.4±26.9	21.2±8.1	88.6±44.9		
		れんが	最小〜最大	51.9〜123.3	37.0〜120.4	220.4〜781.9	各種れんが(5種)	
			算術平均値	78.5±30.2	70.9±34.7	456.0±212.8		
		壁土	最小〜最大	17.0〜86.7	14.4〜92.2	125.9〜1 226.7	愛知県以西の10県の日本壁用各種壁土(20種)	
			算術平均値	46.9±19.6	47.0±22.9	804.9±293.3		
		地下土壌	最小〜最大	14.0〜32.6	3.7〜24.5	106.0〜540.4	東京都A区(2地点)の地下約10〜50mの間の各種土壌	
			算術平均値	23.1±5.9	16.4±7.3	437.1±141.4		
	原材料	燐鉱石	最小〜最大	1 324.8〜1 829.6	9.3〜63.0	BG以下〜30.4	3カ国の各種燐鉱石(4種)	
			算術平均値	1 681.2±238.5	34.4±24.1	14.1±14.3		
		ジルコニア(バデライト)		13 392.6	1 292.6	BG以下	建築分野では軽量コンクリートの化粧層その他に使用	
		ジルコンフラワー		3 863.0	692.6	BG以下	同上(1種)	
		ジルコンサンド		4 085.2	766.7	34.4	同上(1種)	

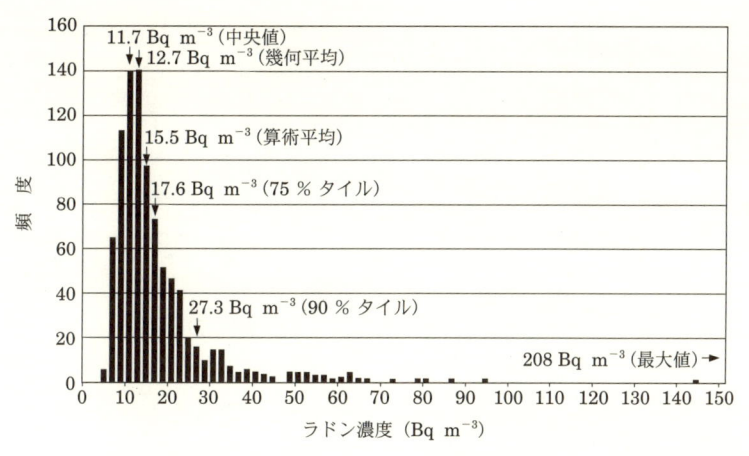

図-2.3.1 屋内年間平均ラドン濃度頻度分布(放射線医学総合研究所報告書 NIRS-R-32より)

放射線医学総合研究所の全国調査（分析対象家屋数899件）報告書（NIRS-R-32）[2]）によると，平均 $15.5Bq/m^3$，標準偏差 $13.5Bq/m^3$ と報告されている（図-2.3.1）。平均濃度があまり高くなかった理由に，欧米では地質上ウラン・ラジウムの多い地域が広くあったが日本はそれほどではなかったこと，日本の建物は床下を持っている住宅が多く，土中からのラドンガス発生しても居室への侵入が防がれていたこと，住宅構造上隙間なども多く広義の換気量が大きかったことなどが挙げられる。しかし，建築技術の向上で気密性が上がったこと，地下室の利用に伴い地下室のコンクリート壁，床のひび割れからのラドンガスの侵入のおそれは室内ラドン濃度が高くなる原因として注意を払う必要がある。図-2.3.2に住宅におけるラドンの発生侵入の概念図[3]を示す。

このように，屋内におけるラドンからの被曝については，現代社会生活（屋内で過ごす時間が多くなってきたこと）や建築技術の変化（建材・気密性）や省エネルギーのための換気量抑制により高められた，と考えられ「技術的にたかめられた自然放射線（Technologically Modified Natural Radiation；TMNR）」という認識がされている。

(2) その他の環境
a. ウラン鉱山労働者

20世紀初頭からウラン鉱よりピッチブレンドを産出しはじめた鉱山の作業者にがんが多く発生するようになった。Harlyは基礎的な研究を行い，吸入による肺がんの原因はラドン自身にあるのではなく，エアロゾルに付着したラドン娘核種の蓄積が主な原因であることを明らかにし，このことは他の多くの研究によっても支持されている。しかし，肺がんの多くが気管支がんである事実と，その部位への沈着しやすいのはエアロゾルに付着していないフリーの原子であることから，現在の知識としてはむしろフリー原子がより重要であるといえる。ウラン鉱夫の肺がんに関しては世界的に多くの疫学的データがあり，原因と結果の関係には間違いがないが，原因であるラドンと娘核種による被曝線量と肺がんのリスクの大きさそのも

図-2.3.2 住宅におけるラドンの発生源と侵入経路（池田より）

のについては，正確なことはまだいえない，というのが現状である。複合要因としての喫煙と粉塵の吸入がどの程度関与しているかについても議論のわかれるところである。当時のラドン鉱内のラドン濃度は現在の住宅の約一万倍以上といわれているが，現在ではウラン鉱の環境も改善されラドン濃度等も下がっている。

b．ラドン温泉

我が国のラドンの放射能泉として有名な三朝温泉の源泉密集地域の個人住宅および旅館室内で平均34.5mBq/L（御舩調査より[4]）と予想外に低い。木造浴室（住宅用木造家屋の一部に浴室がつくられている）の建物では建物の腐朽を防ぐため浴室の窓を広く開けたりして通風・換気をよくしていたためと考えられる。また，都市などに存在する健康ランドなどにみられるラドン温泉というのは，ラドン発生装置としてのトリウム鉱石層を通過させた水を加温した人工的なもので，ラドン濃度も高くはない。

（3） 屋内における濃度低減対策と規制値
a．屋内における濃度低減対策について

屋内におけるラドン娘核種に対する汚染低減策としては，① ラドンの屋内への侵入を防ぐ方法，② 屋内へ侵入したラドンおよびラドン娘核種に対するものがある。

ラドンの屋内への侵入を防ぐ方法として，ラジウム226を比較的多く含む石や土などを原料としたせっこうボード，コンクリート，土壁，石材などのような建材を室内に持ち込まないことが挙げられる。

次に住宅構造として，屋内ラドン濃度は土壌中のラドンガスによる侵入によって高濃度になりがちになるので，配管等の隙間，床のひび割れの部分をめばりするなど直接的な侵入経路を遮断することにより屋内濃度を低減することができる。床下をもつ家屋構造の場合，床下の換気量を増やすことにより大地から染み出してきた高濃度のラドンガスを外に排出することができる。

地下室の場合は特に，土壌からのラドンガスがコンクリート壁，床のひび割れから直接侵入しないよう隙間をつくらないようにする。

屋内へ侵入したラドンおよびラドン娘核種についての対策としては，換気が唯一のものとなる。こまめに窓やドアをあけて外気を屋内に導入させること，窓開けなどが頻繁に行われない場合などでは，機械換気による換気も考えられる。

b．規制値について

わが国の現行の規制値は，原子力・放射線利用における空気中濃度限度：平衡等価放射線1 000Bq/m³（放射線障害防止法 告示第15号別表第1（1998））があるのみで，一般居住環境，地下作業等に対する規制は存在しない。一方，諸外国での規制値をまとめると，表-2.3.2のようになっている。

諸外国において各国各機関が採択あるいは提示された対策レベル（対策レベルとは住居または作

表-2.3.2 諸外国の対策レベルと上限値

国 名	対策レベル	上限値	備 考
スウェーデン	400(Bq/m³)	70(Bq/m³)	NBHW 採択(1980) 対策後目標200
	100(Bq/m³)	100(Bq/m³)	NIRP 提案(1984) 400で対策義務
ノルウェー	100(Bq/m³)	100(Bq/m³)	EPA 提案(1986) 400で対策義務
フィンランド	2(μJ/m³)	0.5(μJ/m³)	CBC 採択(1986)
アメリカ	2(WL/y)	…	NCRP 提案(1984)
	0.2(WL)	…	EPA 採択(1986)
カナダ	0.1(WL)		RPB 提案(1985)
旧西ドイツ	20(mSv/y)		RPC 提案(1985)
イギリス	200(Bq/m³)	5(mSv/y)	NRPB 勧告
ICRP Pub. 39	200(Bq/m³)	100(Bq/m³)	(1984)

注） 対策レベルとは居住または作業場内での被曝を減らすために介入が勧告されるラドン濃度である。

ラドン防護に関するICRPの活動

Publication 2 (1959)	作業者に対する許容濃度 f (free RaA/Rn)で決定される ^{222}Rn 濃度 $3\times10^{-8}\mu Ci/cm^3$（約11 100Bq/m³） 40時間/週の空気中最大許容濃度
Publication 32 (1977)	作業者に対するラドン娘核種の吸入限度
Publication 39 (1984)	自然放射線の防護一般公衆の被曝限度 対策レベル→ EEC$_{Rn}$ 200Bq/m³，上限値→ EEC$_{Rn}$ 100Bq/m³
Publication 47 (1986)	鉱山労働者の防護
Publication 60 (1987)	ラドン娘核種による室内被曝
Publication 60 (1990)	1990年勧告 居住環境（行為と介入の問題）
Publication 65 (1994)	住環境，作業環境における防護

業場内での被曝を減らすために介入が勧告される
ラドン濃度である）と上限値は（Bq/m³ は平衡等
価ラドン濃度を示す）国によって単位が異なり非
常にわかりにくい。便宜上実効線量に換算されて
比較されることが多いようであるが，その換算係
数も流動的である[5]。

本来，自然放射線は法規制の対象とすることは
できないが，科学技術が発展するとともに自然放
射線の一部には個人に対する被曝線量が無視でき
ない（その場所の自然放射能濃度が上ったと考え
られるため）ことがあることがわかり，国際放射
線防護委員会（International Commission on
Radiological Protection；通称ICRP）などで防護
の基準などが設けられた。このような技術的に高
められた自然放射線の被曝の例としてはラドン濃
度の高い建材，換気量の少ない住宅に住んでいる
人のほか，高高度飛行乗務員・宇宙飛行士（宇宙
線による被曝），地下堀坑作業員，リン酸肥料・
ジルコンサンド製造加工作業者などが挙げられて
いる（職業被曝とは異なる点に注意）。

2.3.3 ラドンの測定法

(1) 測定に際して

^{210}Pb（RaD）以降の長寿命娘核種の放射能は，環
境中にわずかしか存在していないため，被曝線量
評価を目的として測定されることはまれである。
したがって，測定で取り扱われるのはラドンとそ
の短寿命娘核種（RaA，RaB，RaC，RaC'）で
ある。大気中のラドン濃度は気圧，大気安定度，
降水によって変化するので，日変動，季節変動が
あるほか，地域や場所，建物の違い（建材のラジ
ウム含有率・換気量・居住者の生活行動パター
ン）によっても大きく変化する。ラドン濃度を測
定する際には，これらの濃度変動の要素を把握し，
測定目的（いつ・どこで・何のために）に適した
測定法を選択する必要がある。

ラドンガスは，極めて微量な物質であるため体
積濃度や重量濃度で表すのは実用的ではないた
め，ラドンとその娘核種は，放射能濃度で表され
る。

ラドンとその娘核種の測定器は，数多くのタイ
プが存在するが，大部分はそれぞれの研究者が，
独自の目的のために自作したものであり，専門知
識を有しない者には使用そのものが困難な場合が
多い。

(2) ラドンガス濃度の測定法

捕集方法によってアクティブ法とパッシブ法に
分けることができる。

a．アクティブ法

エアポンプなどの動力を用いて短時間に試料空
気をサンプリングしたり，あるいは真空にしたサ
ンプリング容器に試料ガスを捕集した後，適当な
検出器で放射能を計数する方法。長所は連続測定
や実時間測定ができるが，短所は装置が高価にな
ることである。

アクティブ法には，電離箱法，シンチレーショ
ンセル法，二段フィルタ法，通電式静電捕集法，
液体シンチレータ法，活性炭法などがある。以下
にその方法・特徴などを簡単に述べたが詳しくは
参考文献を参照されたい。

i) アクティブ法―1　電離箱法

方法：比較的高濃度の試料ガスを 1～10L 程度
の電離箱にフィルタを通して導入し，封入状
態（電離箱法）あるいは通気状態（通気式電
離箱）で，電離箱内でラドンおよび生成した
娘核種からの α 線を電離電流またはパルス
として測定を行う。また，電離箱内に網型の
電極を配して，パルス測定ができるように特
別に設計された電離箱（網電極電離箱）もあ
る。

長所：1．取り扱いが簡便，安価で精度の高い測
定ができる。

2．パルス測定法においては自然環境レベ
ルを連続して測定できる。

短所：1．振動に弱い。

2．感度は電離箱の容積に比例するが，宇
宙線・γ線および電離箱構成材料からの
α線がバックグラウンドとなり，電流測

定法では検出下限濃度が高くなるので一般環境中のラドンの測定には不充分である。

3．通気式電離箱においては装置の重量が重いため，移動測定が困難である。

ⅱ）アクティブ法―2　シンチレーションセル法

方法：ZnS(Ag)シンチレータを内面に塗布した0.1～0.3L程度の円筒形容器と透明な窓を通して連結された光電子増倍管により構成される測定器（シンチレーションセル測定器）のより，α線をシンチレーション光として計数する。

長所：1．放射線の計測法が確立されており，使用が簡単である。
　　　2．湿度の影響をあまり受けない。

短所：集光効率や容器壁材からのα線の影響のため容器の大きさに制約があり，大きな感度をとれない。

b．パッシブ法

測定装置自身がラドンの捕集，またラドンから受けとる情報の蓄積に何等のエネルギーも消費しない捕集方法で分子拡散等を利用して，動力なしでラドンを測定器内に導入する方法（この概念によって一般的に通気式でない静電捕集法はパッシブ法に分類されている）である。長所は安価で取り扱いが簡単なため，広域調査等に適しているが，短所は積分測定（期間の平均濃度）のため，短時間の濃度変動測定には不向きである。

ラドン濃度の測定法は古くからあるものの，いわゆる（長期間，広域で同時に測定することのできる）パッシブ法は90年代に入り実用化されてきたものである。パッシブ法には，カップ法，静電捕集法，ベア法，活性炭法などがある。以下にその方法・特徴などを簡単に述べた。詳しくは参考文献を参照されたい。

ⅰ）パッシブ法―1　カップ法

方法：フィルタを通じて直径10cm程度のカップ状容器の中にCR-39，CNおよびPC等の固体飛跡検出器を設置する。検出器を金箔で被うこともある。カップ状の容器の表面の一部にラドンは出入するが娘核種は遮断される。α線による飛跡をエッチング・エッチピットにより測定する。

長所：1．取り扱いが簡単で，装置が軽量である。
　　　2．ラドンとトロンの弁別測定が可能である。

短所：1．感度が低い。
　　　2．検出器に対して放射線の入斜角が均一でないため，その推定が難しい。

ⅱ）パッシブ法―2　静電捕集法

方法：カップの感度を上げるために容器内に電場をつくり，RaAフリー成分などを固体飛跡検出器表面もしくはその近傍に集める。電場をつくるためには容器もしくはその内壁は導体でなければならず，また電池等が必要である。

長所：1．半永久的に使用できる。
　　　2．パッシブ法の中では高感度である。

短所：1．装置内部を常に除湿する必要があるため，乾燥剤などの交換が必要である。
　　　2．感度がよい反面，濃度が高いときはピットが重なり分別能力が劣化する。
　　　3．装置の重量がやや重い。

（3）ラドン娘核種濃度の測定法

a．全成分（フリー成分＋付着成分）の測定法

ラドン娘核種濃度の測定には，通常フィルタ法が用られる。基本的には捕集効率の高いフィルタで試料空気を一定時間サンプリングし，フィルタ上に捕集されたラドン娘核種の放射能を適当な検出器で測定することによりそれらの濃度を求める方法である。測定の対象となるのはラドン娘核種から放出されるα線，β線，γ線が考えられるが，バックグランドを安定かつ低くできるという利点から，ほとんどの場合α線計測法が用いられている。娘核種捕集用のフィルタとしてはメンブランフィルタを用いることが多い。

b．フリー成分の測定法

フリー成分の捕集には取り扱いの容易さから

100～500メッシュのワイヤスクリーンを用いて行う方法が一般的である。この方法では，小さな網目の間の粒子が通過する際の拡散付着を捕集原理としている。このためフィルタを用いた場合と異なり，捕集効率が試料空気の流速（面速度）およびメッシュ数に大きく依存する。この違いをのぞいてはフリー成分濃度の測定は全成分の場合と全く同様の方法で行うことができる。また，全成分を測定する場合と異なり，フリー成分の測定を行う場合にはサンプリング経路における沈着損失に十分な注意が必要である。

（4） 校　正

測定値の正確さを保証する上で測定法と密接に関連し，いかなる測定も校正が行われて始めて測定法として確立する。経済協力機構／原子力機関（OECD-NEA）はいくつかの基準となる研究機関を地域別に登録することにより，ラドンチャンバーの整備と機関相互で濃度の比較測定を定期的に実施し信頼性を保つよう要請するとともに，他の機関に対してラドン濃度の校正を行うよう勧告した。近く，放射線医学総合研究所にも設置される予定であるが，これまでは，わが国の多くの機関はこれらの基準機関が実施するラドン濃度比較測定に参加し，随時測定値の信頼性確保を行ってきた。また，国内のラドン測定を行っている研究者間では，同一環境・濃度条件のもとに共同比較測定試験を行い，分析値の信頼性についても検討されてきた。

2.3.4　解　説

（1）　放射線に関する専門用語について

用語1：半減期（half life, half value period）

半減期とは，最初に存在した原子の数（N_0）が壊変によって半数の（$1/2 \cdot N_0$）になるときの時間を表している。

用語2：壊変（disintegration）または放射壊変（radioactive decay），崩壊（decay）など

天然のあるいは人工的につくられた不安定な原子核は過剰なエネルギーを放出して安定な状態へと移行していく。このような過程を壊変または崩壊，放射壊変などと呼んでいる。壊変には，α壊変（α線を放出），β壊変（β線を放出し，β壊変は，β^-壊変，β^+壊変，EC壊変の3種類），γ壊変（γ線を放出）がある。壊変の際には規則的に変位し，過剰なエネルギーは放射線として放出される。

用語3：娘核種（daughter nuclide, daughter progeny, daughter product）

一般に不安定な核種Aが放射壊変によって，より安定な核種Bに変化するとき，壊変前の原子核Aを親核種（parent nuclide）Bを娘核種，または壊変生成物あるいは崩壊生成物（decay product）と呼んでいる。

（2）　言葉の解説

放射能（radioactivity）とは

① 不安定な原子核が，放射線を放出して壊変する性質（または現象）と，② 原子核の単位時間あたりの壊変数（壊変率）すなわち放射能の強さ，という意味がある。

壊変する性質をもつ核種（これを放射性核種ともいう）やこれを含んでいる物質（これを放射性物質；radioactive materialsという）を放射能といういい方もされるが，正確には正しい使い方とされない。

放射能は単位時間に崩壊する原子数で表される。つまり放射能（A）は，ある時間（t）にある放射性同位元素があった個数（N）にその放射性同位元素の壊変率（λ）を乗ずることで求めることができ，単位はBq（ベクレル：1Bq＝1dps（disintegration per second：壊変毎秒）の単位が使われている。

放射能単位（放射性物質の壊変数を示す単位）：Bq（ベクレル）とCi（キューリー）

1Bqは1秒間に1個の原子核の自発性壊変を意味する。1Bq＝1dps(disintegration per second：壊変毎秒)，単位のBq（ベクレル）は，Henri Becquerelから名づけられた。歴史的には ^{226}Ra 1gを

1Ci と定義した。単位の Ci（キューリー）は Marie and Pierre Curie から名づけられた。1Ci は 3.7×10^{10} dps に相当する。国際単位系（Systéme International d'Unité，略称 SI 単位系）では Bq を用いるため，Ci は旧単位として扱われる。$1Ci=3.7\times10^{10}$ Bq。よく用いられる変換として，$1pCi/l=37Bq/m^3$。

放射線（radiation）とは

放射線とは，空間を伝わっていくエネルギーの流れのある種の形態のことであり，① 放射性核種の壊変によって生ずる粒子線（α 線は He 原子核，β 線は電子（陽電子または陰電子））や電磁波（γ 線），② 加速器などにより加速されてできた高エネルギー粒子線・電子線・陽子および重イオン，③ 高エネルギー粒子線が原子核反応によってつくる中性子・中間子およびその他の素粒子あるいは核分裂反応などにより生ずる高速の重イオン核種，④ 荷電粒子が減速する際に生ずる制動 X 線あるいは励起された原子から放射される特性 X 線，などを総称して放射線と呼んでいる。また，直接的にあるいは間接的に原子の電離効果を生ずる放射線ということを明確にしたい場合には，電離放射線（ionizing radiation）と呼び非電離放射線（熱放射線，可視光線，紫外線あるいは低エネルギー電磁波など）と区別している。

「放射線の定義」は関連する法律によって若干異なるので注意する。放射線を表す単位は，見方によっていろいろな表し方があるので，それぞれの目的に応じて使い分ける。

引用文献

1) 伊藤和男，浅野賢二：各種建築材料の放射能含有量，日本建築学会計画系論文集，第503号，pp.47-52 (1998.1)
2) ラドン濃度測定・線量評価委員会：NIRS-R-32 ラドン濃度全国調査最終報告書 平成4年度～平成8年度 屋内ラドン濃度全国調査，放射線医学総合研究所（1997.3）
3) 池田耕一：室内空気汚染のメカニズム，p.112，鹿島出版会（1997.3）
4) 御舩政明：三朝温泉地環境の自然放射能について，生活環境におけるラドン濃度とそのリスク，実業公報社，pp.259-269（1989.4）
5) 日本保健物理学会 若手研究会，ラドン資料集，日本保健物理学会（1994.11）

参考文献

6) UNSCEAR 1982報告書より付属書D ラドン・トロンとそれらの壊変生成物による被曝（翻訳）
7) 石川友清編：放射線概論，通商産業研究社（1998.3）
8) 木村逸郎，阪井栄治訳：放射線計測ハンドブック第2版，日刊工業新聞社（1991.1）
9) 草間朋子編：ICRP 1990年勧告―その要点と考え方―，日刊工業新聞社（1991.5）
10) 草間朋子 他：放射線防護の考え方，日刊工業新聞社（1990.5）
11) 草間朋子 他：放射線健康科学，杏林出版（1995.5）
12) 小林定喜，完倉孝子：放医研環境セミナーシリーズ No.15 生活環境におけるラドン濃度とそのリスク，実業公報社（1989.4）
13) 篠原邦彦：自然・人工放射線のレベルについて，フィルムバッチニュース，pp.1-6，No.221（1995.5）
14) 下道国 山崎敬三：特集「放射性エアロゾル」ラドンエアロゾル，エアロゾル研究，第4巻，第1号，1989年春，pp.26-35（1989.3）
15) 下道国 辻本忠編：環境ラドン，電子科学研究所（1992.2）
16) 下道国 米原英典，阿部史朗：ラドン・トロン混在場におけるパッシブ法の共同比較測定，保健物理，32(3) pp.265-276(1997)
17) 下道国 藤高和信，古田定昭，飯田孝夫，飯本武志，五代儀貴，黒沢龍平，児島紘，真田哲也，床次眞司，藤元憲三，宮野敬治，山崎敬三，米原英典：米国 EML におけるラドン共同比較実験，保健物理，32(3) pp.285-294(1997)
18) 日本アイソトープ協会訳：ICRP Publication65 家庭と職場におけるラドン―222にたいする防護，丸善（1995.3）
19) 日本アイソトープ協会編：ICRP Publication42 ICRP が使用しているおもな概念と量の用語解説，丸善（1986.6）
20) 富永健，佐野博敏：放射化学概論，東京大学出版会（1999.8.5）
21) 藤本憲三，小林定喜，内山正史，土居雅広，中村祐二：屋内ラドン全国調査，保健物理，32(1)，pp.41-51 (1997)
22) 放射線審議会基本部会，放射線審議会基本部会打ち合わせ会（ラドン）報告書―ラドン・トロンとその娘核種の発生と測定―（1991.1）
23) 保健物理学会企画委員会：日本保健物理学会シンポジウム資料，屋内ラドンは本当に肺ガンを起こすか？（1999.3）

24) 日本保健物理学会，日本アイソトープ協会編集：新・放射線の人体への影響，丸善（1993.9）
25) 松岡理：放射性物質の人体摂取傷害の記録 過ちの歴史に何を学ぶか，日刊工業新聞社（1995.10）
26) 山縣登監修：環境放射線ハンドブック，日本原子力情報センター（1985.5）
27) ラドン族調査委員会編：続 大気中のラドン族と環境放射線，日本原子力学会（1990.12）

2.4 揮発性有機化合物（VOC）

2.4.1 はじめに

近年，建築物内における揮発性有機化合物を中心とする化学物質汚染が問題となっている。本稿では建築環境内における揮発性有機化合物を中心として紹介する。

2.4.2 健康被害（診断）

建物内での健康被害をみると，古くは，燃焼器具の不完全燃焼による一酸化炭素中毒事故，ラドンガスによる発がん，レジオネラによる急性肺炎，真菌によるアレルギーと健康レベルの観点からみるとよい方向に向かっているようにみえたが，ここ約10年間で化学物質過敏症（Chemical Sensitivity，以下 CS）に代表される化学物質による健康被害が急増している。

CS は，ある時期に高濃度の特定の化学物質に曝露し身体が過敏に反応するものと，長期間低濃度の物質に曝露され体内に蓄積され発症する二種類があるといわれている。CS の症状の特徴として不定愁訴といわれる不特定の症状を患者が上げるといわれている。ここで，よく過敏症とアレルギーの違いについて聞かれるが，アレルギーは免疫の抗体反応を伴うのに対し過敏症は抗体反応を伴わない点で異なるといわれている。また，CS のうち複数の反応が発症するものを多種類化学物質過敏症（Multiple Chemical Sensitivity；MCS）という。

2.4.3 揮発性有機化合物 VOC

現在，住宅内で問題とされている揮発性有機化合物のうち厚生省ガイドラインに紹介されている物質のいくつかについて紹介する。

(1) VOC (Volatile Organic Compounds)

VOC は，揮発性有機化合物の総称で，脂肪族・芳香族炭化水素，アルデヒド・ケトン類など，様々な物質が含まれている。表-2.4.2 に，WHO の沸点による分類を示す。Seifert はこれらの分類ごとにガイドライン値を示している（表-2.4.3）が，詳細な定義はまだ確立されていない。また，複合汚染による影響は不明の点が多い。トルエン，キシレンなど毒性の高い物質に対する対策が必要とされるが，複数の物質の毒性が問題であるため，数物質の削減のみでは基本的な解決とはならない。

(2) TVOC (Total Volatile Organic Compounds)

総揮発性有機化合物 TVOC は，健康影響の異なる複数の化学物質の混合物である VOC に対す

表-2.4.1 化学物質過敏症の症状例

自律神経障害	発汗異常，手足の冷え，頭痛，易疲労性
神経障害	不眠，不安，鬱状態不定愁訴
気道障害	咽頭炎，口渇
消化器障害	下痢，便秘，悪心
眼科的障害	結膜の刺激障害，調節障害，視力障害
内耳障害	めまい，ふらつき，耳鳴り
運動障害	筋力低下，筋肉痛，関節痛，振せん
循環器障害	動悸，不整脈，循環障害
免疫障害	皮膚炎，ぜん息，自己免疫異常

表-2.4.2 揮発性有機化合物の分類

Description	Abbreviation	Boiling Point Range from ℃ to ℃
Very Volatile (gaseous) Organic Compounds	VVOC	<0 to 50−100
Volatile Organic Compounds	VOC	50−100 to 240−260
Semivolatile Organic Compounds	SVOC	240−260 to 380−400
Particulate Organic Matter	POM	>380

* Polar compounds are at the higher side of the range

表-2.4.3 厚生省ガイドライン値(2000年9月現在)

物質名	厚生省室内温度指針値 ($\mu g/m^3$ at 25℃)	化学式	分子量	CAS 番号	沸点	比重	水溶性	蒸気圧 (kPa)	TLV (ppm)
Formaldehyde	100	HCHO	30	50-00-0	−20	0.8	混和する		0.3
Toluene	260	$C_6H_5CH_3$	92.1	108-88-3	111	0.87	溶けない	2.9(20℃)	50
o-Xylene	870*	$C_6H_4(CH_3)_2$	106.2	95-47-6	144	0.88	溶けない	0.7(20℃)	100
m-Xylene	870*	$C_6H_4(CH_3)_2$	106.2	108-38-3	139	0.86	溶けない	0.8(20℃)	100
p-Xylene	870*	$C_6H_4(CH_3)_2$	106.2	106-42-3	138	0.86	溶けない	0.9(20℃)	100
p-Dichlorobenzene	240	$C_6H_4Cl_2$	147	106-46-7	174	1.2	溶けない	0.17(20℃)	10
Styrene	225	C_8H_8	104.1	100-42-5	145	0.9	0.03g/100mL (25℃)	0.7(20℃)	50
Ethylbenzene	3 800	C_6H_5-C_2H_5	106.2	100-41-4	136	0.9	0.015g/100mL (20℃)	0.9(20℃)	100
Chlorpyrifos	1	$C_9H_{11}Cl_3NO_3PS$	350.6	2921-88-2	41〜43.5	1.398	溶けない	2.5×10^{-6}(25℃)	0.014
n-Butylphthalate	220	$C_{16}H_{22}O_4$	278.3	84-74-2	340	1.05	0.001g/100mL (25℃)	<0.01kPa (20℃)	0.439

* TLV は o-, m-, p 混合異性体として

表-2.4.4 TVOC の属毎の許容濃度

Groups	Concentration ($\mu g/m^3$)
Alkane	100
Aromatic Hydrocarbon	50
Terpene	30
Halocarbon	30
Ester	20
Aldehydes, Ketone	20
etc.	50
TVOC	300

表-2.4.5 ホルムアルデヒド濃度と健康影響

影響	HCHO 濃度(ppm) 推定中央値	報告値
におい検知閾値	0.08	0.05−1
目への刺激閾値	0.4	0.008−2
喉の炎症閾値	0.5	0.08−3
鼻・目への刺激	3	2−3
30分間なら耐えられる(流涙)	5	4−5
強度の流涙(1時間しか耐えられない)	15	10−21
生命の危険、浮腫、炎症、肺炎	31	31−50
死亡	104	50−104

る濃度レベルの指標である。健康への影響を直接的に評価する指標ではないが，室内空気の汚れの指標として用いられる。TVOC 濃度の算出・測定方法については，Seifert の方法などがある。算出・測定方法が異なると比較ができないことが問題であるが，VOC には多くの物質が存在するため，室内濃度の指標としては有効と思われる。

(3) ホルムアルデヒド

(HCHO，分子量 30.03，沸点 −19.2℃，比重 1.067，CAS No.50-00-0)

無色で鋭い刺激臭の可燃性気体である。合板用接着剤，フェノール樹脂，多価アルコール，ホルマリンの原料など広範囲の用途がある。曝露濃度が高くなるにつれ，人体への影響が強く，発がん性も高くなる。

(4) トルエン

($C_6H_5CH_3$，分子量 92.13，沸点 110.6℃，比重 0.9，CAS No.108-88-3)

ベンゼンのような臭気を持つ無色の可燃性液体である。水に不溶で，エタノール・エーテルと自由に混合する。染料，有機顔料，香料，火薬，合成繊維，可塑剤の原料であり，有機合成原料として広く用いられる。

(5) キシレン

($C_6H_4(CH_3)_2$，分子量，沸点 140℃前後，比重，CAS No.95-47-6 (o)，108-38-3 (m)，106-42-3 (p))

無色透明の液体で刺激臭を持つ。水に不溶で，エタノール・エーテルに易溶。o，m，p の異性体がある。用途は，溶剤・染料・香料・テレフタル酸・合成繊維の原料，可塑剤・医薬品の原料，農薬，アンチノック剤などがある。

2.4.4 化学物質の発生源

(1) 木質建材

材料選定で目安になるのはホルムアルデヒドに

表-2.4.6 JIS，JASの規定値および品確法の等級

等級	JIS	JAS	平均値 (mg/L)	最大値 (mg/L)
4	E_0	FC_0	0.5以下	0.7以下
3	E_1	FC_1	1.5以下	2.1以下
2	E_2	FC_2	5.0以下	7.0以下
1			—	—

関しては「普通合板」,「構造用合板」,「特殊合板」,「複合フローリング」のJASである。デシケータ法による水中濃度がFC_0, FC_1, FC_2と表示され，数値が小さくなるほど放散量は少ない。「パーティクルボード」,「繊維板」ではJISのデシケータ法による水中濃度がE_0, E_1, E_2と表示され，数値が小さくなるほど放散量は少ない。ここで表-2.4.6中の等級とは建設省住宅の品質確保促進等に関する法律で定められている等級をいう。

（2） 接着剤

接着剤工業会では，各種の接着剤に対して，次のような判断をしている。「合成ゴム系溶剤形接着剤」や「酢酸ビニル樹脂系溶剤形接着剤」はVOCが大量に含有し強制換気が必要である。「合成樹脂エマルジョン形接着剤」は微量の溶剤を含み通常の換気より多めの換気が必要である。「合成ゴムラッテクス形接著剤」,「ポリウレタン1液形」は数％の溶剤を含有，「エポキシ樹脂系2液形接着剤」,「変成シリコーン系接着剤」も数％の溶剤を含有，主剤と硬化剤の充分な混合が必要で換気の頻度を高くする。また溶剤形接着剤では，使用規定に基づきオープンタイムを取る。施工から入居まで14日程度の換気期間を目安としている。

（3） 塗料

エマルジョン塗料は，有機溶剤形塗料に比べるとトルエン，キシレン等の有機溶剤の含有量は少ない。施工上は使用説明書に応じた乾燥期間を取る。「接着剤」も「塗料」とも製品安全データシート（MSDS：Material Safety Data Sheet）により成分表示等を知ることができる。

（4） 可塑剤

可塑剤は，壁材・床材等に使用されるプラスチックを加工しやすくするために用いられる物質である。大部分がSVOCに分類され，フタル酸エステル類（フタル酸ジエチル（DEP），フタル酸ジオクチル（DOP），フタル酸ジメチル（DMP），フタル酸ジブチル（DBP）），リン酸エステル類が代表的である。

（5） 農薬類

木材保存剤，白蟻駆除剤，殺菌剤に含まれる薬剤には，VOCまたはSVOCに分類される有機リン系およびピレスロイド系の化学物質が含まれている。代表的な物質に，クロルピリフォス，ダイアジノン，フェニトロチオン，フェンチオン，マラチオン，ピリダフェンチオンなどが挙げられる。

（6） 内分泌撹乱化学物質（環境ホルモン）

生殖等の内分泌機能に影響を及ぼす化学物質の総称。人間や動物の体内に入ると，女性ホルモンのエストロゲンと似た働きをして生体内のホルモン作用を撹乱させるといわれている。農薬類・合成樹脂原料・可塑剤など様々な物質が挙げられる。

2.4.5 測定，サンプリング手順

（1） サンプリング

サンプリングとは，ここでは室内・屋外の空気（試料）を捕集することをいう。サンプリング法には時間平均を求める方法と連続分析を行い空間の経時変化を求める方法がある。時間平均を求める方法にはポンプを使用し，捕集媒体にサンプルエアを捕集するアクティブサンプリング法と，ポンプを使用せず室内に放置し試料を捕集するパッシブサンプリング法がある。いずれも，放置時間，積算流量を次の分析で求められる物質の捕集量より濃度を求める。また，感度や精度はやや落ちるが瞬時値を判別する簡易測定法があり，それには検知管，検知紙，電気化学分析法などがある。

2.4 揮発性有機化合物（VOC）

表-2.4.7 物質別揮発性有機化合物の発生源

物　質	試　料	物　質	試　料
アセトン	接着剤(金属コンクリート用)	n-ノナン	ワックス，クレオソート(防蟻剤)
アセナフテン	クレオソート(防蟻剤)	n-ブタノール	油性ラッカー
α-ピネン	杉(木材)，桧(木材)，ラワン(木材)，ラワン(合板)	n-ヘキサン	油性ペイント，油性ニス
iso-ブチルアルコール	油性ラッカー用うすめ液	n-ヘプタン	油性ニス
iso-プロピリアルコール	油性ラッカー，木材用油性ラッカー，水性ニス用うすめ液	ナフタリン	クレオソート(防蟻剤)
インドール	クレオソート(防蟻剤)	p-エチルメチルトルエン	油性ニス
エタノール	水性ニス用うすめ液	p-ジエチルベンゼン	油性ニス
エチルベンゼン	油性ペイント，油性ラッカー，木部用油性ラッカー，油性ラッカー用うすめ液，油性ニス，クレオソート(防蟻剤)	ビフェニル	クレオソート(防蟻剤)
エチレングリコール	水性ペイント	ファンチオン	畳(防虫シート)
o-エチルトルエン	油性ニス	フェニトロチオン	畳(防虫シート)
o-キシレン	油性ペイント，油性ペイント用うすめ液，油性ラッカー，木部用油性ラッカー，油性ラッカー用うすめ液，油性ニス，クレオソート(防蟻剤)	フルオレン	クレオソート(防蟻剤)
カプロンアルデヒド	畳(表)	β-ピネン	杉(木材)，桧(木材)，ラワン(木材)
キノリン	クレオソート(防蟻剤)	フロン11	断熱材(ウレタンフォーム)
酢酸エチル	接着剤(金属コンクリート用)，油性ラッカー，木部用油性ラッカー，油性ラッカー用うすめ液，油性ニス	ベンジルアルコール	水性ペイント，水性ニス
酢酸メチル	接着剤(木工用)	ベンゼン	油性ニス
酢酸ビニル	接着剤(木工用)	ホルムアルデヒド	ラワン(合板)
酢酸ブチル	油性ラッカー，木部用油性ラッカー，油性ラッカー用うすめ液	m,p-エチルトルエン	油性ペイント，油性ペイント用うすめ液，ワックス
ジクロロメタン	断熱材(ウレタンフォーム)	m,p-キシレン	油性ペイント，油性ペイント用うすめ液，油性ラッカー，木部用油性ラッカー，油性ラッカー用うすめ液，油性ニス，クレオソート(防蟻剤)
ジベンゾフラン	クレオソート(防蟻剤)	m,p-ジメチルベンゼン	油性ペイント
ジメチルジサルファイド	畳(表)	メチルイソブチルケトン	壁紙(ビニール)，油性ラッカー
ジメチルナフタリン	クレオソート(防蟻剤)	メチルエチルケトン	接着剤(金属コンクリート用)
テトラクロロエチレン	クレオソート(防蟻剤)	メチルナフタリン	クレオソート(防蟻剤)
トリクロロエチレン	クレオソート(防蟻剤)	リモネン	杉(木材)，桧(木材)
トルエン	油性ペイント，油性ペイント用うすめ液，油性ラッカー，木部用油性ラッカー，油性ラッカー用うすめ液，油性ニス，クレオソート(防蟻剤)	粒状ナフタリン	畳(わら床)
n-ウンデカン	油性ペイント，油性ペイント用うすめ液，油性ニス，ワックス，クレオソート(防蟻剤)	リン酸トリブチル	床紙(ビニル)
n-オクタン	油性ペイント，油性ニス，ワックス	1-メトキシ-2-プロパノール	水性ペイント，水性ニス
n-デカン	油性ペイント，油性ペイント用うすめ液，油性ラッカー，油性ニス，ワックス，クレオソート(防蟻剤)	2-n-ブトキシエタノール	油性ラッカー，木部用油性ラッカー，油性ラッカー用うすめ液
n-ドデカン	油性ペイント，油性ペイント用うすめ液，油性ニス，ワックス	1,1,1-トリクロロエタン	クレオソート(防蟻剤)
n-トリデカン	油性ペイント，ワックス	1,2,3-トリメチルベンゼン	油性ニス
n-ナノン	油性ペイント，油性ペイント用うすめ液，油性ニス	1,2,4-トリメチルベンゼン	油性ペイント，油性ペイント用うすめ液，油性ニス，ワックス，クレオソート(防蟻剤)
n-ノナン	ワックス，クレオソート(防蟻剤)	1,3,5-トリメチルベンゼン	油性ニス

2 各論

表-2.4.8 サンプリング手順

換気条件	
サンプリング前	・自然換気および機械換気を15分以上(屋内外建具全解放)
サンプリング中	・5時間程度閉鎖放置 ・開口部閉鎖 ・空調換気停止 ・生活行為停止
採取場所	居間, 寝室, 外気
採取位置	居間, 寝室：部屋中央部, 床上1～1.5 m 外気：外壁, 空調吸入口より2～5 m
採取方法	アクティブサンプリングで1.6L程度捕集(30～60分)
採取時期	夏季および冬季

注）通産省において, 推奨されている。
　　ECA-Report No.14に準拠している。

（2） 捕集媒体

吸着剤を選択する際, 種々の物質の回収率を考慮しなければならない。回収率は破過容量, 吸着剤上における捕集物質の化学反応, 脱離効率に依存する。

（3） 厚生省ガイドラインサンプリング手順

以下では, 厚生省ガイドラインのサンプリング手順を示す。

① 新築住宅（または改築直後の住宅）

新築住宅における室内空気中の化学物質の測定は, 30分換気後, 対象室内を5時間以上密閉し

表-2.4.9 現場測定の種類

捕集・測定法	原　理
アクティブサンプリング	ポンプを用いて, 吸着管を介して試料空気中の汚染物質を定流量で吸引捕集する。
グラップサンプリング	ステンレスまたはアルミニウムキャニスターを真空にし, 短時間(10～30秒)に空気試料を捕集する。捕集物質は後で実験室において濃縮分析される。
パッシブサンプラー	通常, 細いチューブ中に吸着剤が充填された構造を有する。パッシブサンプラーは安価で, 軽量で, 操作が簡便, ほとんどの場所で取り付け可能である。
連続測定	光イオン化検出器(PID)や非メタン系の全炭化水素を測定するガスモニターなどの機器を使って, VOC濃度の変化および変動についての情報が即座に得られる方法である。ガスモニターには, 光音響分光法(PAS)を用いたタイプがある。
簡易測定法	感度や精度は多少低くなるが, 安価で軽く, 取り扱いが容易な機器を用いて, その場で測定結果が得られる測定方法を簡易法と呼んでいる。ホルムアルデヒドについては, 主に, 検知管方式, 検知紙方式, 電気化学方式等の測定法がある。

表-2.4.10 対象物質の捕集方法

	容器捕集	液体捕集	固体捕集/溶媒抽出法		固体捕集/熱脱離	
			フィルタ捕集	溶媒脱離	熱脱離	パージトラップ
種類	真空採取瓶 テドラーバッグ (キャニスター)	インピンジャー バブラー 反応捕集もあり	ガラスろ紙 反応捕集もあり	各種吸着剤 反応捕集もあり 捕集管	各種吸着剤 (単層, 複層) 捕集管	各種吸着剤 (単層, 複層) 捕集管 加熱パージ法もある
必要装置	真空ポンプ 濃縮装置	吸引ポンプ	吸引ポンプ 抽出器具	吸引ポンプ 抽出器具	吸引ポンプ 熱脱離装置	パージトラップ装置 熱脱離装置
クロマト装置への導入	・直接導入 ・導入後導入	・直接導入 ・濃縮後導入 ・精製後導入	抽出, 濃縮後導入	抽出後 ・直接導入 ・濃縮後導入 ・精製後導入	熱脱離 オンライン導入 (場合によっては2次濃縮)	熱脱離 オンライン導入 (場合によってはドライパージ)
導入形態	気体	液体 気体	液体 気体	液体	気体	気体 気体
試料マトリックス	気体	微粒子 エアロゾル	微粒子 エアロゾル	気体	気体	水 固体
対象物沸点	低－中沸点 高沸点物不適	中－高沸点 低沸点は反応捕集	高沸点 低沸点は反応捕集	低－中沸点	極低－中沸点	極低－中沸点
反応性物質	不可	可	一部可	一部可	不可	不可
測定濃度下限レベル	ppd (濃縮時)	ppm	ppm－ppb	ppm－ppb	ppb－ppt	ppb－ppt

表-2.4.11 捕集方法の特性

捕集法	利 点	弱 点	改善法
フィルタ	流通抵抗が少ない 高流速で多量のサンプリングが可能 微粒子，微粒子付着物 高沸点物質捕集ができる	低沸点捕集物質捕集が困難 脱離溶媒の妨害 脱離溶媒濃度時の試料損失	コーティングフィルタ使用 他方との併用 妨害や感度の低い溶媒使用 目的物質を絞る 低沸点物質には適用しない
パッシブ	サンプリングポンプが使用不可 長時間サンプリングが可能	低沸点物質捕集が困難 脱離溶媒の妨害 脱離溶媒濃縮時の試料損失 高沸点物質の脱離困難(加熱脱着時) 検量線作成，定量が困難	コーティングフィルタ使用 妨害や感度の低い溶媒使用 目的物質をしぼる 低沸点物質には適用しない 高沸点物質には適用しない 目的物質をしぼる 他方との併用を確認する 大型チャンバーで検量線作成
捕集管	定量的な捕集が行える 目的によって吸着剤の種類選択が可能 極低－高沸点物質の捕集が可能 捕集後の移送，保管が簡単 パージトラップ等にも用いられる	物質によっては分解する 吸着管からの汚染物質 （高バックグラウンド） 不可逆な吸着が起きる	吸着管サイズ，吸着剤の検討 吸着剤を組み合わせる 吸着剤選択の再検討 浄化，保管法の再検討 吸着剤の再検討

表-2.4.12 捕集方法の適応

捕集法	捕集剤	対象物質	適用可能な脱離法	
			溶媒脱離	熱脱離
フィルタ	一般フィルタ コーティングフィルタ	微粒子，微粒子付着物(中-高沸点有機物) 酸，アルカリ，アルデヒド，ジアソシネート等	○ ○	
パッシブ	フィルタ 吸着剤	各種有機物質	○ ○	○
捕集管	各種吸着剤 多層型捕集管 コーティング吸着剤	各種有機物質 農薬，フタル酸エステル，中沸点汚染物質 VOCs，HAPs 酸，アルカリ，アルデヒド，ジアソネート等 アルデヒド，カルボニル類(例：DNPH)	○ ○ △ ○ ○	○ △ ○

た後，概ね30分間捕集する。捕集時刻は最大濃度を想定し，午後2～3時とする。換気回数が0.5回/hより低い場合は，一晩閉鎖することが望ましい。

①′ 居住住宅

居住住宅における測定は，平常時における化学物質の存在量や曝露量を推定することを目的とし，捕集開始時間は任意とし，24時間捕集を行う。換気は日常生活における状態とする。また，目的に応じて①に示す方法で測定してもよい。

② 測定する場所

②－1 室内測定場所

居住時間の長い部屋（居間，寝室など）。
部屋の中央付近で少なくとも壁から1m以上離し，床面より高さ1.2～1.5mの位置。

②－2 外気測定場所

外壁および空調吸排気口から2～5m離した室内測定と同じ高さ。

③ 室内空気質測定手順

③－1 アクティブ法によって測定を行う場合

1. 空気吸引口を測定個所（3-1，3-2）に設置する。
2. ポンプを測定場所に置き，電源を入れ，ダミーサンプラーを用いてポンプ流量を調整。
3. 温湿度計を設置，測定中の空気温湿度を測定する。
4. サンプラーを保存袋から取り出し，ポンプの吸引口にシリコンチューブ等により接続す

2　各　　論

表-2.4.13　吸着剤の特性

Sample tube Solvent	Approx. analyte Volatility Range	Max. Temp (℃)	Specific Surface Area (m^2/g)	Example Analytes
Glass fiber filters	n-C_{20} to n-C_{36}	>400℃		Particulate emissions
CarbotrapC^{TM} CarbopackC^{TM}	n-C_6 to n-C_{30}	>400℃	12	Alkyl benzenes, PAHs, PCBs
Tenax TA^{TM}	bp 100℃ to 400℃ n-C_7 to n-C_{26}	>350℃	35	Aromatics except benzene, A polar components (bp >100℃) and less volatile polar components (bp >150℃)
Tenax GR	bp 100℃ to 400℃ n-C_7 to n-C_{30}	>350℃	35	Alkylbenzene, PAHs, PCHs and as above for Tenax TA
Carbotrap^{TM} CarbopackB^{TM}	(n-C_4) n-C_5 to n-C_{14}	>400℃	100	Wide range of VOCs incl. ketones, alchols and aldehydes (bp >75℃) and all apolar compounds with in the volatility range specified. Plus perfluorocarbon tracer gases.
Chromsorb^{TM} 102	bp 50℃-200℃	250℃	350	Suits a wide range of VOCs incl. oxygenated compounds and haloforms less volatile than methylene chloride
Chromsorb^{TM} 106	bp 50℃-200℃	250℃	750	Suits a wide range of VOCs incl. Hydrocharbons from n-C5 to n-C12 Also good for volatite oxygenated compounds.
Porapak Q	bp 50℃-200℃ n-C_5 to n-C_{12}	250℃	550	Suits a wide range of VOCs incl. oxygenated compounds
Porapak N	bp 50℃-200℃ n-C_5 to n-C_8	180℃	300	Specifically selected for volatile nitriles: acrylonitrie, acetonitrille and propionitrile. Also good for pyridine, volatile alchols from EtOH, MEK etc.
Sherocarb	−30℃-150℃ n-C_3 to n-C_8	>400℃	1 200	Good for volatile compounds such as VCM, ethylene oxide, CS_2, CH_2Cl_2 & CH_3Cl. Also good for volatite polars e.g.. MeOh, EtOH and Acetone.
Carbosieve SIII	−60℃ to 80℃	>400℃	800	Good for ultra volatite compounds such as (C2), C3 & C4 hydrocarbons.
Molecular Sieve	−60℃ to 80℃	>350℃		Used specifically for 1,3-butadiene and nitrous oxide.
Charcoal	−80℃ to 50℃	>400℃	>1 000	Rarely used foe thermal desorption because metal content may catalyze analyte degradation. Use with care for ultra volatile C2, C3, C4 hydrocarbon.

表-2.4.14　検出器の種類

	検出器	対象物質	最小検出量
TCD	熱誘導検出器	キャリアガス以外の全化合物	10ppm
FID	水素炎イオン化検出器	有機化合物	0.1ppm
ECD	電子捕捉検出器	有機ハロゲン化合物 有機金属化合物	0.1ppb
FTD	熱イオン化検出器	有機窒素化合物 有機リン化合物	1ppb 0.1ppb
FPD	炎光光検出器	無機, 有機イオウ化合物 無機, 有機リン化合物	10ppb
SID	表面電離検出器	第3級アミン化合物 多環芳香族化合物	0.1ppb 1ppb

2.4 揮発性有機化合物（VOC）

表-2.4.15 各種資料調整法

手法名	固相マイクロ抽出（SPME）		固相抽出（SPE）		固体捕集法					溶媒抽出	
分類	直接浸漬法	ヘッドスペース	固相抽出管	固相抽出ディスク	固体捕集/溶媒抽出		固体捕集/熱脱着・（熱脱離法）			液/液抽出	ソックスレー抽出
					フィルタ捕集	固体捕集法	固体捕集法	パージトラップ	加熱パージトラップ		
必要装置	機器（SPMEユニット）		バキュームマニホールド		パーソナルエアーサンプリングポンプ		ポンプ 熱脱離装置（ACEM）	パージトラップユニット, ACEM	DTS, ACEM	ガラス器具	
GC装置	制限なし		制限なし		制限なし		制限あり			制限なし	
HPLC装置	制限なし		制限なし		制限なし		通常非対応			制限なし	
必要溶媒	なし	微量	少量		少量	少量	なし	なし	なし	多量	多量
必要資料量	1-50mL		1-2 000mL		100mL-200L		100mL-20L	5-500mL	5-500mL	多量	多量
抽出必要時間	1-30min.		30-45min.		30-1 500min.		5-20min.	30-60min.	30-120min.	60-180min.	60-1500min.
気体試料	○	○	×		○	○	○	×	○	×	×
液体試料	○	○	○							○	捕集後抽出
固体試料	×	○	溶解後適用		×	×	×	×	○	溶解後適用	○
低沸点物質	○	○	×		○	○	○			○	○
高沸点物質	○	○	○		○	○	△	△	×	○	○
カラム導入	抽出全量可能		抽出一部		抽出一部	抽出一部	抽出全量可能			一部	一部
定量限界	ppt		ppb		ppb	ppb	ppt	ppb	ppt	最終調整法ではない	
制度	<15%		<15%		<20%	<20%	<15%	<30%	<20%	最終保存法依存	

表-2.4.16 脱離法の種類

捕集法	利点	弱点	改善法
フィルタ捕集 溶媒脱離（溶媒抽出）	流通抵抗が少ない 特別な装置を必要としない 液体として試料をカラムに導入できる 抽出後は複数回の分析が行える	低沸点物質捕集が困難 低沸点物質の損失がある （ヘッドスペースに依存） 脱離溶媒の妨害 捕集物質の全量カラム導入ができない	コーティングフィルタ使用 一定の抽出容器を使用する 低沸点物には適用しない 妨害物質や感度の低い溶媒使用 目的物質をしぼる 濃度，精製を行う（高沸点物質のみ適用可能）
熱脱離（加熱脱着）	捕集試料の全量をカラムに導入できる 溶媒の妨害，溶媒の不順物質の影響がない オンラインで脱着 分析が可能で自動化対応が行いやすい	装置で捕集管サイズが限定 脱着困難な物質がある 吸着剤触媒作用による分解 残留した水の悪影響，妨害	2次濃縮等を取り入れる マルチベッド型捕集管を使用する 高純度吸着剤を使用する 疎水性吸着剤を使用する ドライパージを行う

る。

5. ポンプを作動させ，サンプリングを開始する。
6. トラベルブランクを採取。
7. 定められた積算流量吸引後，ポンプを止める。

サンプラーをポンプから外し，キャップを閉め，保存袋に密封し，冷蔵保存する。DNPHはサンプリング1週間以内に抽出し，抽出後1月以内に分析する。Tenax TAは捕集後1月以内に分析する。

2.4.6 試料分析および発生源の推測

サンプリングした試料空気を実験室に持ち帰り分析結果よりVOCの発生源を推測する。サンプラーに捕集された試料は，クロマトグラフィという原理で分析を行う。クロマトグラフィとは各成

2 各　論

表-2.4.17　ホルムアルデヒド分析方法

分析法	分析原理
AHMT 吸光法 (4-Amino-3-hydrazino-5-mercapto-1,2,4-triazole 吸光光度法)	試料ガス中の HCHO をホウ酸溶液に吸収させた後、塩基性と LAHMT を加えて発色させ、吸光度を測定する。
クロモトロープ酸吸光法 (4,5-Dihydroxy-2,7-naphthalenedisulfonic acid 吸光光度法)	試料ガスの中の HCHO を亜流酸水素ナトリウム溶液に吸収させた後、酸性としてクロモトロープ酸を加えて発色させ、吸光度を測定する。
DNPH-GC 法 (2,4-Dinitrophenylhydrazine-Gas Chromatography)	試料ガス中の HCHO を DNPH 溶液に吸収させた後、クロロホルム等に抽出し、GC に導入する。
DNPH-HPLC 法 (2,4-Dinitrophenylhydrazine-High Performance Liquid Chromatography)	試料ガスを DNPH 溶液含浸捕集材を詰めたカートリッジに通して HCHO を捕集した後、アセトニトリルで溶離し、HPLC に導入する。
AHMT 連続分析法 (4-Amino-3-hydrazino-5-mercapto-1,2,4-triazole 吸光-連続分析法)	試料ガス中の HCHO を AHMT 吸光法を用いた連続分析装置によって、間欠的に連続分析する。

表-2.4.18　DNPH にて誘導化したカルボニル化合物の HPLC による分析条件

Column	Zolbax ODS (4.6-mm ID ×24cm), or equivalent
Mobile Phase	60% acetonitrile/40% water, isocratic
Detector	ultraviolet, operating at 360nm.
Flow Rate	1.0mL/min.
Retention Time	7 minutes for formaldehyde with one Zorbax ODS column. Thirteen minutes for formaldehyde with two Zorbax ODS columuns.
Sampling Injection Volume	25μL

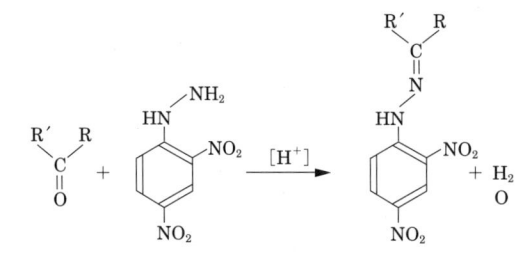

図-2.4.1　カルボニル化合物の DNPH 誘導化

分の二相間への分布の差異を利用し，多成分混合物から個々の成分を分離分析する方法の一つである。混合物を通す「固定相」と「移動相」の間での移動時間である「保持時間」より同定し，検出器の応答で濃度を示す。移動相が気体の時はガスクロマトグラフィ（以下 GC），液体の時は液体クロマトグラフィ（以下 LC）と呼ばれる。分離速度を高速化した LC を高速液体クロマトグラフィ（以下 HPLC）という。また，ガスクロマトグラフィの保持時間より推定される数種類の物質に絞られたものを更にその分子量と分子構造を解析し物質を同定する方法をマススペクトル（以下 MS）といい，ガスクロマトグラフィと組み合わせたものを GC-MS という。さらに，GC には炭化水素用に FID。有機ハロゲンに ECD，有機リンに FPD とつなぐ検出器により選択性がある。その他，カラム・温度設定・移動相なとの分析条件により結果は異なってくる。この分析結果より原因物質を推測する。

2.4.7　対　策

（1）換　気

室内濃度は外気濃度，材料等からの室内への放散量，換気量により求められる。ここでの C は室内濃度であるが，人が曝露される濃度でもある。許容濃度 C を下げるためには，適切な材料を選定し M の放散量を抑えるか，Q の換気量を増やし，室内濃度を下げることが求められる。ここで材料の選定法を紹介すると，現状では材料試験より放散量を比較し少ないものを施行するのが一般的であるが，今後は設計上の濃度より使用する材料を選定する事が求められる。そこで一つの概算

2.4 揮発性有機化合物 (VOC)

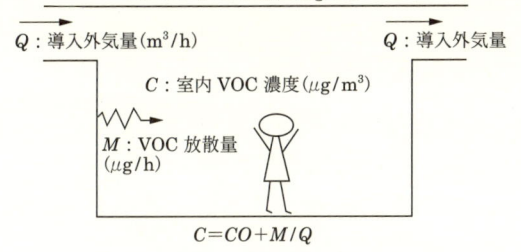

```
CO: 外気VOC濃度 (μg/m³)
Q: 導入外気量 (m³/h)         Q: 導入外気量
C: 室内VOC濃度 (μg/m³)
M: VOC放散量 (μg/h)
C = CO + M/Q
```

図-2.4.2 室内マスバランス

方法に、部材からの放散速度に部材の使用面積の積で求めるという考え方がある。これより、室内濃度は放散量を室容積で除したものとなる。この時の面積を体積で除したものをローディングファクターという。

(2) 換気設計時の考慮事項としての吸着・再放散

室内汚染質の内VOCの特性として極性、親水性、蒸気圧などのガス状物質としての特性と建材、施工材等が持つポアの特性などから吸着、再放出することが懸念される。特に蒸気圧のが低く親水性の高い物質は湿度が高い環境下ではいったん吸着し、その後温度の上昇とともに建材からの水蒸気の蒸発とともにVOCの再放散が確認されている。この現象より、実環境下においては換気量による濃度変動の他にシンク効果の影響が確認されており、それを換気設計に考慮する必要がある。以下では、吸着・再放散を考慮した濃度予測式について紹介する。また、この式を少し修正することによりVOCの除去方法として挙げられている、空気清浄機や光触媒を使用したときの室内濃度予測にも応用できる。以下では吉澤の式を示す。室内濃度を(1)式に示す。

$$C = C_o + \frac{M}{Q} \quad (1)$$

そこで、汚染発生源の面で放散と吸着が同時に起こる（シンク効果）とし、それぞれは、

① 放散については、

放散源体積：$S \times l$

残留VOC量：$b \times Sl$

VOC放散量：$M \times S = P \times bSl$

ΔtのVOC放散量：$MS \times \Delta t = PbSl\Delta t$

初期VOC放散量−残留VOC量
$= bSl - (b + \Delta b)Sl$

$\therefore PbSl\Delta t = bSl - (b+b)Sl$

$\therefore MS = PSlb_1 \times e^{-Pt}$

$$MS = m_1 Se^{-Pt} \quad (2)$$

また、減衰の減衰の急速なものと、緩慢なものとに分けて考えると式(3)が得られる。

$$M_t = M_1 + M_2 = m_1 Se^{-P_1 t} + m_2 Se^{-P_2 t} \quad (3)$$

ここで、放散量を一定と仮定すると(4)となる。

$$M = Sm_c \quad (4)$$

② 吸着について、

吸着量率Aは室内濃度に比例すると仮定すると、

$$AS' = \alpha S'C \quad (5)$$

③ 室内濃度予測式

ここで①と②より

吸着量と放散量：

$$(MS\Delta t + C_o Q\Delta t) - (AS'\Delta t + CQ\Delta t)$$

室内初期VOC量−Δt後のVOC量：

$$VC - V(C + \Delta C)$$

$\therefore (MS\Delta t + C_o Q\Delta t) - (AS'\Delta t + CQ\Delta t) = V\Delta C$

ただし、ここで

$$AS' = aS'C, \quad MS = mSe^{-Pt}$$

とすると

$$mSe^{-Pt} + C_o Q - aS'C = R\frac{dC}{dt} \quad (6)$$

$$C = C_1 e^{-\frac{Q+as'}{R}t} + \left(\frac{Sm}{Q+as'-PR} + \frac{C_o}{Q+aS'}\right) * \left(1 - e^{-\frac{Q+aS'}{R}}\right) - \frac{Sm}{Q+aS'-PR}(1-e^{-Pt})$$

$$(7)$$

ここで、定常発生と仮定すると式(4)、式(6)より

$$C = C_1 e^{-\frac{Q+as'}{R}t} + \frac{C_0 Q + ms}{Q+as'}\left(1 - e^{-\frac{Q+as'}{R}t}\right)$$

$$(8)$$

ここで $t \to \infty$ とすると

2 各論

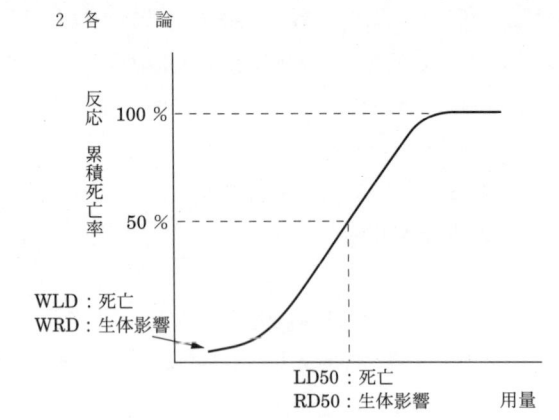

図-2.4.3 曝露量-反応の関係

WLD：死亡
WRD：生体影響
LD50：死亡
RD50：生体影響
用量

$$C = \frac{C_0 + ms}{Q + as'} \quad (9)$$

A ：吸着速度（mg/m²h）
C ：室内 VOC 濃度（mg/m³）
C_i ：屋外 VOC 濃度（mg/m³）
M_o ：VOC 放散速度（mg/m²·h）
P ：VOC 放散源内の VOC 減衰係数（1/h）
Q ：換気量（m³/h）
S ：VOC 放散源面積（m²）
S' ：VOC 吸着源面積（m²）
V ：室容積（m³）

a ：吸着速度（m/h）
b ：単位体積当りの VOC の含有量（mg/m³）
l ：VOC 放散源の厚み（m）
t ：時間（days）

となる。ここで，式（7）は材料からの放散が主な VOC 発生源であるときを想定し，式（9）では室内の VOC が室内の床・壁・天井面に吸着したものが再放散するときの室内を想定している。

2.4.8 許容濃度

問題となる物質に対し，基準値が設けられる。その際，動物実験（*in vivo*）を行い，その結果を人間に応用し，値を決定するというのが流れになる。その化学物質と反応の関係が曝露量-反応曲線（Dose-Response Curve）に示される。化学物質あるいは生体内活性物質によって引き起こされる生体，組織，細胞の機能的変化を反応（Response）というが，化学物質は閾値量を超えると反応があらわれ，一般に曝露量が多くなるほど反応も大きくなる。曝露量を対数値で横軸にとり反応の指標を縦軸にとると，ある曝露量を超え

表-2.4.19 健康影響の指標

略称	名称	日本語	内容
ED50	50% Effecting Dose	50%有効量	薬物，科学物質等を投与した動物の半数に影響が確認できる用量。
RD50	50% Reacting Dose	50%影響量	
LD50	50% Lethal Dose / Medium Lethal Dose	50%致死量	薬物，化学物質等を投与した動物の半数が死亡するような用量。
MDL	Minimum Lethal Dose	最小致死量	致死をきたすのに必要な最小量。
MRD	Minimum Reacting Dose	最小影響量	症状(反応)をきたすのに必要な最小量。
STEL	Short Term Exposure Limit	短時間曝露限界値	短時間に高濃度の物質に曝露したとき毒性影響がみられるような場合等に用いられる。TWA が許容範囲内であっても，労働者が作業中の任意の時間にこの値を超えて曝露してはならない15分間の時間加重平均値。
TLV	Threshold Limit Values	許容濃度	ACGIH が定める空気中の許容濃度。毎日繰り返しある物質に曝露したとき，労働者に悪影響がみられないと思われる空気中の濃度。
TLV-C	Ceiling Value	天井値	作業中のどの時点においても超えてはならない値。Skin（皮膚）の表示があるもの粘膜や眼を含め経皮吸収の可能性があるものについては数値のうしろに(皮膚)の表示がある。
TWA	Time Weight Average	時間加重平均値	毎日繰り返し曝露したとき，ほとんどの労働者に悪影響がみられない空気中の物質濃度の時間加重平均値で，通常，労働時間が8時間/日，40時間/週での値。
Unit Risk	Unit Risk	ユニット・リスク	発がん性を有する物質が大気中に1μg/m³含まれる場合，そのような大気を障害通じて吸入した人のがんの発生確率の増加分を意味する。

ると反応は一般的に増大するが，ある一定量では頭打ちとなり，これ以上増大しても反応は増大しない。したがって，これから図-2.4.3に示すようにS字状曲線が得られる。また，中央部に比較的直線に近い部があること，最大値を示すこと等の特徴がある。この Dose-Response の関係から健康に全く影響がないと予測される値に安全率をかけたものを許容濃度としている。

2.4.9 おわりに

現在国内外で室内の揮発性有機化合物に関する法律，基準，推奨値等が出され，その動向を把握するのは困難なくらいめまぐるしい速さで進んでいる。しかし，建物内での化学の物質の流れをみると常に問題が先に起き，それに対し「どうしよう？」という後追いの状況にある。ガイドラインが出されると，対象物質のみをクリアすればいいという考えで，前より健康影響の大きい製品に改良し市場に供給されているものも数多く見受けられる。しかし，健康被害を及ぼす可能性のある全ての物質に基準を設けることは不可能であるため，設計者の責任で供給する環境の発がん性のみではなく健康影響すべてについてのリスクを評価する必要がある。さらに，現在の建物内での化学物質問題は建物が一方的に悪いように言われているが，家具，生活用品等に代表される居住者により室内に持ち込まれるものも数多くある。このような事態を未然に防ぐためには，製品の情報を公開し，住宅供給者，居住者自身が建材・施工剤その他の製品の選定ができるようにする必要があると思われる。

ここで忘れてならないのは建物とは人間を外界から身を守るためのシェルターであり，常に人間を中心に考える必要があるということである。

参考文献

1) ECA, Commission of the EC "IAQ and Its Impact on Man" No.6 (1989)
2) ECA, Commission of the EC, "IAQ and Its Impact on Man" No.19 (1997)
3) Hodgson, A., "Review and a Limited Comparison of Methods for Measuring Total Volatile Organic Compounds in Indoor Air", Indoor Air 1995, 5; pp.247-257 (1995)
4) ISO/CD 16000-1 "Indoor air-Part 1: General aspects of sampling strategy" (1999)
5) ISO/CD 16000-2 "Indoor air-Part 2: Sampling strategy for formaldehyde" (1999)
6) ISO/CD 16000-3 "Indoor air-Part 3: Determination of formaldehyde and other carbonyl compounds-Active sampling" (1999)

表-2.4.20 国内外の動向(2000年10月現在)

海外	WHO Geneva Guidelines for Air Quality 1999 ISO 16000 室内空気サンプリング方法 ENV 13419-1 チャンバー法
国内	厚生省　シックハウス(室内空気汚染)問題に関する検討会 建設省　住宅の品質確保促進等に関する法律 通産省　JIS(日本工業規格)原案作成委員会 農林水産省　木質系建材試験法 環境庁　有害大気汚染物質測定の実際

表-2.4.21　ISO 16000シリーズの表題訳

ISO/CD 16000-1	室内空気パート1：サンプリング計画の一般的な方法
ISO/CD 16000-2	室内空気パート2：ホルムアルデヒドのサンプリング
ISO/DIS 16000-3	室内空気パート3：ホルムアルデヒドとほかのカルボニル化合物の定量アクティブサンプリング
ISO/DIS 16000-4	室内空気パート4：ホルムアルデヒドの定量 Diffusive サンプリング
ISO/CD 16000-6	室内空気パート6：TENAX TA を使ったアクティブサンプリングによる室内およびチャンバー空気中の揮発性有機化合物の加熱脱着とガスクロマトグラフ MSD/FID による定量
ISO/DIS 16017-1	空気質　脱着剤管/加熱脱着/キャピフリーガスクロマトグラフィによる大気，室内空気，職場空気での揮発性有機化合物のサンプリングと分析 パート1：ポンプによるサンプリング
ISO/DIS 16017-2	室内，大気，職場空気　吸着剤管/加熱脱着/キャピラリーガスクロマトグラフィーによる揮発性有機化合物のサンプリングと分析 パート2：Duffusive サンプリング

表-2.4.22 VOCの健康影響の指標

Group	Compound	CASRN	NIST Library M.W.	VOC Base Odor Threshold (ug/m³)	USEPA IRIS Carcinogen Category	USEPA IRIS Unit Risk through Inhalation (per ug/m³) from	USEPA IRIS Unit Risk through Inhalation (per ug/m³) to	WHO IARC Carcinogen Group	TLV (ppm)	ICSC TLV (mg/m³)	TLV (ug/m³)
Aliphatic Hydrocarbon	n-Decane	124-18-5	142	4.37E+03	Not Listed	No Data	No Data	Not Listed	Not Listed	-	-
	n-Dodecane	112-40-3	170	1.45E+04	Not Listed	No Data	No Data	Not Listed	Not Listed	-	-
	n-Heptane	142-82-5	100	4.07E+04	D	No Data	No Data	Not Listed	400	1 636.0	1 635 992
	n-Octane	111-65-9	114	2.75E+04	Not Listed	No Data	No Data	Not Listed	300	1 398.8	1 398 773
	n-Tridecane	629-50-5	184	1.66E+04	Not Listed	No Data	No Data	Not Listed	Not Listed	-	-
	n-Undecane	1120-21-4	156	7.76E+03	Not Listed	No Data	No Data	Not Listed	Not Listed	-	-
	2,2,4-Isooctane	540-84-1	114	Not Listed	No Data	No Data	No Data	Not Listed	Not Listed	-	-
Aromatic Hydrocarbons	Benzene	71-43-2	78	3.25E+04	A	2.6×e-6	7.8×e-6	1	10	31.9	31 902
	Ethylbenzene	100-41-4	106	1.02E+04	D	No Data	No Data	2B	100	433.5	433 538
	Styrene	100-42-5	104	1.60E+02	No Data	No Data	No Data	2B	50	212.7	212 679
	Toluene	108-88-3	92	6.44E+02	D	No Data	No Data	3	50	188.1	188 139
	m-Xylene	108-38-3	106	1.41E+03	D	No Data	No Data	3	100	433.5	433 538
	p-Xylene	106-42-3	106	2.14E+03	D	No Data	No Data	3	100	433.5	433 538
	o-Xylene	95-47-6	106	3.80E+03	D	No Data	No Data	3	100	433.5	433 538
	1,3,5-Trimethylbenzene	108-67-8	120	1.15E+03	Not Listed	No Data	No Data	Not Listed	Not Listed	-	-
	1,2,4-Trimethylbenzene	95-63-6	120	7.76E+02	Not Listed	No Data	No Data	Not Listed	Not Listed	-	-
	1,2,3-Trimethylbenzene	526-73-8	120	Not Listed	Not Listed	No Data	No Data	Not Listed	Not Listed	-	-
	1,2,4,5-Tetrametylbenzene	95-93-2	134	1.48E+02	Not Listed	No Data	No Data	Not Listed	Not Listed	-	-
Terpenes	Limonene	138-86-3	136	2.45E+03	Not Listed	No Data	No Data	Not Listed	Not Listed	-	-
	a-Pinene	80-56-8	136	3.89E+03	Not Listed	No Data	No Data	Not Listed	Not Listed	-	-
Halides	p-Dichlorobenzene	106-46-7	146	2.95E+02	No Data	No Data	No Data	2B	10	59.7	59 714
	Methylchloride	74-87-3	50	2.14E+04	Not Listed	No Data	No Data	3	50	102.2	102 249
	Tetrachloroethylene	127-18-4	164	4.27E+04	No Data	No Data	No Data	2A	25	167.7	167 689
	Trichloroethylene	79-01-6	130	8.00E+03	No Data	No Data	No Data	2A	50	265.8	265 849
Esters	Butylacetate	123-86-4	116	4.70E+01	Not Listed	No Data	No Data	Not Listed	150	711.7	711 656
	Ethylacetate	141-78-6	88	2.41E+03	No Data	No Data	No Data	Not Listed	400	1 439.7	1 439 673
	Vinylacetate	108-05-4	86	2.19E+03	No Data	No Data	No Data	2B	10	35.2	3 5174
Aldehydes., Ketones	Acetone	67-64-1	58	1.39E+04	D	No Data	No Data	Not Listed	750	1 779.1	1 779 141
	Acetaldehyde	75-07-0	44	3.39E+03	B2	2.2×e-6	No Data	2B	25	45.0	,44 990
	Acetonitrile	75-05-8	41	1.66E+05	D	No Data	No Data	Not Listed	40	67.1	67 076
	Acrolein	107-02-8	50	4.07E+02	C	No Data	No Data	3	0.1	0.2	204
	Benzaldehyde	100-52-7	106	1.86E+02	No Data	No Data	No Data	-	-	-	-
	Formaldehyde	50-00-0	30	1.23E-01	B1	1.3×e-5	No Data	2A	0.3	0.4	368
	Methylethylketone	78-93-3	72	8.70E+02	D	No Data	No Data	Not Listed	200	589.0	588 957
	Methylisobutylketone	141-79-7	98	2.29E+02	No Data	No Data	No Data	Not Listed	15	60.1	60 123
Alchohols	n-Butanol	71-36-3	74	9.00E+01	D	No Data	No Data	Not Listed	50	151.3	151 329
	Ethanol	64-17-5	46	2.80E+02	Not Listed	No Data	No Data	Not Listed	100	188.1	188 139

CASRN: Chemical Abstract Service Registry Number, NIST: The National Institute of Standards and Technology, M.W.: Moleacular Weight, VOC Base: VOC Base Version 2.1 Jensen, Wolkoff, National Institute of Occupational Health, Denmark, 1996, USPEA: United States Environmental Protection Agency, IRIS: Integrated Risk Information System, WHO: World Health Organization, IARC: International Agency for Research on Cancer

USEPA's Carcinogen Category: Category A: "known" human carcinogen, Category B: probable human carcinogen, Category C: possible human carcinogen, Category D: not classifiable as to human carcinogenicity
WHO IARC Carcinogen Classification: Group 1: The agent (mixture) is carcinogenic to humans. The exposure circumstance entails exposures that are carcinogenic to humans. Group 2A: The agent (mixture) is probably carcinogenic to humans. The exposure circumstance entails exposures that are probably carcinogenic to humans. Group 2B: The agent (mixture) is possibly carcinogenic to humans. The exposure circumstance entails exposures that are possibly carcinogenic to humans. Group 3: The agent (mixture, or exposure circumstance) is unclassifiable as to carcinogenicity in humans. Group 4: The agent (mixture, exposure circumstance) is probably not carcinogenic to humans.

7) ISO/CD 16000-4 "Indoor air-Part 4: Determination of formaldehyde and other carbonyl compounds-Diffusive sampling method" (1999)

8) ISO/CD 16000-6, "Indoor air-Part 6: Determination of volatile organic compounds in indoor and chamber air by active sampling on TENAX TA, thermal desorption and gas-chromatography MSD/FID (1999)

9) ISO/DIS 16017-1, "Indoor, ambient and workplace air-Sampling and analysis of volatile organic compounds by sorbent tube/thermal desorption/capillary gas chromatography-Part 1: Pumped sampling" (1999)

10) ISO/DIS 16017-2, "Indoor, ambient and workplace air-Sampling and analysis of volatile organic compounds by sorbent tube/thermal desoption/capillary gas chromatography-Part 2: Diffusive sampling" (1999)

11) Molhave, "Volatile Organic Compounds, Indoor Air Quality and Health", Proc. of The 5th Int. Conf. on Indoor Air Quality and Climate, 5, pp.15-33 (1998)

12) National Research Council "Risk Assessment in the Government: Managing the Process", National Academy Press (1983)

13) Seifert, "Regulating Indoor Air", Proc. of The 5th Int. Conf. on Indoor Air Quality and Climate, 5, pp.35-49 (1998)

14) USEPA, "Compendium Method TO-11 Determination of Formaldehyde in Ambient Air Using Adsorbent Cartridge Followed by High Performance Liquid Chromatography (HPLC) Active Sampling Methodology" (1999)

15) USEPA, "Compendium Method TO-14 Determination of Volatile Organic Compounds (VOCs) In Ambient Air Using Specially Prepared Canisters With Subsequent Analysis By Gas Chromatography" (1999)

16) USEPA, "Compendium Method TO-15 Determination of Volatile Organic Compounds (VOCs) In Air Collected In Specially-Prepared Canisters And Analyzed By Gas Chromatography Mass Spectrometry (GC/MS)" (1999)

17) USEPA, Compendium Method TO-17 Determination of Volatile Organic Compounds in Ambient Air Using Active Sampling Onto Sorbent Tubes (1999)

18) WHO, "Constitution of The World Health Organization" (1960)

19) WHO, Indoor Air Quality: Organic Pollutants, EURO Reports and Studies 111 (1987)

20) WHO, Guideline for Air Quality (1999)

21) 池田：室内空気汚染のメカニズム，鹿島出版，pp.129-137 (1992)

22) 大木 他編集：化学辞典，東京化学同人 (1994)

23) 川本：室内汚染による健康影響，室内環境研究会セミナー (1997)

24) 熊谷：建築物内より発生する化学物質に関する基礎知識，better living, 161, pp.99-103 (1998)

25) 熊谷，池田，木村，掘，吉澤：海外における建材からのVOC放散特性検証のためのチャンバー実験ガイドラインの比較，第16回空気清浄とコンタミネーションコントロール研究大会予稿集，pp.145-148, (1998)

26) 建設省：住宅の品質確保の促進に関する法律 (2000)

27) 厚生省：シックハウス（室内空気汚染）問題に関する検討会 中間報告書案—第1回～第3回のまとめ (2000)

28) 島津製作所 応用技術部：分析機器基礎講座 ガスクロってナンダ？

29) 田辺：室内環境配慮：better living, 159, pp.20-24 (1998)

30) 田辺，由岐，吉田：住宅におけるホルムアルデヒド・VOCによる室内空気汚染に関する基礎的研究—欧米のガイドライン，測定・評価法に関する考察，空気調和・衛生工学会学術講演会講演論文集 (1997.8)

31) 田辺：設計・施工時における対策，建築雑誌，113, 1421, pp.30-33 (1998.4)

32) 田辺，吉田，舟木：建材からのアルデヒド類放散量の測定方法に関する基礎的研究（その1　測定方法・分析方法について），空気調和・衛生工学会学術講演論文集，585 (1998)

33) 難波：化学物質過敏症，建築雑誌，113, 1421, pp.26-27 (1998.4)

34) 堀：化学物質による室内空気汚染，環境管理，33, 2, pp.133-143 (1998)

35) 堀：測定方法，建築雑誌，113, 1421, pp.24-25 (1998.4)

36) 馬郡，熊谷，由岐中，吉田：住宅内の化学物質に関する基礎知識，建築雑誌，113, 1421, pp.52-57 (1998.4)

37) 松原：リスク科学入門 (1989)

38) 有害大気汚染物質測定の実際編集委員会：有害大気汚染物質測定の実際，日本環境衛生センター (2000)

39) 吉澤：室内化学物質汚染のメカニズムと予測・清浄度設計法，VOC・ホルムアルデヒド等の化学物質による室内空気汚染問題—1998年度日本建築学会（九州）環境部門研究協議会資料 (1998)

40) 医学大辞典 第17版，南山堂 (1990)

41) JISハンドブック 環境測定，日本規格協会 (1997)

42) Supelco クロマトグラフィー製品カタログ GC・LC用資料調整 (1999)

2.5 NO$_x$

2.5.1 NO$_x$の健康影響

（1） 物理・化学的性質

NO$_x$には，NO，NO$_2$，N$_2$O，N$_2$O$_5$，N$_2$O$_4$等があり，通常NOとNO$_2$の存在率が高いために，NOとNO$_2$を総称してNO$_x$と呼んでいる。NOは無色無臭のガスで，水にわずかに溶ける性質を持っている。窒素分子の高温酸化現象により，Thermal NOとして各種の高温の燃焼排ガス中に含まれる。一方，NO$_2$は刺激臭を持った橙色系褐色のガスである。

また，NO$_2$は腐食性ガスであり強い酸化力を持っている。大気中での光化学反応により，オゾンや有機化合物によるNOからNO$_2$への反応が生ずる。

（2） 人体影響

NO$_2$は呼吸器感染菌への抵抗力減少や感覚器被害など人体影響が大きいとされている。そこで，長期低濃度曝露のNO$_2$に関心が向けられるようになり，多くの研究者が研究成果を報告しているが，これらの研究は自動車や工場からの排ガスによる大気汚染関係のものが多く，室内空気汚染を前提としたものは少ない。

室内汚染に関する研究は，1970代後半から行われるようになったが，NO$_2$の室内曝露による健康影響を絞り込むことは容易ではなかった。

例えば，Florey，Meliaら[6]は，発生する呼吸器症状と使用調理器具との関連を明らかにする疫学的調査を行っている。NO$_2$の影響は，年齢，性別，社会的階層と無関係であるものの，寝室NO$_2$濃度の上昇は，呼吸器疾患有症率の増加をもたらしたことを報告している。

また，Goldsteinら[5]やMeliaら[1,6]は，電化された台所ではガス・石油器具を使用する住戸に比較してNO$_2$濃度が低く，同時に子供の呼吸器系有症率も低くなることを報告している。

しかし，Kellerら[2]はテネシー州で441戸の住戸を対象とした調査を行い，調理にガスを使用する家庭と電気を使用する家庭とに分類し，ガスと電気使用の家庭の罹患率に差はないと報告している。また，Wareら[4]，Schenkerら[3]は，呼吸器症状・疾患の増加はもたらさないと報告している。

これらの研究の後に，NO$_2$と健康被害に関する研究が盛んに行われ，現在ではNO$_2$による健康影響は否定できないことが周知されるようになっている。

NO$_2$による健康影響は，表-2.5.1[21]のようにまとめられている。

2.5.2 発生源

主たるNO$_x$の室内発生源は開放型燃焼器具（暖房器具，調理器具）とタバコである。Leadererら[7]は，石油ストーブとガスレンジがタバコよりも重要なNO$_2$発生源であると報告している。

使用暖房器具の種類と室内濃度との関係を求めている。図-2.5.1は器具別の室内NO$_2$濃度の上昇性を示したものである。FF型ガスストーブ，FF型石油ストーブ，電気ストーブ，ヒートポンプエアコンの密閉式器具を使用した場合では，開放型の石油やガスストーブを使用した場合よりも，明らかに室内NO$_2$濃度上昇が抑制できる。

2.5.3 汚染レベルの現状

表-2.5.2に示すように，外気と室内濃度の実態を求める実態調査が行われている[8]。図-2.5.2には外気濃度を示し，各室の濃度分布は図-2.5.3

表-2.5.1 NO_2 の健康な人への影響（環境庁 1983）

濃度 (ppm)	曝露時間	対象	影響
3〜40	5分	15人の健常者	気流抵抗の増加
16.9	10分	8人の健常者（口呼吸）	気流抵抗等の有意な変化なし
14〜17	1時間	7人の健常男子	肺機能を表す指標に有意な変化なし
4〜5	10分	5人の健常男子	呼気と呼気気流抵抗の増大が曝露終了後約30分に最大，コンプライアンスは40%減少
5	15分	13〜16人の健常者	肺機能を表す指標の有意な低下
5	2時間	10人の健常者（間欠的運動下）	一部の肺機能指標の低下
2.5	2時間	16人の健常者	気流抵抗の増加
2.0 / 1.0	2時間	5人の健常者 うち2人はアレルギー既往症あり	肺機能を表す指標に有意な変化なし ただし，1人のみ一部の肺機能指標が1.0ppmで低下したが，再度1.0ppmおよび2.0ppm曝露では低下はみられなかった
1.0	2時間	16人の健常者 うち4人はアレルギーの既往症あり（間欠的運動下）	一部肺機能指標のみ有意な減少
0.7〜2.0	10分	10人の健常者	呼気気流抵抗の増加
0.7	1時間	5人の健常者	経口吸入で各種肺機能の指標に変化なし
0.62	2時間	15人の健常者を3グループにわけ，グループ1は15分，グループ2は30分，グループ3は60分間の運動	換気量，呼気ガス分析，心拍出量，血圧，心拍数，および各種肺機能指標に変化なし
0.5	2時間	10人の健常者（15分間運動）	一部肺機能指標のみ有意な減少
1.0 / 0.5 / 0.3 / 0.1	4時間マスクで吸入	6人の健常者	酸素吸入法による窒素ガス洗い流し曲線，呼吸抵抗，分時換気量，動脈血酸素飽和度，心拍数，血圧などに変化なし
0.5 / 0.3 / 0.15	2時間	12人の健常者（間欠的運動）/ 12人の健常者（間欠的運動）/ 5人の健常者（安静下）/ 9人の健常者（間欠的運動）	一部肺機能指標に多少の変化
0.1	1時間	15人の健常者	ほとんど変化なし

〜2.5.6に示されている。外気濃度は 10.6ppb から 40.1ppb の範囲にあり，大きなばらつきはない。

ところが，室内濃度は 7.4ppb から 98.0ppb の範囲にあり，外気濃度に比較して広範囲の分布を示している。各室濃度と外気濃度との相関を検討したところ，図-2.5.7 に示すように室内濃度は外気濃度よりも高い。すなわち，室内濃度は外気濃度により影響を受け，さらに室内発生源からの発生濃度を加えて構成されていることが示されている。

野﨑ら[14]は，暖房器具の燃焼形式と室内濃度との関係を求めている。図-2.5.8 は換気回数が 0.33 (1/h) の室内で，3タイプの石油暖房器具

2 各　　論

表-2.5.2　二酸化窒素濃度測定結果の一覧

		台所	居間 LDKのL	寝室	書斎など	外気	暖房器具等の使用場所	使用暖房器具等の種類	凡　例	
RC造等の集合住宅	1		90.0	91.0	39.5	37.4	L	E	台所	K
	2	59.9	25.5	60.0	25.7	21.5	K L	E C	居間	L
	③		14.1	13.6	7.4	18.6	L	G	寝室	B
	4	50.3	62.9	26.5	25.9	22.1	L	E N	○印はLDKタイプを示し、	
	⑤	55.2	25.9	45.6		28.7	K L B	F E E	その他はLとKが分離している。	
	⑥	39.9		54.7	15.4	40.1	L B	E E		
	7	17.5	15.4	17.5		29.0	L	A	開放型石油ストーブ	A
	⑧		97.4	90.5	51.8	31.7	L	A	BF型石油ストーブ	C
在来構法の木造戸建住宅	①	66.7	47.6	47.8	58.5	24.8	K L B	F D A N	FF型石油ストーブ	D
	2	26.8	37.6	14.2	2.6	12.8	K L B	F A A N	開放型ガスストーブ	E
	3	23.4	26.5			24.8	K L	A A	開放型ガス湯沸し器	F
	④	70.5	71.5	98.0	19.0	10.6	K L B	F A E	FF型ガスストーブ	G
	5	21.1	19.0	18.9	15.4	12.9	L	M	BF型ガス湯沸し器	H
	6	63.9	17.3	22.7	17.9	12.0	K L	E D	煙突付きガス湯沸し器	I
鉄骨プレハブ戸建住宅 ○		49.5	39.0	15.0	11.3	30.9	K L B	H M M	ヒートポンプ暖房	J
									電気による暖房	M
木造プレハブ集合住宅 ○		20.3	23.9			23.4	K L	I J N	（その他禁煙あり）	N

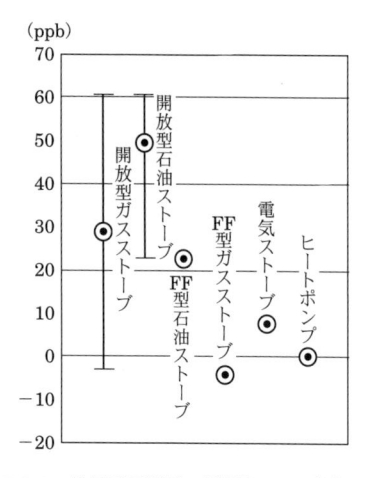

図-2.5.1　使用暖房器具の種別とLDK濃度の増加

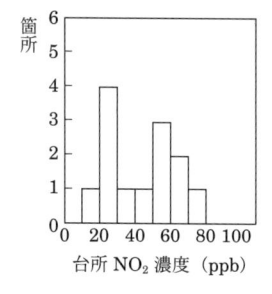

図-2.5.3　台所の濃度分布

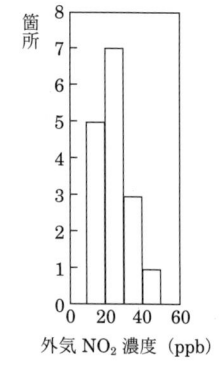

図-2.5.2　外気濃度分布

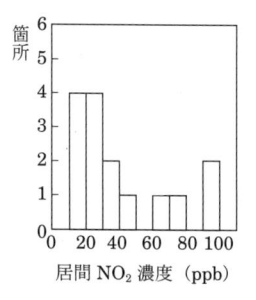

図-2.5.4　居間の濃度分布

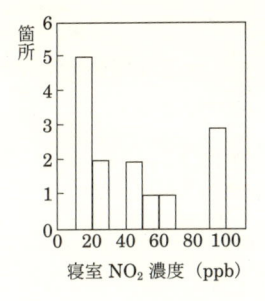

図-2.5.5 寝室の濃度分布

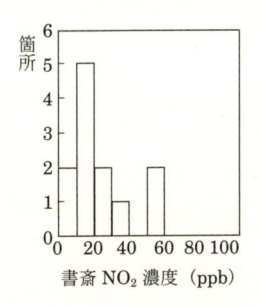

図-2.5.6 書斎等の濃度分布

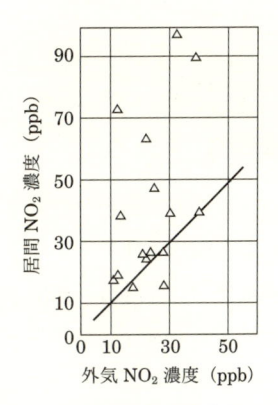

図-2.5.7 外気濃度と居間濃度との関係

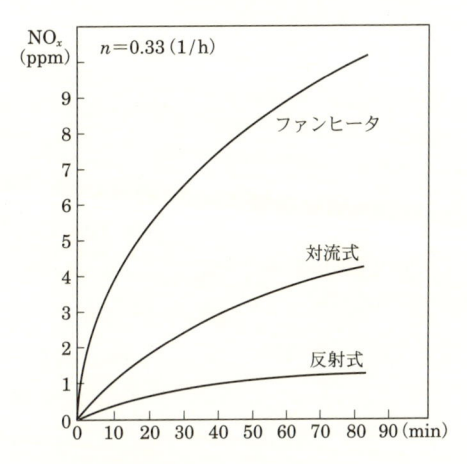

図-2.5.8 石油暖房器具の使用に伴う室内NO_x濃度の上昇性

を使用した場合におけるNO_x濃度の上昇性を予測したものである．時間の経過に伴うNO_x濃度の上昇性は，反射式，対流式，ファンヒータの順に大きくなることが示されている．なお，各器具の発熱量は3 000～3 200（kcal/h）とほぼ等しい（予測条件等は，1.4.1節 建築部材・機器からの発生機構を参照のこと）．

2.5.4 室内濃度のガイドライン

大気汚染防止法による環境基準値が定められており，1時間値の日平均値は0.04から0.06ppm以下となっている．

2.5.5 発生量

窒素酸化物の主たる室内発生源が燃焼形式の開放型暖房器具であることから，開放型暖房器具の発生量を求める研究が吉澤，野﨑[12),14),15),22)]，Leaderer[10)]，Traynor[11)]らにより行われている．

特に，北米大陸では日本製の開放型石油暖房器具がしばしば用いられており，同器具による室内空気汚染に対する関心は高い．

開放型石油暖房器具は，反射式，対流式，ファンヒータに分類される．野﨑[12),22),23)]らは，これらの器具のNO_x，NO，NO_2毎の発生量を求めている．1.4.2節で述べられているように，灯油1kg当たりの器具発生量（mL/kg）は，ファンヒータ，対流式，反射式の順に小さくなる．

NO_xの生成機構に関しては，特に燃焼温度との関係についての多くの報告[16)]が成され，既にその大まかなメカニズムも明らかにされている[15),18),19)]．石油暖房器具の燃焼において発生するNO_xはThermal NO_xとFuel NO_xに大別され，発生比率に関して，前者が支配的であると言われている[18),19)]．

石油暖房器具における窒素酸化物発生量は，器具の定格発熱量によって決定されるのではなく，主として器具の燃焼形式により決定されること

2.5.6 発生特性

室内で開放型暖房器具を使用する場合には，必然的に微少な室内酸素濃度低下が生ずる。吉澤はこの微少な濃度低下に注目し，器具の汚染物質発生特性が変化すること報告している。そこで，吉澤，野崎[14),15),22)]は室内酸素濃度の低下に関わる器具の窒素酸化物発生特性を求める一連の研究を行っており，室内酸素濃度の低下に伴い，器具の窒素酸化物発生量が一次的に減少することを定量的に明らかにしている（1.4.2節参照）。

2.5.7 汚染防止対策

（1） 機械工学的対策の適応

室内窒素酸化物汚染の実態は深刻であり，発生源強度の大きい燃焼器具に関する汚染防止対策の確立が待たれている。器具の窒素酸化物の低減対策に関しては，燃焼工学の分野において様々な技術開発が行われ，(a) 希薄予混合燃焼，(b) 排気再循環，(c) 濃淡燃焼，(d) 水噴射と水蒸気噴射，(e) 緩慢混合，(f) 二段燃焼，(g) 火炎形状の変更等が確立した制御技術となっている。

これらの開発技術が，家庭用燃焼器具にも用いられている。例えば，(g) の火炎形状の変更は火炎の最高温度を低下させるために火炎を分割したり，膜状に薄く引き延ばして，熱損失を増大させるものであり，家庭用暖房器具にもその適応が図られている。

（2） 総合的対策の推進

室内窒素酸化物汚染の低減のためには，機械工学的対策と建築工学的対策が同時に推進されなければならない[13)]。

① 器具製作者と建築工学者との情報交換が行われた上での製品開発が望まれる。

特に，燃焼器具使用により必然的に生ずる室内酸素濃度の低下は，器具の汚染物質発生特性を変化させるものであり，室内酸素濃度低下を考慮した器具開発を行う必要がある。

② また，建築物の換気性状や仕上げ材の吸着特性は，室内濃度の低減に大きな影響力を持っている。これらの建築的情報を駆使した濃度低減化手法の開発が求められる。例えば，NO_2 の建築仕上げ材への吸着に関しては，宮崎らの研究[20)]がある。

③ 各種汚染物質の健康影響に対する許容基準値と器具発生量，発生特性の現状を踏まえて，必要換気量の提案が急務であると思われる。

引用文献

1) Melia et al.：Differences in NO_2 levels in kitchens with gas or electric cookers, Atmos. Environ., Vol.12, pp.1379-1381 (1978)

2) M.D. Keller et al.：Respiratory illness in households using gas and electric cooking., 1. Survey of incidence., Environmental research 19, pp.495-515 (1979)

3) Shenker et al.：Risk factors for childhood respiratory diseases The effect of host factors and home environmental exposures., Am. Rev. Respir. Dis., Vol.128, pp.1038-1043 (1983)

4) Ware et al.：Passive smoking, gas cooking and respiratory health children living in six cities., Am. Rev. Dis. Respir. Dis., Vol.129, pp.366-374 (1984)

5) B.D. Goldstein, et al.：The relation between respiratory illness in primary schoolchildren and the use of gas for cooking Ⅱ. Factors affecting nitrogen dioxide levels in the home, Int. J. Epidemiol., Vol.8, pp.339-345 (1979)

6) Melia et al.：Association between gas cooking and respiratory disease in children., British Medical Journal 16, pp.149-152 (1977)

7) Brian P. Leaderer et al.：Residential exposures to NO_2, SO_2 and HCHO associated with unvented kerosene space heaters, gas appliances and sidestream tobacco smoke, INDOOR AIR '84, pp.151-154

8) 野崎淳夫，吉澤晋，小峯裕己：パッシブ法による室内 NO_2 濃度とその構成要因について（燃焼器具による室内空気の汚染と防止に関する研究（第一報）），日本建築学会計画系論文報告集，第416号，pp.9-16 (1991)

9) 大塚裕之，野崎淳夫，吉澤晋，池田耕一，入江建久：暖房器具の使われ方と室内空気汚染（その4），日本建築学会大会学術講演梗概集 (1992.8)

10) Brian, P. Leaderer：Air Pollutant Emissions from Kerosene Space Heaters, Science, Vol.218, pp. 1112-1115 (1982.10)
11) Gregory, W. Traynor, et al.：Pollutant Emissions from Portable Kerosene Fired Space Heaters, Environ. Sci. Technol., Vol.17, No.6, pp.369-371 (1983)
12) 野崎淳夫 他：空気清浄ハンドブック，オーム社 (2001)
13) Susumu Yoshizawa：Japanese Experiences on the Control of Indoor Air Pollution by Combustion Appliances. Proc. of 3rd International Conf. on IndoorAir Quality and Climate. pp.193-198 (1984)
14) Nozaki A., Yoshizawa S., Ikeda K.：Prediction of Nitrogen Dioxide Concentrations in Residences with Unvented Kerosene Fired Space Heaters, Healthy Buildings, Vol.1, pp.561-566 (1995)
15) Nozaki A., Yoshizawa S., Ikeda K.：A study on the Prediction of Nitrogen Oxides Indoors with Flue-less Kerosene Heaters, Proc. of the 3th International Conference on Healthy Buildings, Vol.2, pp.167-172 (1994)
16) 日本化学会編：窒素酸化物，丸善 (1977)
17) 野崎淳夫，吉澤晋，小峯裕己：室内酸素濃度の変化が石油ストーブ，ファンヒーターのNO$_x$，CO発生特性に及ぼす影響，日本建築学会計画系論文報告集，第411号，pp.9-16 (1991)
18) 水谷幸夫：燃焼工学，pp.214-216，森北出版 (1989)
19) 辻正一：燃焼機器工学，pp.94-97，日刊工業新聞社
20) 宮崎竹二：各種建築材料の吸着性状について，日本建築学会計画系論文報告集，pp.92-100 (1983.11)
21) 池田耕一：室内空気汚染の現状と対策，p.30，日刊工業新聞社 (1998)
22) 野崎淳夫，吉澤晋：室内酸素濃度の変化が石油ストーブ，ファンヒーターのNO$_x$，CO発生特性に及ぼす影響（その2），日本建築学会計画系論文報告集，第411号，pp.9-16 (1990)
23) Nozaki A, Yoshizawa S. et al.：A study on the Emission Characteristics of Nitrogen Oxides from Unvented Kerosene Space Heaters, 12th International Symposium on Contamination Control, pp.295-299 (1994)

2.6 SO_x

2.6.1 概要

(1) 化学的物理的性質

SO_x(硫黄酸化物)とは,硫黄と酸素の化合物のことで,SO,S_2O_3,SO_2(硫黄酸化物,亜硫酸ガス),SO_3(三酸化硫黄),S_2O_7,SO_4の6種類が知られている。大気汚染,室内空気質環境では,主としてSO_2のことをいう。

SO_2は無色で呼吸器刺激性のガスで,融点 -75.5℃,沸点 -10.1℃,密度 2.926,比重 2.264kg/m³ [1]),水に易溶性という特性を持つ。

自然界では火山の噴火,海洋微生物などから発生する。2000年の三宅島の噴火により,島内観測地点でのSO_2濃度の最大値は,5~21ppmを記録した。この噴火の影響により東京都八王子市でも0.935ppmを記録した。

SO_2は,石炭,重油などの硫黄を含む燃料の燃焼排気ガス中に含まれるため,自動車,事業所等の排気に起因する主要な大気汚染物質の一つとなっている。

(2) 人体影響

人体への短期的影響は眼,鼻,喉,気管支などの上部気道に対する刺激であり,長期的には慢性気管支炎,気管支ぜん息の原因となる。また,肺胞沈着性粒子に吸着されると下部気道に到達し,肺機能の低下をもたらす。四日市ぜん息などのいわゆる公害病の原因物質のひとつである。表-2.6.1[2])にSO_2濃度とその影響を示す。

生態系への影響が大きい酸性雨の主要な原因物質として硫黄酸化物と窒素酸化物などが考えられている。これらは大気中でイオン化して雨水に取

表-2.6.1 SO_2濃度とその影響[2])

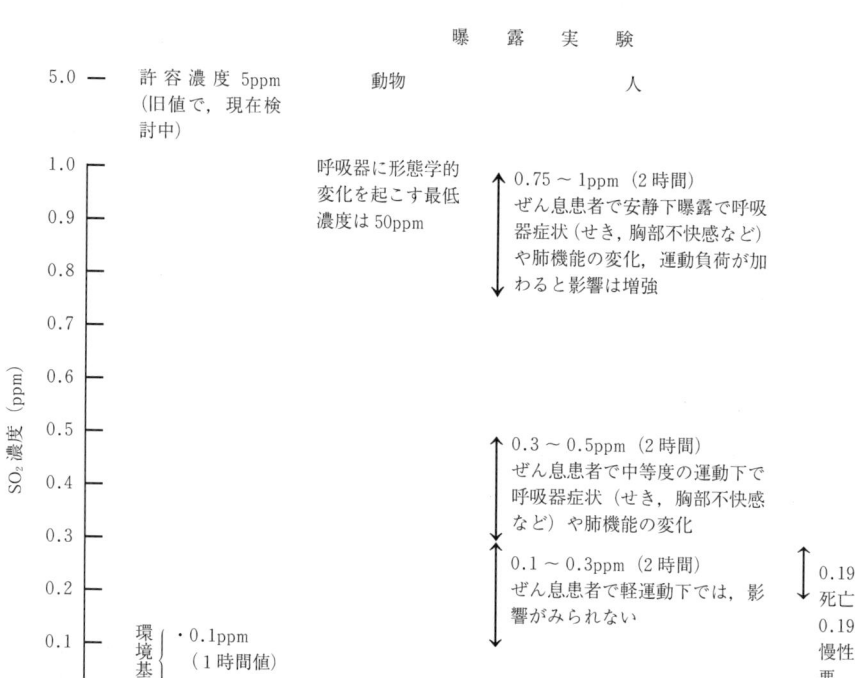

SO_2濃度(ppm)		曝露実験		疫学
		動物	人	
5.0	許容濃度 5ppm(旧値で,現在検討中)			
1.0〜0.7		呼吸器に形態学的変化を起こす最低濃度は 50ppm	↕ 0.75〜1ppm(2時間) ぜん息患者で安静下曝露で呼吸器症状(せき,胸部不快感など)や肺機能の変化,運動負荷が加わると影響は増強	
0.5〜0.3			↕ 0.3〜0.5ppm(2時間) ぜん息患者で中等度の運動下で呼吸器症状(せき,胸部不快感など)や肺機能の変化	
0.2			↕ 0.1〜0.3ppm(2時間) ぜん息患者で軽運動下では,影響がみられない	↕ 0.19〜0.3ppm(日平均値)死亡率の増加 0.19ppm(月平均値)慢性気管支炎患者の症状の増悪
0.1〜0	環境基準 ・0.1ppm(1時間値) ・0.04ppm(日平均値)			

り込まれて，酸性度の高い（pH5.6 以下）雨となる。

2.6.2 法規制と現状

（1） 法規制

日本では，大気汚染に関する SO_2 の環境基準としては，公害対策基本法に基づく告示（昭和48年5月16日改定）により「人の健康を保護するうえで維持することが望ましい基準」として，表-2.6.2[3]のとおり定めている。また，大気汚染防止の観点から排出基準，総量規制などが併せて行われている。

表-2.6.2 二酸化硫黄（SO_2）の環境基準

二酸化硫黄	1時間値の1日平均値が 0.04ppm 以下であり，かつ，1時間値が 0.1ppm 以下であること（48.5.16 告示）

産業労働環境では，SO_2 の基準として，日本産業衛生学会勧告値の許容濃度 5ppm が定められている。

一方，日本の SO_2 に関しての一般室内の環境基準は，現在のところ存在していない。空気調和・衛生工学会による換気規準[4]では，WHO の1時間基準値である 130ppb（25℃，1気圧で換算）を設計基準濃度としている。

（2） 外気レベルの現状

SO_2 濃度の年平均の推移を図-2.6.1[5]に示す。平成10年度の年平均値は一般局では 0.004ppm，自排局では 0.006ppm である。近年，二酸化硫黄の年平均値は，昭和40～50年代に比べ著しく減少して横這い，もしくは減少傾向にある。ただし，この結果は火山等自然要因を除いたものである。

（3） 室内濃度の現状

表-2.6.3[6]に各種暖房機器使用時における室内汚染物質濃度の測定結果を示す。SO_2 濃度には使用器具による差はほとんどなく，日平均で 0.01ppm 程度，1時間値の最高値で 0.023～0.028ppm という値である。これらの値は空気調和・衛生工学会の換気規準より一桁低い値である。

防音校舎環境衛生調査研究班[7]は，東京都大田区内の中学校の防音校舎において室内外の SO_2 濃度の判定を行い，SO_2 は空気調和設備および室内表面に吸着を生ずることから，室内濃度は屋外濃度の 0.3～0.4 倍程度であると考えられると報告している。前述の表-2.6.3[6]において室内濃度が屋外濃度に比べて低くなっていることはこの報告とも一致している。

2.6.3 測定法

SO_2 の測定法として現在よく用いられている方法には，化学分析法[8]としてはトリエタノールアミン・パラロザニリン法，自動計測器による方法[9]としては，溶液導電率法，紫外線蛍光法などがある。

（1） トリエタノールアミン・パラロザニリン法

吸光光度法の一種であり，トリエタノールアミン溶液に SO_2 を吸収する。これをパラロザニリン・ホルムアルデヒド溶液を加えると赤紫色に呈色する。この溶液の波長 560nm 付近の吸光度を測定して，SO_2 濃度を求める。

（2） 溶液導電率法

試料空気を吸収液（過酸化水素と硫酸を混合したもの）に吸収させて，この溶液の導電率の変化

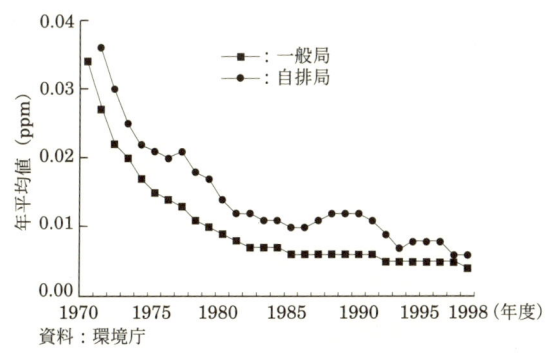

図-2.6.1 二酸化硫黄（SO_2） 濃度の年平均値の推移

表-2.6.3 各種暖房器具使用時における室内汚染物質濃度

ガス：ppm
浮遊粒子状物質：$\mu g/m^3$

暖房器具の種類	調査機関	汚染物質	測定日数	1時間値の最高	日平均値の最高	調査機関中の全平均値
一般大気測定局[*1]	1984.11. 1 1985. 2.28	SO_2	118	0.083	0.033	0.0013
		SPM	118	481	223	64
		NO_2	118	0.142	0.077	0.037
		NO	106	0.321	0.160	0.054
		CO	119	12.1	3.4	1.1
非暖房シーズン	1984.11.18 1985.11.28	SO_2	11	0.020	0.016	0.011(0.006)[*2]
		SPM	11	130	69	29(48)
		NO_2	11	0.070	0.022	0.017(0.028)
		NO	11	>0.5	0.209	0.135(0.049)
		CO	9	7.0	4.0	2.0(1.1)
		CO_2	9	2 600	1 639	1 223
		HCHO	11	0.070	0.049	0.033
石油ファンヒータ	1984.12. 7 1984.12.18	SO_2	12	0.028	0.012	0.010(0.007)
		SPM	12	120	68	35(62)
		NO_2	12	0.275	0.054	0.039(0.029)
		NO	12	>0.5	0.249	0.180(0.058)
		CO	12	11.0	5.0	3.1(1.4)
		CO_2	12	3 900	1 829	1 438
		HCHO	12	0.068	0.047	0.042
石油ストーブ	1984.12.27 1985. 1. 7	SO_2	12	0.028	0.012	0.011(0.007)
		SPM	12	117	42	23(48)
		NO_2	12	0.220	0.062	0.042(0.028)
		NO	12	>0.5	0.264	0.123(0.047)
		CO	12	21.0	5.0	3.2(1.4)
		CO_2	12	>5 000	2 329	1 908
		HCHO	12	0.082	0.043	0.036
排気型ガスストーブ	1985. 1.13 1985. 1.23	SO_2	11	0.023	0.009	0.008(0.009)
		SPM	11	115	44	25(48)
		NO_2	11	0.184	0.037	0.025(0.032)
		NO	11	>0.5	0.155	0.117(0.059)
		CO	11	8.0	3.0	1.9(1.5)
		CO_2	11	3 000	1 723	1 367
		HCHO	11	0.048	0.034	0.030
ガスストーブ	1985. 1.29 1985. 2. 7	SO_2	10	0.026	0.011	0.009(0.007)
		SPM	10	109	42	26(47)
		NO_2	10	0.210	0.058	0.047(0.032)
		NO	10	>0.5	0.172	0.130(0.049)
		CO	10	11.0	4.0	3.1(1.4)
		CO_2	10	>5 000	2 339	1 976
		HCHO	10	0.063	0.043	0.035

*1 東京都八王子市一般大気汚染測定局
*2 （ ）内は東京都八王子市一般大気汚染測定局の調査期間中の平均値

により SO_2 の濃度を求める方法である。この方式の測定器には，間欠形と連続形の二種類のものがある。間欠形とは一定時間試料空気を吸収液に吸収して，時間平均値として濃度を測定することを周期的に行うものである。連続形とは吸収液の送液，試料空気との接触を連続的に行い，瞬時値として濃度を測定するものである。間欠形は連続形に比べて吸収液の蒸発による誤差があるが，吸収液に対する試料空気量（気液比）が多いことから感度が良く，安定性が高いため，市販されているものは間欠形が多い。

（3）紫外線蛍光法

SO_2 に紫外線（220nm）を照射することにより

励起状態の SO_2 を生じ，この SO_2 が発生する蛍光（350nm）の強度により濃度を求める。

2.6.4 室内濃度予測方法

SO_2 は建材などへの吸着を生じるため，室内濃度を予測するには吸着を考慮しなければならない。長時間経過した場合の室内濃度予測式は式（1）[10]で表される。ただし，吸着されたものの再放出がないものとする。

$$C = \left(C_0 + \frac{M}{Q}\right) \times \frac{1}{\left(1 + \frac{aS}{Q}\right)} \quad (1)$$

C：室内濃度 [m³/m³]
C_0：外気濃度 [m³/m³]
Q：換気量 [m³/h]
M：発生量 [m³/h]
a：吸着速度 [m/h]
S：吸着面積 [m²]

引用文献

1) 国立天文台編：理科年表（机上版）平成12年，丸善（2000）
2) 公害防止の技術と法規編集委員会編：公害防止の技術と法規［大気編］，産業公害防止協会（1992）
3) 環境庁ホームページ：環境基準 大気汚染に係る環境基準（2000）
4) 空気調和・衛生工学会：換気規準・同解説 HASS 102-1997（1997）
5) 環境庁ホームページ：環境庁報道発表資料 平成11年度大気汚染状況について（2000.10）
6) ビル管理教育センター：平成8年度快適な暮らしのスタイル開発促進事業報告書：建材・機械等の揮発性有機化合物質に関する調査研究，ビル管理教育センター
7) 防音校舎環境衛生調査研究班：東京都大田区防音校舎 環境衛生調査報告，空気清浄第9巻第6号（1972）
8) JIS K 0095：1999 排ガス試料採取方法
9) JIS B 7952：1996 大気中の二酸化硫黄自動計測器
10) 大気汚染の室内影響について：日本建築学会関東支部内38回研究発表会（1967年）

2.7 臭　気

2.7.1 はじめに

　我々を取り巻く生活空間には，好ましいものや好ましくないものなど，多種多様のにおいが存在し，においのない空間などまずないといってよい。人類は古くより不快なにおいをマスキングする目的で，香りを用い，儀式や化粧に香料を，食欲増進のために香辛料を珍重してきた。近年，生活水準の向上と共に居住空間の快適性を志向する欲求が高まり，においがそれを左右する一要因として注目されている。

　「におい」は通常良いにおいと悪いにおいの両方に用いられ，人の嗅覚で感知するあらゆる刺激の総称と考えている。においのうち，一般に鼻で感じる快いにおいを「匂い」，不快なにおいを「臭い」として区別する。また，においの生理面よりもにおい成分そのものを強調する場合は，快いにおいを「香気」，不快なにおいを「臭気」と呼ぶ。さらに，「悪臭」はにおいの生理面よりも心理的な不快感を引き起こす場合に用いることが多い。

2.7.2 臭気の人体影響[1)~4)]

(1) 嗅覚の仕組み

　においの感覚は嗅覚と呼び，味覚と共に化学的環境を識別する感覚である。味覚が接触性であるのに対し，嗅覚は遠隔性という特徴がある。

　嗅覚は視覚や聴覚に比し，進化の早い段階で備わった感覚で，それだけに嗅覚刺敷は自律神経系や情動反応に直接作用する度合いが大きく，主情的感覚とも呼ばれ，快・不快などの感情への影響度が高い。芳香，悪臭など主観的分類が用いられ，視覚や聴覚のように抽象化された概念による類別が困難なところに特徴がある。

　嗅覚を生じさせるにおい物質は一般に揮発性の化学物質の分子であり，拡散または気流により空気中を伝播する。におい分子は吸気とともに鼻腔に入る。食べ物の場合は，このほかに口腔より逆流して鼻腔に入るにおいのルートもある。鼻腔の上部には嗅裂と呼ばれる部位があり，そこの粘膜に覆われた嗅上皮（嗅粘膜）ににおい分子が達することにより，嗅上皮が保持している嗅細胞によりインパルス（電気信号）が発生し，そのインパルスが第一次中枢である嗅球を経由して脳中枢に達することによりにおい認識が起こる。これを主嗅覚系と呼ぶ。鼻腔や口腔内には，嗅神経末端（嗅細胞）のほかに三叉神経，舌咽神経，迷走神経の末端もあり，におい物質に感応するが，それは刺激としてである。いい換えると，検知はするが，認知はしていないので，この系を副嗅覚系と呼んでいる。

(2) 嗅覚の特性

1. 嗅覚に限らずすべての感覚は刺激強度と感受性の間に Weber-Fechner の法則が基本的に成り立っている。すなわち，

$$I = k \, \log(C/C_0)$$

ここで，I はにおい感覚の強度（嗅力），k は常数，C は臭気物質の濃度，C_0 は検知閾値である。

　この関係は感覚器が正常に機能する範囲に限られている。大変弱い刺激に対しては感覚器は働かず，ある強さになってから初めて感じる。これを感覚上では閾値と呼んでいる。

2. 嗅細胞は単独の嗅覚刺激物質にのみ応答するのではなく，複数のにおい物質の情報を伝達する。嗅覚の知覚機構について確立した説はないが，以下の Across Fiber Patern 説は注目される。

　嗅細胞での膜電位変化の大きさは，嗅神経でインパルス頻度に変換され，各神経は異なったにおいに対して異なった応答を示すので，神経束全体

2.7 臭　気

での応答パターンは脳によって情報処理され，各においが知覚されるというものである。

　次に，色の三原色や味の五基本味のように，においにも基本臭，原臭というものがあるかということであるが，一時，Amoor(1962)の7原香分類説が有名であったが，その後，アミノ酸配列や空間的分布からみて，原香は1000種類ぐらいありうると推定している。高濃度のときと低濃度のときでちがったにおいとなる場合が多いが，この理由は不明である。

3．あるにおいをしばらくの間嗅ぐと，そのにおいを感じられなくなるか，あるいは非常に弱くしか感じられなくなる。この現象を順応(adaptation)という。この順応現象はその嗅いでいるにおいに対して感じ方が弱くなってくるが，他のにおいに対しては当初の敏感さを失っていない。したがって，自己順応または選択的嗅覚疲労とも呼ぶ。自己順応はすべてのにおい物質に等しく起こるのではなく，順応しやすいものとしにくい物質がある。また，ある特定のにおいに順応すると，他のあるにおいの感じ方も弱くなる現象もある。これを交叉順応（相互順応）という。

4．交通事故や病気により，まったくにおいを感じなくなることがある。これを嗅覚脱失といい，社会生活上支障をきたす。一方，ある特定のにおいのみを感じないか，感度が鈍い場合は実生活上大して不便を感じないため，本人も気づかないことがよくある。この嗅盲，ないしは特異的無嗅覚症は意外に多い。嗅覚パネルが必要な嗅力があるかどうかを判定するT&Tオルファクトメータの基準臭も嗅盲が多いことから選ばれた。

5．視覚や聴覚と同様に嗅覚も個人差，性差，年齢差がある。加齢とともに感度が低下するし，順応しやすくなることも認められている。また，一般に男性の方が女性より嗅力は低く，加齢減退の割合も男性の方が大きいといわれている。

6．においの感じ方や嗅力は喫煙時や体調を崩した時などは低下する。女性では月経周期により感度が変動することが多い。しかし，これらの変動はすべてのにおいに均一でなく，においの質によって異なる。

　一方，外的要因として，温湿度の影響があるといわれている。特に，湿度の影響が大きいといわれているが，湿度が増すとにおいを強く感じたり，弱く感じたり，また，湿度にほとんど関係しないにおいもある。

（3）　におい分子の特性

　においのある化合物は30～50万あるといわれている。このにおい分子の特性は以下のようになる。

1．嗅覚受容器を刺激するためには，におい分子は気体状でなければならない。一般に物質の蒸気圧は沸点の関数であり，沸点の高い分子は蒸気圧が低い。したがって，あまり沸点の高い分子はにおわない。例えば，金属，無機塩，塩基，高分子物質などはにおわない。通常，分子量は300以下のものがにおう。

2．嗅上皮の表面は粘液に覆われており，においの分子はわずかでも粘液層にいったん溶けないと嗅覚受容器に到達しない。したがって，水および脂質にある程度溶解しなければならない。例えば，メタン，エタンやプロパンのように水に溶けない炭化水素は前述の性質を持っているが，におわない。しかし，水に溶けやすいほど，においが強いわけではなく，むしろ，水に溶け難い疎水性の高い分子ほど低濃度でにおいがする。その性質は水－有機溶媒系での有機溶媒への分配係数で表される。有機溶媒への分配係数が非常に小さい，窒素，酸素，ヘリウム，一酸化炭素，炭酸ガスなどはにおわない。におい分子が嗅覚を誘発する濃度領域はにおい分子ごとに大きく異なる。一般に，嗅覚を誘発するにおい分子の閾値濃度とその分子の有機溶媒への分配係数の間には比較的良い相関がある。

3．カルボニル基，水酸基，エステル基などの官能基や不飽和結合を持っているものがにおう。炭化水素の場合，無臭は低級なもので，高級になるにつれ，においが強くなり，炭素数C8～C15の間でもっとも強いにおいになる。アルコール類で

は，炭素の数によって著しくにおいが変わる。また，化合物の酸素と硫黄が入れ替わると，非常に強いにおいになる。さらに，アルキル基に硫黄が結合すると，硫化メチルのように強い不快臭を発する。

以上は分子特性からみたにおいの説明であるが，例として挙げた無臭の気体はむしろ少なく，一定の蒸気圧を有するほとんどの物質がにおう。気体状になる物質は有機化合物が圧倒的に多く，におい物質の99%以上は有機化合物である。
4．色の補色のように，混合して白または灰色になるような「におい」の打ち消しが存在するといわれているが，実際にはそのような物質を見出すことは難しい。そこで，臭気をなくすために，脱臭剤や香水によるマスキングを利用している。

A・B 2種類の臭気物質が混合されると，においの強度は次のようになる。

 独立 $I_{AB}=k\log(C_A または C_B)$
 中和 $I_{AB}<k\log(C_A または C_B)$
 相加 $I_{AB}=k\log(C_A+C_B)$
 相乗 $I_{AB}>k\log(C_A+C_B)$

例えば，塩酸と塩素は相加的，またブタノールとピリジンの混合物は低濃度で相加的であるが，クレゾールを添加すると相乗効果を示す。

2.7.3 臭気の測定・評価方法[4)-12)]

においは我々の身近な問題であるにかかわらず，臭気自体は低濃度多成分の混合気体であり，これが嗅覚にどのように作用して，最終的に一つの感覚量として捕らえているのか未だ解明されず，においの測定・評価法は充分に確立されてない。

臭気の測定法はにおいを構成している化学物質に着目し，その濃度(ppm)で表示する成分濃度法（機器分析法）と，においを人間の嗅覚で評価する主観評価法（嗅覚測定法）とがある。図-2.7.1ににおいの計測法を示す。

(1) 機器分析法

機器分析は色々な化学物質を同定・定量する方法で，再現性，信頼性において優れている。

従来，悪臭防止法などでは，臭気成分の分析はガスクロマトグラフィ（GC）あるいはガスクロマトグラフ質量分析法（GC/MS）が広く用いられていた。臭気分析に使われるGCの検出器は水素炎イオン化検出器（FID），炎光光度検出器（FPD），窒素リン検出器（NPD），質量分析計（MS）である。FPDとNPDは選択的検出器で，特定の臭気成分のみに反応する。一方，FIDとMSは汎用検出器であるが，FIDは選択性に乏しく，MSは高い選択性を持っている。現時点ではMSがもっとも優れた検出器である。しかし，検出器の検出下限値より嗅覚閾値が低濃度である空気中の硫黄系悪臭物質や低級脂肪酸，アルデヒド類を直接分析することはできない。これらを分析するためには，濃縮操作が必要である。気体の場合，悪臭防止法にきめている吸着捕集，低温凝縮，溶媒吸収，反応補集がある。

このように低濃度の臭気成分の測定が可能であ

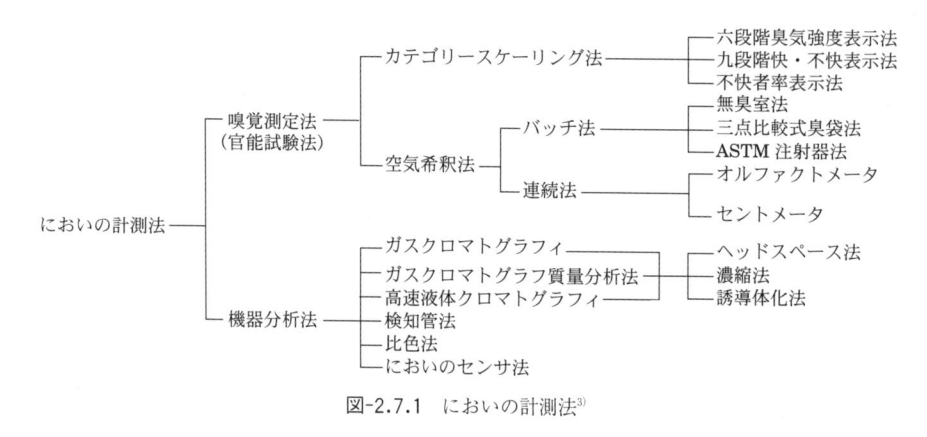

```
においの計測法 ─┬─ 嗅覚測定法 ─┬─ カテゴリースケーリング法 ─┬─ 六段階臭気強度表示法
                │  (官能試験法) │                              ├─ 九段階快・不快表示法
                │               │                              └─ 不快者率表示法
                │               └─ 空気希釈法 ─┬─ バッチ法 ─┬─ 無臭室法
                │                              │            ├─ 三点比較式臭袋法
                │                              │            └─ ASTM 注射器法
                │                              └─ 連続法 ─┬─ オルファクトメータ
                │                                         └─ セントメータ
                └─ 機器分析法 ─┬─ ガスクロマトグラフィ ─┬─ ヘッドスペース法
                               ├─ ガスクロマトグラフ質量分析法 ─┼─ 濃縮法
                               ├─ 高速液体クロマトグラフィ ─────┴─ 誘導体化法
                               ├─ 検知管法
                               ├─ 比色法
                               └─ においのセンサ法
```

図-2.7.1　においの計測法[3)]

2.7 臭　気

表-2.7.1　悪臭物質測定用検知管の仕様[5]

対象物質 (型式 No.)	測定範囲 (ppm)	ガス採取量 (mL)	反応原理	妨害ガス
アンモニア (3S)	0.5～5	750	$2NH_3+H_2SO_4$ $\rightarrow (NH_4)_2SO_4$	アミン類 2ppm で類似変色 アンモニアの1/15以上の共存で高めの誤差
硫化水素 (4S)	0.01～0.2	750	$H_2S+HgCl_2$ $\rightarrow HSHgCl+HCl$	CH_3SH, SO_2, NO_2, NH_3の影響なし
スチレン (124S)	0.2～4	1 000	発煙硫酸により縮重合	ブタジエン2ppm, 10倍以上のアルコール, ケトン, エステル, アルデヒドは変色を薄める

るが，悪臭の主原因物質が不明の場合は機器分析法はあまり役立たないし，また，機器分析の結果が必ずしも臭気の特性とよい相関があるといえない場合もある。

ガスクロマトグラフなどは高価で，高度な技術を要するため，近年増加した悪臭苦情など臭気問題に対処し切れないので，簡易で安価な測定法の確立が望まれる。現在，この簡易測定法として，検知管法とにおいセンサ法がある。

検知管法は作業環境の有害ガス濃度測定に広く用いられている。しかし，一般に悪臭が問題になる濃度レベルは作業環境よりもかなり低いため，検知管の測定感度を大幅に高める必要がある。現在，悪臭防止法に基づく検知管の仕様を**表-2.7.1**に，また，一般検知管法と悪臭物質簡易測定法の比較を**表-2.7.2**に示す。これらの測定法は GC などの機器分析法より精度は劣るが，測定者を限定しない，現場で直に結果が判る，安価などの利点があり，簡易測定法として十分に活用できる。

次に，においセンサは比較的多くのガスに反応し，その結果を電気的に取り出すことができる特徴を持っているため，近年，臭気の連続測定および簡易判定などに広く用いられている。現在，市販されているにおいセンサは2つに大別される。1つは半導体を用いたもので，臭気物質が半導体センサに付着すると，抵抗値が変わり，この変化を電気的に取り出すセンサである。もう1つは水晶振動子の表面に脂質膜を置き，この脂質膜に臭気物質が付着したときに周波数が変化し，この周波数の変化を電気的に取り出す脂質膜式においセンサである。

これらにおいセンサは嗅覚反応と必ずしも一致

表-2.7.2　一般検知管と悪臭物質簡易測定法の相違[5]

	一般検知管	悪臭簡易測定法
サンプリング方式	100mL ガス採取器	電動連続吸引ポンプ
サンプリング速度	非定常減圧吸引	等速吸引
サンプリング時間	0.5～3分間	5分間
使用検知管	一般検知管用	悪臭物質簡易測定用検知管

しない，湿度や温度の影響を受けやすい，不安定であるなど取り扱いには注意が必要である。

通常，評価しようとする臭気の嗅覚測定または機器分析の測定値とこれらセンサの指示値との対応関係を予め明らかにした後，操作の簡単なセンサでその臭気を判定・評価する必要がある。

その他，臭気に代わる物質の濃度を測定して，臭気を評価することもある。悪臭防止法における臭気物質濃度測定法は必ずしも臭気物質すべての成分の濃度を測定するものではない。その臭気を構成している主成分の濃度測定である。屎尿・下水処理場は硫化水素，メチルメルカプタンなど，塗装工場ではイソブチアルコール，酢酸，n-ブチル濃度と官能試験結果がよく対応するといわれている。住民が悪臭による不快感を持つことがない濃度にするために，悪臭物質それぞれの物質について濃度と臭気強度あるいは不快度の詳細な関係を求めている。その一例[4]を**表-2.7.3**，**2.7.4**に示す。また，悪臭物質の規制基準は環境測定ではそれぞれの物質について臭気強度2.5に対応する濃度とし，地域によっては悪臭に対する順応の見られる場合は臭気強度3.5に対応する濃度としている。

建築環境工学では発生源から臭気成分とほぼ比例して発生すると思われる代替物質の濃度を測定

2 各論

表-2.7.3 悪臭物質の濃度と臭気強度の関係

物　質　名	臭気強度 (Y) と物質濃度 (X) との関数関係式 X：ppm	臭気強度						
		1 やっと感知できるにおい	2 何のにおいであるかがわかる弱いにおい	2.5	3 らくに感知できるにおい	3.5	4 強いにおい	5 強烈なにおい
		(ppm)	(ppm)	(ppm)	(ppm)	(ppm)	(ppm)	(ppm)
硫化水素	$Y=0.950\log X+4.14$	5.0×10^{-4}	5.6×10^{-3}	1.9×10^{-2}	6.3×10^{-2}	2.1×10^{-1}	7.2×10^{-1}	8.1
メチルメルカプタン	$Y=1.25\ \log X+5.99$	1.2×10^{-4}	6.5×10^{-4}	1.6×10^{-3}	4.1×10^{-3}	1.0×10^{-2}	2.6×10^{-2}	1.6×10^{-1}
硫化メチル	$Y=0.784\log X+4.06$	1.2×10^{-4}	2.3×10^{-3}	1.0×10^{-2}	4.4×10^{-2}	1.9×10^{-1}	8.3×10^{-1}	16
ホルムアルデヒド	$Y=1.53\ \log X+1.59$	4.1×10^{-1}	1.9	3.9	8.4	18	38	170
アセトアルデヒド	$Y=1.01\ \log X+3.85$	1.5×10^{-3}	1.5×10^{-3}	4.7×10^{-3}	1.5×10^{-1}	4.6×10^{-1}	1.4	14
プロピオンアルデヒド	$Y=1.01\ \log X+3.86$	1.5×10^{-3}	1.5×10^{-3}	4.6×10^{-3}	1.4×10^{-1}	4.5×10^{-1}	1.4	13
n-ブチルアルデヒド	$Y=0.900\log X+4.18$	2.9×10^{-4}	3.8×10^{-3}	1.4×10^{-2}	4.9×10^{-2}	1.8×10^{-1}	6.3×10^{-1}	8.1
n-ブチルアルデヒド(2回目)	$Y=1.03\ \log X+4.61$	3.2×10^{-4}	2.9×10^{-3}	8.9×10^{-3}	2.7×10^{-2}	8.2×10^{-2}	2.5×10^{-1}	2.3
イソブチルアルデヒド	$Y=1.06\ \log X+4.23$	9.0×10^{-4}	7.9×10^{-3}	2.3×10^{-2}	6.9×10^{-2}	2.1×10^{-1}	6.1×10^{-1}	5.3
n-バレルアルデヒド	$Y=1.36\ \log X+5.28$	7.1×10^{-4}	3.8×10^{-3}	9.0×10^{-3}	2.1×10^{-2}	4.9×10^{-2}	1.1×10^{-1}	6.2×10^{-1}
イソバレルアルデヒド	$Y=1.35\ \log X+6.01$	1.9×10^{-4}	1.1×10^{-3}	2.5×10^{-3}	5.9×10^{-3}	1.4×10^{-2}	3.2×10^{-2}	1.8×10^{-1}
メチルイソブチルケトン	$Y=1.65\ \log X+2.27$	1.7×10^{-2}	6.8×10^{-1}	1.4	2.8	5.5	11	45
酢酸エチル	$Y=1.36\ \log X+1.82$	2.5×10^{-1}	1.4	3.2	7.4	17	40	220
プロピオン酸 (1回目)	$Y=1.46\ \log X+5.03$	1.7×10^{-3}	8.4×10^{-3}	1.9×10^{-2}	4.1×10^{-2}	9.0×10^{-2}	2.0×10^{-1}	9.7×10^{-1}
プロピオン酸 (2回目)	$Y=1.38\ \log X+4.60$	2.4×10^{-3}	1.3×10^{-2}	3.6×10^{-2}	6.9×10^{-2}	1.6×10^{-1}	3.7×10^{-1}	1.9
n-酪酸 (1回目)	$Y=1.16\ \log X+5.66$	9.6×10^{-5}	7.0×10^{-4}	1.9×10^{-3}	5.1×10^{-3}	1.4×10^{-2}	3.7×10^{-2}	2.7×10^{-1}
n-酪酸 (2回目)	$Y=1.29\ \log X+6.37$	6.8×10^{-5}	4.1×10^{-4}	1.0×10^{-3}	2.4×10^{-3}	6.0×10^{-3}	1.5×10^{-2}	8.7×10^{-2}
n-吉草酸	$Y=1.58\ \log X+7.29$	1.0×10^{-5}	4.5×10^{-5}	9.3×10^{-4}	1.9×10^{-3}	4.0×10^{-3}	8.2×10^{-3}	3.5×10^{-2}
イソ吉草酸	$Y=1.09\ \log X+5.65$	5.3×10^{-5}	4.4×10^{-4}	1.3×10^{-3}	3.7×10^{-3}	1.1×10^{-2}	3.0×10^{-2}	2.5×10^{-1}
イソブタノール (イソブチルアルコール)	$Y=0.790\log X+2.53$	1.2×10^{-2}	2.2×10^{-1}	9.3×10^{-1}	4.0	17	74	1 400
アンモニア	$Y=1.67\ \log X+2.38$	1.5×10^{-1}	5.9×10^{-1}	1.2	2.3	4.6	9.2	37
トリメチルアミン	$Y=0.901\log X+4.56$	1.1×10^{-4}	1.4×10^{-3}	5.2×10^{-3}	1.9×10^{-2}	6.7×10^{-2}	2.4×10^{-1}	3.0
トルエン	$Y=1.40\ \log X+1.05$	9.2×10^{-1}	4.8	11	25	56	130	660
スチレン	$Y=1.42\ \log X+3.10$	3.3×10^{-1}	1.7×10^{-1}	3.8×10^{-1}	8.4×10^{-1}	1.9	4.3	22
キシレン ($o:m:p=1:2:1$)	$Y=1.53\ \log X+2.44$	1.1×10^{-1}	5.2×10^{-1}	1.1	2.3	4.9	10	47

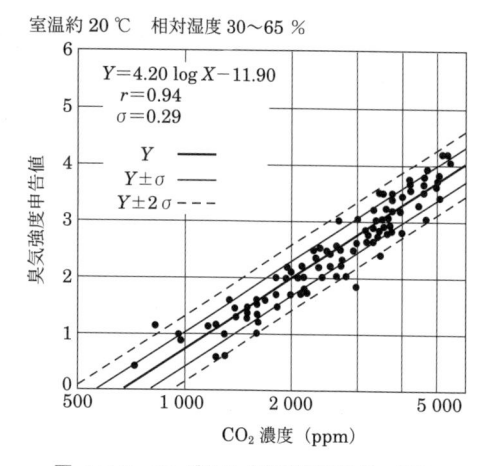

図-2.7.2 CO_2 濃度と臭気強度申告値の関係

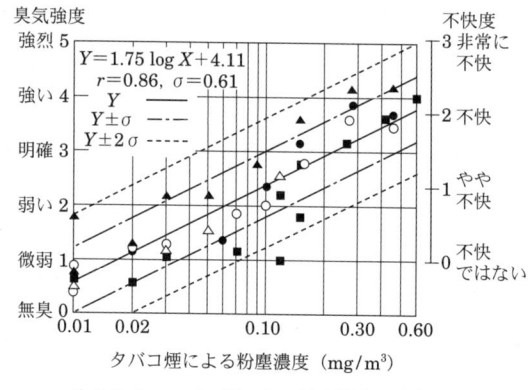

図-2.7.3 タバコ煙による粉塵濃度と主観評価

し，その臭気濃度を推定する方法をとる場合がある。例えば，図-2.7.2[6] のように人の呼吸作用により増加した CO_2 濃度を体臭に代わるものと仮定したり，図-2.7.3[7] のように喫煙により増加した粉塵や CO の濃度をタバコ臭に代わるものと仮定している。しかし，この場合，CO_2 発生が同じでも，在室者の食事，入浴，発汗状態などで体臭が異なるし，また，タバコ臭も空気清浄機の使用で，その対応が変わるため，注意しなければならない。

(2) 嗅覚測定法

嗅覚測定法は人間の嗅覚を用いて臭気を数量化する方法で，以前には臭気官能試験法と呼んでいた。一般に我々が感じる臭気は多成分・微量物質

表-2.7.4 悪臭物質の濃度と不快度の関係

物　質　名	不快度(Z)と物質濃度(X)との関数関係式　単位X：ppm	不快度 -1 やや不快 (ppm)	不快度 -2 不快 (ppm)	不快度 -3 非常に不快 (ppm)
硫化水素	$Z = -1.05 \log X - 2.82$	1.8×10^{-2}	1.7×10^{-1}	1.5
メチルメルカプタン	$Z = -1.22 \log X - 4.83$	7.3×10^{-4}	4.8×10^{-3}	3.2×10^{-2}
硫化メチル	$Z = -0.694 \log X - 2.44$	8.5×10^{-3}	2.4×10^{-1}	6.5
ホルムアルデヒド	$Z = -1.19 \log X - 0.824$	1.4	9.7	67
アセトアルデヒド	$Z = -0.559 \log X - 1.53$	1.1×10^{-1}	6.9	420
プロピオンアルデヒド	$Z = -0.857 \log X - 2.40$	2.3×10^{-2}	3.4×10^{-1}	5.0
n-ブチルアルデヒド	$Z = -0.830 \log X - 2.57$	1.3×10^{-2}	2.1×10^{-1}	3.3
n-ブチルアルデヒド（2回目）	$Z = -0.657 \log X - 2.71$	2.5×10^{-3}	8.3×10^{-2}	2.8
イソブチルアルデヒド	$Z = -0.840 \log X - 2.43$	2.0×10^{-2}	3.1×10^{-1}	4.8
n-バレルアルデヒド	$Z = -1.19 \log X - 3.71$	5.3×10^{-3}	3.7×10^{-2}	2.5×10^{-1}
イソバレルアルデヒド	$Z = -1.00 \log X - 3.83$	1.5×10^{-3}	1.5×10^{-2}	1.5×10^{-1}
酢酸エチル	$Z = -0.786 \log X - 0.270$	8.5	160	$3\,000$
プロピオン酸（1回目）	$Z = -1.22 \log X - 3.59$	7.6×10^{-3}	5.0×10^{-2}	3.3×10^{-1}
プロピオン酸（2回目）	$Z = -1.00 \log X - 2.87$	1.3×10^{-2}	1.3×10^{-1}	1.3
n-酪酸（1回目）	$Z = -1.01 \log X - 4.50$	3.3×10^{-4}	3.3×10^{-3}	3.2×10^{-2}
n-酪酸（2回目）	$Z = -1.03 \log X - 4.50$	4.0×10^{-4}	3.7×10^{-3}	3.5×10^{-2}
n-吉草酸	$Z = -1.46 \log X - 6.04$	3.5×10^{-4}	1.7×10^{-3}	8.3×10^{-3}
イソ吉草酸	$Z = -0.998 \log X - 4.41$	3.8×10^{-5}	3.8×10^{-4}	3.8×10^{-3}
イソブタノール（イソブチルアルコール）	$Z = -0.453 \log X - 1.17$	4.2×10^{-1}	68	$11\,000$
アンモニア	$Z = -1.84 \log X - 0.804$	1.3	4.5	16
トリメチルアミン	$Z = -0.888 \log X - 3.01$	5.4×10^{-3}	7.3×10^{-2}	9.7×10^{-1}
トルエン	$Z = -1.26 \log X + 0.101$	7.5	47	290
スチレン	$Z = -1.19 \log X - 1.58$	3.3×10^{-1}	2.3	16
キシレン（$o:m:p=1:2:1$)	$Z = -0.987 \log X - 1.14$	7.2×10^{-1}	7.4	77

から成るもので，臭気の強さを機器を用いて測定することは困難とされ，パネルやモニタなどの嗅覚を利用して評価する嗅覚測定法が中心となって行われている。

嗅覚測定法で具体的な数量化の方法は，におい物質を無臭空気で希釈し，無臭空気と区別がつかなくなった状態を閾値とし，その希釈倍数で表示する臭気濃度表示法，臭気の強度に着目した臭気強度表示法，臭気の認容性に着目した快・不快度表示法さらに，標準の成人一人の体臭発生量を基準単位とする不快者率（非容認者率）表示法などがある。これらの臭気を嗅ぐ方法には，

・資料空気を注射器に採取し，その先を鼻孔に入れて嗅ぐ方法，
・におい袋に採気し，鼻当てをあてて嗅ぐ方法，
・臭気が拡散した部屋にパネルが入室，あるいは嗅ぎ窓に頭を突っ込んで嗅ぐ方法，
・オルファクトメータやデシポルメータを用いる方法，

がある。

日本では悪臭防止法に採用されている三点比較式臭袋法が広く用いられている。

a. 三点比較式臭袋法による臭気濃度表示法

悪臭防止法によると，容積3Lのポリエステル製臭袋を3個用意し，そのうちの1つにある倍数に希釈した資料を入れ，残り2つには無臭の空気を入れ，パネルにどの袋がにおうかを問うテストである。このテストは6名以上のパネルで実施する。排出口のように臭気が濃い場合，手順としては，最初，どのパネルも正解できる比較的濃い濃度で行い，順次3倍ほど希釈倍数を上げ，5名以上のパネルの回答が不正解になった時点で，テストを終了する。このテスト結果より，以下のように，パネル全体の閾値(X)，臭気濃度(Y)，または臭気指数(Z)を求める。

まず，各パネルの閾値を常用対数として求める。パネルAを例にすると，

$$X_a = \frac{\log a_1 + \log a_2}{2}$$

X_a：パネルAの閾値
a_1：パネルAの「正解」である最大の希釈倍数
a_2：パネルAの「不正解」である希釈倍数

A，B，C，……各パネルの閾値の最大値と最小値を除き，その他の値を平均したものをパネル全体の閾値Xとする。次に，次式によりXを変換し，Y（臭気濃度）を求める。

$$Y = 10^X$$

さらにYを変換し，Z（臭気指数）を求める。

$$Z = 10 \log Y = 10X$$

臭気指数は臭気濃度に比べ人間の感覚量に近い対応を示す尺度となっている。

また，室内環境のように臭気が低濃度の場合，建築学会臭気WGでは以下のように提案している。

悪臭防止法に準じるが，次の4点について変更する。① 原臭の採取は20L以上とする。② 希釈系列は2倍系列とし，20Lの試料を作成する。③ 密閉式鼻あてを使って，パネルが自己吸収し判定する。④ 測定値は臭気指数でなく，臭気濃度で表す。

b．6段階臭気強度表示法（表-2.7.5）

臭気の強さに着目して数値化する方法である。においを嗅いで，すぐその場で数値化できる利点は大きいが，測定レンジの幅が狭いという欠点がある。悪臭防止法の第1号規制基準値（事業場の敷地境界線における値）はすべての物質で6段階臭気強度表示法における2.5と3.5に対する濃度の幅の中で決められている。

ある臭気成分において，臭気強度と濃度の間に次式のような関係がある。

$$Y = A \cdot \log X + B$$

ここで
Y：臭気強度，
X：濃度(ppm)，
$A \cdot B$：臭気の種類により異なる定数

Aの値はどの成分でもほぼ1に近い（$0.9 < A < 1.8$）といわれているので，臭気強度の1段階の違いは，濃度にしてほぼ10倍に相当する（表-2.7.3参照）。例えば，

アンモニア： $Y = 1.67 \log X + 2.38$
トリメチルアミン： $Y = 0.901 \log X + 4.56$
アセトアルデヒド： $Y = 1.01 \log X + 3.85$

c．快・不快度表示法

9段階表示法（表-2.7.6）が広く使われている。被害の実態を比較的表しやすいという点で基本的な評価尺度である。しかし，この表示法はにおいを嗅いでいる時間の長さに測定結果が大きく影響されたり，個人差，地域差，さらに民族差がみられるため，客観性のある評価がしづらい。

d．不快者率(非容認者率)表示法

ヨーロッパの建物の必要換気に関するガイドライン[11]にP.O. Fangerらが提唱している知覚空気質（Perceived Air Quality）による不快者率表示法を紹介している。

Fangerらは嗅覚によって知覚される空気汚染物質の発生強度を表す単位としてolf（オルフ）と空気汚染物質の知覚される濃度レベルを表す単位としてdecipol（デシポル）を提案した。1 olf

表-2.7.5 6段階臭気強度表示法[4]

臭気強度	においの程度
0	無臭
1	やっと感知できるにおい（検知閾値濃度）
2	何のにおいであるかがわかる弱いにおい（認知閾値濃度）
3	楽に感知できるにおい
4	強いにおい
5	強烈なにおい

表-2.7.6 9段階快・不快表示法[4]

快・不快度	内容
+4	極端に快
+3	非常に快
+2	快
+1	やや快
0	快でも不快でもない
-1	やや不快
-2	不快
-3	非常に不快
-4	極端に不快

表-2.7.7 不快者率と臭気強度の質問表

質問 1
この空気のにおいについてどう感じましたか。
下のスケール上に印をつけて下さい。
- 無臭（No odor）
- かすかに感じるにおい（Slight odor）
- 軽度に感じるにおい（Moderate odor）
- 強く感じるにおい（Strong odor）
- 非常に強く感じるにおい（Very strong odor）
- 耐えがたく感じるにおい（Overpowering odor）

質問 2
あなたが日常生活において，この空気の部屋に頻繁に入室しなければならないと想像して下さい。このにおいを受け入れることができますか。
いずれかの□内に✓印をつけて下さい。
□受け入れられる　　□受け入れられない
　Acceptable　　　　Not acceptable

は標準の成人一人からの生体発散物質量で，これを 10 l/s の新鮮外気で希釈した時の体臭濃度を 1 decipol とした。また，部屋へ入室直後の被検者に表-2.7.7[12]に示す質問項目を用いて部屋の空気質を評価させた。質問 2 より全判定者のうち，「受け入れられない」と答えた判定者のパーセンテージを不快者率とし，不快者率 20％以上は許容されない空気質であると評価している。

ここで，在室者の体臭に基づく不快者率を基準にして，在室者以外の建材，家具，機器などから放散される汚染物質の知覚空気質強度を等価な不快感を持つ標準の在室者数に置き換え，olf 単位で表示する。そして，在室者や空調・換気システム，建材など室内に放散されるすべての olf 値の合計，G (olf) とすると，対象とする室の知覚空気質，C_i (decipol) は次式で予測できる。

$$C_i = C_o + 10 \times G/Q$$

ここで，
C_o：外気の知覚空気質（decipol）
Q：新鮮外気導入量（l/s）

2.7.4　臭気の実態と苦情[13]-[18]

(1)　悪臭と公害

悪臭に関する苦情・陳情件数は 1972 年度の 21 576 件をピークに減少し，最近ではほぼ 13 000 件と横這い状況である。これらの苦情内容は養豚などの畜産関係，パルプ工場，化学工場，屎尿処理場などから，クリーニング店，レストランに至るまであらゆる業種が含まれている。近年は畜産関係や化学工場に対する苦情が減少し，逆に，浄化槽，食品製造業，レストランなどの都市生活型臭気に関する苦情が増加している。2001 年度悪臭苦情件数は過去最高の 23 776 件に達した。その内訳は図-2.7.4[13]に示すように浄化槽とゴミ焼きに関するものが多い。その他，焼肉店や中華料理店のにおいや隣家のペット，暖房機・給湯器の排ガスなどが悪臭苦情の対象になっている。ここで，注目されるのは戸建て住宅よりも集合住宅における苦情が多いことである。これらは生活環境が目立って悪化したわけではなく，全般的ににおいに敏感になっているためである。

もともと，工場や施設等に対し公害対策基本法に基づき，悪臭防止法で生活環境を損なう恐れのある悪臭物質の排出を悪臭の主要な原因（22 物質）について機器分析による気中濃度で規制している。しかし，これら悪臭物質では評価できない前記の生活臭については 1996 年 4 月に施工された改正悪臭防止法で，においの測定法として嗅覚によって判定する手法が採用された。

生活環境における臭気は多種多様な微量有機化合物の集まりであるので嗅覚反応は個人差もあ

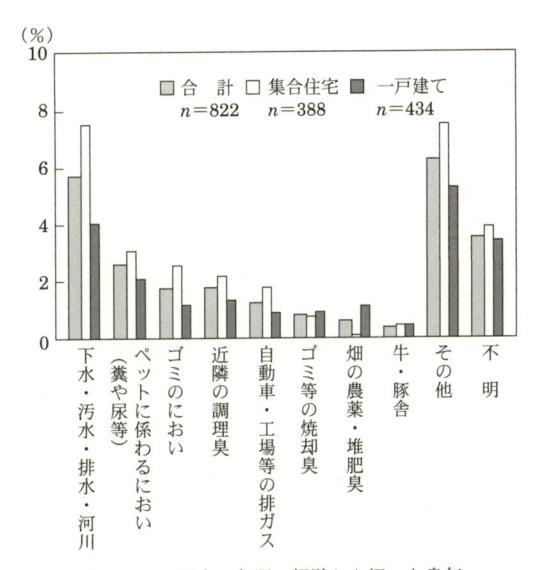

図-2.7.4　過去 3 年間に経験した深いな臭気

2 各　論

り，複雑である。例えば，厚生労働省が定めているホルムアルデヒドやトルエンはその指針値より検知閾値のほうが大きいが，キシレンやエチルベンゼンは逆に検知閾値のほうが小さい。そこで，嗅覚反応だけでその空気の善し悪しを判定できない。

（2）住宅内の臭気

昔から住居内臭気の3大発生源は便所，浴室，台所と言われてきた。それでも，近年では，給排水・給湯設備の改善，食習慣の変化によって，臭気問題は幾分改善されたと思うが，現在でも依然として大きな臭気発生源であることに変わりはない。この他に，近年は健康に悪影響を与えるタバコ煙，建材・家具などから発生するホルムアルデヒド・VOCの臭気，カビなど空調機から発生する臭気そして，ペット臭など住生活の変化によってもたらされる臭気がある。また，高齢化が年々進行し，高齢者住宅の臭気問題は衛生状態と関連性が高く，社会レベルで住環境，住生活の改善に努める必要がある。

主婦らの住居内臭気に対する意識調査[16]によると，気になるにおいのある場所は図-2.7.5に示すように，便所（排泄物）より台所（主として生ゴミ）が高いのは興味深い。居間・寝室ではタバコが浮き彫りにされている。意外に多いのは冷暖房機器からのにおいである。興味あるのは玄関では，ペットの他，住居内の色々なにおいが存在

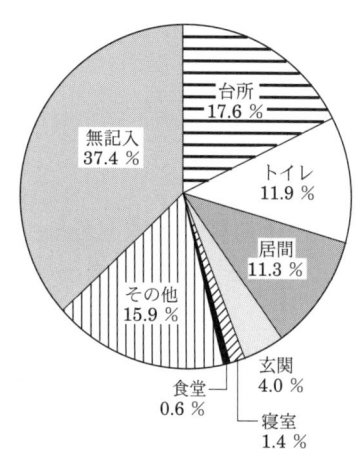

図-2.7.5　もっともなくしたいにおいのある場所

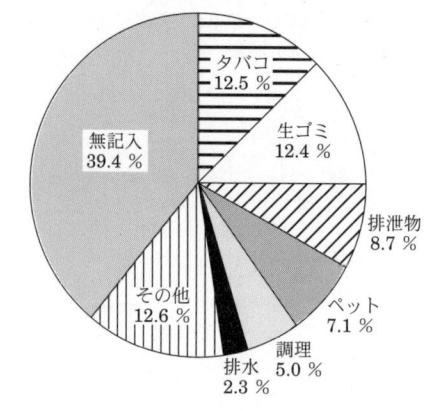

図-2.7.6　住宅内でもっともなくしたいにおい

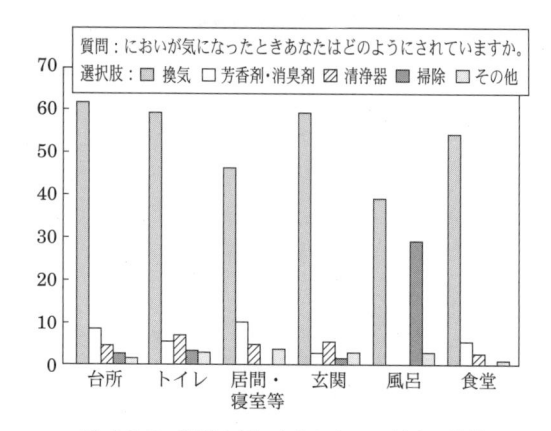

図-2.7.7　客室の気になるにおいに対する対策

している。もっともなくしたいにおい（図-2.7.6）では，生ゴミ，排泄物の他にタバコとペットが上位を占めており，現代の住居環境を考える上で興味探い。また，これら気になるにおいに対する対処法（図-2.7.7）では当然半数以上が換気に頼っているが，その他，芳香剤・消臭剤や空気清浄器が挙がっている。これらは暖冷房する機会が多いためであろう。

（3）事務室の臭気

従来，事務所では喫煙臭がもっとも気になるものであった。1970年に制定されたビル管理法に基づく室内環境基準のうち，粉塵濃度に適合しないビルが当初半分以上あった。このことは当然室内で喫煙臭もかなりあったものと考えられる。その後，嫌煙運動など喫煙の有害性が唱えられ，事務所などでの分煙化が勧められた。その結果，最近では粉塵濃度も低下し，室内でのタバコ臭もほ

とんどなくなっている。また，数十年前，複写機が普及しだした頃，そこからの臭気が問題になった。これは湿式であったため，現在では乾式になり，ほとんど問題がなくなっている。

1973年のオイルショック以降，省エネルギーのため，換気量の軽減化，気密性の向上により欧米ではシックビル症候群が社会問題となった。この原因の1つに建材などからの化学物質の放散が挙げられており，これらのホルムアルデヒドやVOCの臭気も問題になったものと思われる。その結果，ASHRAE換気規格では，外来者の80％以上の人々が不満を訴えない室空気を保持することとした。欧米の最近の換気基準[17]では，嗅覚による知覚空気質で必要換気量を決めることを提案している。それによると，在室者一人の体臭放散量を1 olfとし，既存事務室の建材・家具および空調システムなど周囲環境から放散する汚染物質は単位床面積当たり0.4 olf/m^{2}程度であるとしている。

（4） 病院・医療施設の臭気

従来，病院ではアルコール，ホルマリンなど医薬品のにおいがかなりあったが，最近では医療法の改善により，このようなにおいも少なくなっている。しかし依然として問題になるのは，入居者の生活廃棄物，生理的排出物からの臭気で，便所，汚物処理室そして，病室である。特に，近年，高齢化社会になり，養護老人施設が増加しており，このような高齢者施設の臭気対策が問題となっている。

体臭はアポクリン腺からでるタンパク質を含む汗が原因で，これが微生物に分解されると特有のにおいを発生する。中高年になると，皮脂の中にある脂肪酸が増加し，同時に過酸化脂質も増加する。これが酸化分解して，臭気を発生する。これを加齢臭と呼び，この正体はノネナールというアルデヒドだといわれている。また，排泄物は微生物が尿や便を分解し，アンモニアなどの嫌なにおいを発生する。体臭も排泄物も微生物の作用によってにおいを発生する。微生物は気温25～35℃，湿度70％以上になると活発に活動し，急激に繁殖する。したがって，梅雨から夏にかけて，微生物が繁殖し，強烈なにおいが発生する。

老人ホームの調査[18]によると，強烈なにおいのする場所は汚物室と便所である。居室もかなりにおいを感じている（図-2.7.8）。また，その臭気源については，全体に排泄物が多く，居室では体臭の割合も多くなっている（図-2.7.9）。これら臭気の対処法はどの場所でも「窓を開ける」，「換気扇をまわす」のように換気によっているが，便

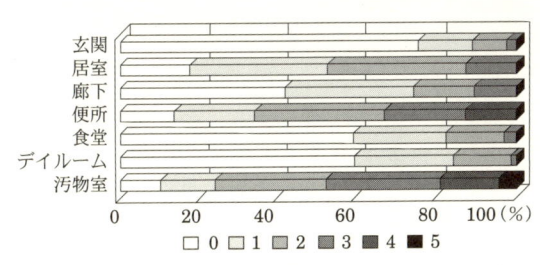

図-2.7.8 高齢者施設内の各場所における臭気強度評価

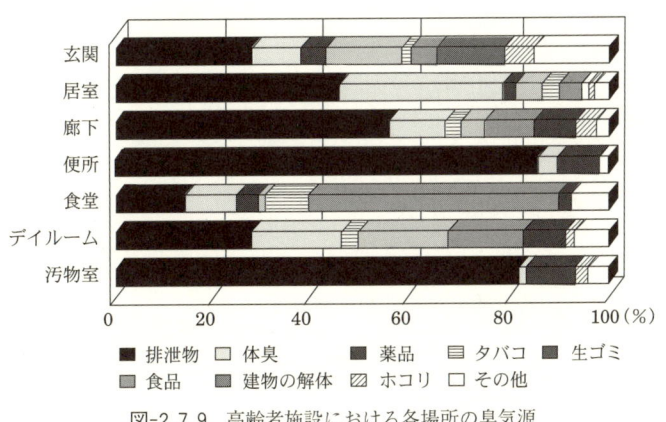

図-2.7.9 高齢者施設における各場所の臭気源

所，汚物室では「脱臭剤」や「芳香剤」の使用も多く，換気だけでは対処出来ないようだ（図-2.7.10）。これはこれらの場所に汚物の染み付きが多いと判断される。

2.7.5 各種の臭気応答とその臭気対処法[4),5),19)-25)]

臭気による被害は，主として不快感や嫌悪感を伴う感覚的な現象であり，その対策としては完全に臭気を除去する必要はなく，人が許容できる濃度まで低減することである。そこで，臭気防止法

図-2.7.10 施設内の各場所の臭気への対処法

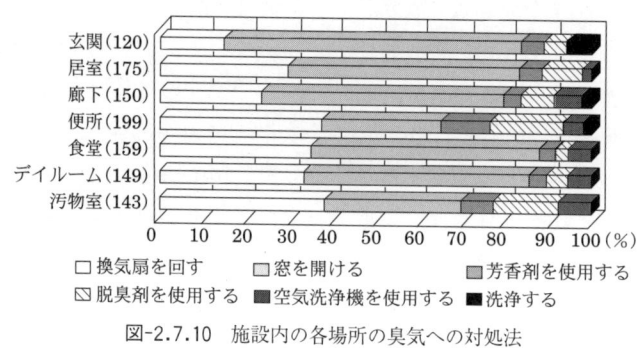

表-2.7.8 各発生源に対する防臭法の適用

運用場所	発生源	換気	吸着 静置型	吸着 通気型	吸収噴霧	触媒反応	感覚的芳香系	生物学的 酵素	生物学的 防菌	その他
玄関	げた箱	○	○							
居間 オフィス	体臭	○		○*5		○*5	○		○*3	
	タバコ	○		○*5		○*5	○		○*3	電気集塵
	冷暖房器具	○		○		○			○	
台所	調理	○	○	○*5					○	
	生ゴミ	○		○*5	○				○	
	シンク下・食器棚	○	○							
	冷蔵庫			○	○*5	○				
浴室	排水口・壁材	○*1								
便所	便器・床	○	○	○*5		○*6		○*7	○*7	
押入・家具	壁材（カビ臭）	○*1	○				○			
	衣服の汗臭									
人体関連	靴・靴下・下着		○			○		○*8	○*10	
	オムツ・生理用品		○*2			○				
	口腔・人体				○		○		○	
自動車	タバコ・体臭 ・エアコン臭	○	○*3	○*5				○*9	○*9	
その他	ペット	○	○	○*5			○		○	
	建材（壁材等）	○	○*4	○*5			○		○*11	
	浄化槽				○					微生物剤

*1 除湿効果含む
*2 活性炭シート利用
*3 シート材等に利用
*4 壁材に担持
*5 空気清浄器として利用
*6 オゾン脱臭など便器と一体型
*7 新幹線，船舶，飛行機などで循環型利用
*8 人工酵素の担持
*9 空気清浄フィルタに加工
*10 抗菌防臭加工繊維として利用
*11 シーツ，大人用オムツで活性炭素による酸化反応に触媒作用を利用

として，換気による希釈法がもっとも簡単で，効果的であり，一般的に多く採用されている。

建物内では種々の臭気発生源があり，それぞれの臭気に適した消臭・脱臭法を施すことが大切である。表-2.7.8[15]に室内臭気に対して通常とられている発生源別消臭・脱臭法を示す。

(1) 体 臭

前述のように，大勢の人が集まる室では，在室者に起因する空気汚染や熱環境の悪化防止のため，換気の必要性が説かれていた。近年，Yaglouら（1936年）の体臭と換気量の関する実験に基づき，外来者の80％以上の人が体臭をあまり不快に感じない程度の換気は1人当たりほぼ27 m^3/h であるとして諸外国の換気基準が決められていた。ところが，1973年のオイルショック以降，欧米では省エネルギー対策として，換気量の軽減化が推進された。米国のASHRAE換気基準では事務室などでは必要換気量は8.5 m^3/h・人でよいとした。その結果，換気不足によるシックビルディングシンドローム（いわゆる「ビル病」）が発生した。この汚染の原因は人以外に建材・家具などから放散される有害ガスも挙げられている。

人体からのCO_2呼出量は体表面積や労働強度によって異なる。通常の日常生活では成人男子で18〜20 L/h・人，女子は男子の80％，子供は成人の50％，また，就寝時は昼間の50％程度とみている。一般に換気不良の室でも，呼吸作用により増加するCO_2濃度が0.5％以上になることは稀である。CO_2そのものの人体影響は0.7％以上からといわれている。労働衛生上，作業場の許容濃度は0.5％である。しかるに，ビル管理法など一般生活環境におけるCO_2濃度を1 000 ppm以下（換気量30 m^3/h・人以上に対応）に保持するよう法的措置が採られているのは，CO_2自体の毒性よりもCO_2濃度の増加に伴い，不快な体臭，他の汚染要因の増加や熱環境が悪化していると見做し，CO_2濃度を室内空気汚染の指標と考えているからである。図-2.7.11[6]に人によるCO_2濃度と室空気の体臭不快度を示す。この実験結果は上記の事情をよく説明している。しかし，最近，米国の換気規格 ASHRAE standard 62-1989R ではCO_2濃度2 500 ppm以下ならば健康上影響がなく，1 000 ppm以上でもたいしたことではないと考え，CO_2を空気汚染の指標からはずしている。ただし，住宅の必要換気量は27 m^3/h・人としている。

Fangerらは前記のように1 olf当たりの換気量と不快者率の関係（図-2.7.12）を，また知覚空

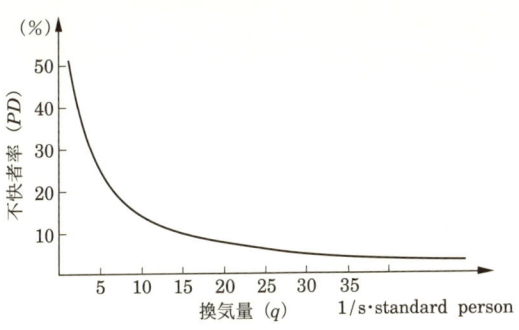

図-2.7.12 種々の換気量(q)において標準人(1 olf)によって生じる不快感(PD)

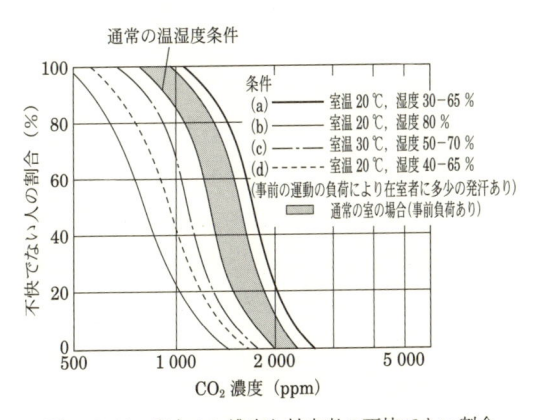

図-2.7.11 室内CO_2濃度と外来者の不快でない割合

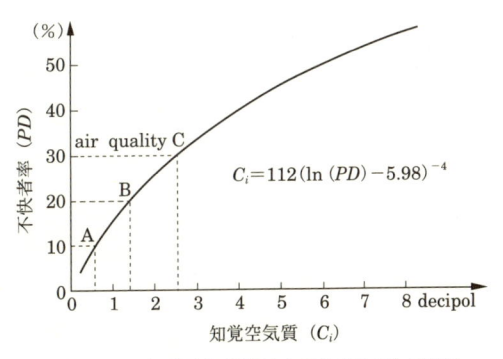

図-2.7.13 知覚空気質(C_i)と不快率(PD)の関係

$$C_i = 112(\ln(PD) - 5.98)^{-4}$$

気質レベル (decipol) と不快者率の関係（図-2.7.13）を求めた[11]。図中の A は特に空気清浄度を要求する場合，B は普通の清浄度の場合，C は清浄度をあまり強く要求しない場合の空気質である。ASHRAE の換気基準では，外来者の最低限 80％の人が許容できる空気質を許容レベルとしている。Fanger らの他に，Caim ら（米国）や岩下ら（日本）も同様の研究を行い，不快者率と換気量の間に大体似た関係を得ている[26]。許容レベル B の不快者率 20％は 26.2～27 m^3/h・人の換気量に相当する。また，図 -2.7.11 の横軸の CO_2 濃度を一人当たりの換気量に換算して不快率と対応してみても，上記の関係とほぼ似た関係が得られている。

ここで，知覚空気質はその毒性との関係が明確でなく，健康影響度を示すものではない。しかし，汚染質を減らしたり，換気量を増やすことはこの知覚空気質を良好にすることであり，健康障害からの危険性を減らすことも確かである。

（2） 喫煙臭

1965 年頃より高度経済成長期に入り，ビルの大型化・高層化を招き，1970 年に「ビル管理法」が制定され，多くのオフィスなどの粉塵濃度がビル管理基準値に適合しないことが指摘された。この主原因は喫煙であることが実証された。同時に，この頃，米国でパッシブスモーキングの弊害が提起され，嫌煙権運動が盛んになった。この運動は日本にも反映し，「蛍族」という流行語が生まれたり，事務室などでは分煙化が勧められ，現在では粉塵濃度の基準値を越えるビルが少なくなった。

喫煙すると，CO，NO_x，粉塵，アンモニア，アセトアルデヒド，ピリジンなど多くの汚染物質が発生し，その存在を確認されているものが 2 000 種にも及ぶといわれている。喫煙臭はこれら物質の相互作用により発生するもので，特定の物質を取り除くことで解消されるものではない。そこで，喫煙からの弊害をなくすため，喫煙臭をあまり不快に感じない空気質を維持することが推奨されて

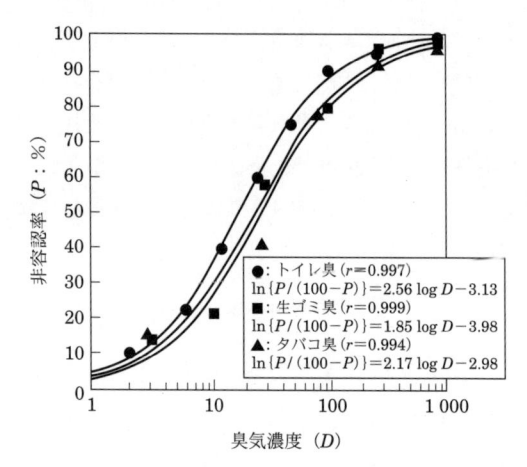

図-2.7.14 トイレ臭，生ゴミ，タバコの臭気濃度と非容認率の関係

いる。

Yaglou ら（1955）はタバコ煙をあまり感じない臭気強度から，喫煙者一人当りの必要換気量を 63 m^3/h とした。また，光田は室内におけるタバコ臭の不快性はほとんどが副流煙によるもので，一人の喫煙者が発生する最大ピーク時の副流煙に対する臭気濃度と非容認率の関係（図 -2.7.14）から，非認容率 20％以下に維持するためのタバコの臭気濃度 5.4 とした時の必要換気量を 65 m^3/min とした[20]。この換気量は膨大なもので，タバコ臭防止対策として換気はあまり現実的でない。

また，喫煙による粉塵濃度とその臭気強度あるいは不快度の関係（図-2.7.3）はかなりよい相関を示している。したがって，タバコ臭の代わりにタバコ煙の粉塵濃度から必要換気量を推定する。タバコ一本喫煙した時の粉塵発生量を 15 mg として，ビル管理基準値 0.15 mg/m^3 以下に抑えるための希釈新鮮空気量は 100 m^3 となる。建築基準法の在室者一人当り 30 m^3/h の換気量ならば，6 畳に 2 名在室すると，必要換気量は 60 m^3/h であるから，1 時間にタバコを 1 本吸っただけで，ほぼ 2 倍の換気をしなければならない。ただし，図 -2.7.3 のタバコ煙の粉塵濃度と臭気強度の関係は室空気を空気清浄機で濾過しない場合である。タバコ煙を濾過すると，粉塵濃度は低下するが，タバコ臭はそれ程低下しない。タバコ臭はタバコ

表-2.7.9 床面積 1m² あたりの事務室における評価された Olf 負荷

汚染物発生源	(olf/m²)
占居者（10m² あたり 1 人）	
生物学的放出物	0.1
20％喫煙者からの追加負荷	0.1
40％喫煙者からの追加負荷	0.2
60％喫煙者からの追加負荷	0.3
材料および換気システム	
既存建物における平均	0.4
低 olf 建物	0.1
事務所建物における全負荷	
既存建物における平均40％喫煙者	0.7
低 olf 建物, 禁煙	0.2

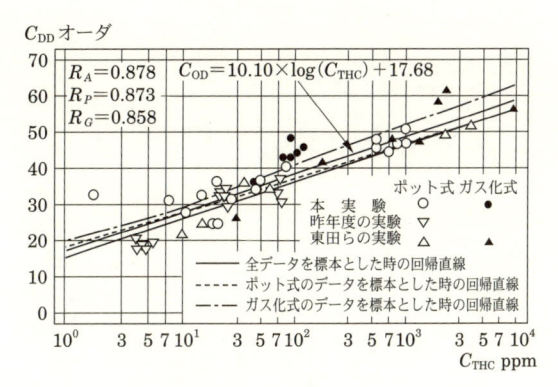

図-2.7.15 臭気濃度（C_{OD}）と全炭化水素濃度（C_{THC}）の相関と直線回帰

煙のガス状物質による影響が大であるといえよう。また，Fanger や Brundrett らは室空気の湿度が増加すると，タバコ煙の臭気強度が低下する実験結果を示している。さらに，EU の換気規格（案）CEN/TC156/WG6[11]では体臭の知覚空気質に対する外来者の不快者率 20％に適合するタバコ煙の場合，喫煙者一人が非喫煙者の 6 人分の知覚汚染量（6 olf）を発生するとしている（表-2.7.9）。

いずれにしても，喫煙は多量の汚染物質と臭気を発生するため，それらを不快に感じないレベルまで減じるにはかなりの換気が必要となり，暖・冷房時には現実的でない。また，現状では空気清浄機で喫煙臭を除去することもあまり効果的でない場合が多い。したがって，禁煙あるいは分煙の工夫が必要となる。また，喫煙場所を設置すると，そこからタバコ煙が他所へ漏れないように，効果的な局所排気方式を採用すべきである。最近では，人口渦巻式排気方式や分煙システム装置が注目されている。

（3） 燃焼排ガス臭

開放型燃焼器具からの排ガスは CO や NO_x などの有害ガスによる空気汚染の問題が大きく，この件に関する報告はかなりある。しかし，排ガスの臭気に関する資料はほとんどない。燃料は灯油と都市ガスである。ガスの場合，生ガスのにおいについては資料があるが，燃焼した場合にはにおいがほとんど残らないといわれている。灯油の場合には，燃焼臭に関して少し調査されている。

FF 型灯油暖房器具の排ガス臭の主原因物質は炭化水素類であり，気化した灯油が未燃焼状態で排出される可能性の高い着火時や消火時に臭気が強くなる（図-2.7.15）[21]。しかし，燃焼臭の発生量あるいはそれに基づく必要換気量に関する研究はない。

（4） 厨房臭

厨房には居住空間の環境悪化の主因となる多くの臭気源がある。その 1 つは調理臭で，特に加熱調理時に燃焼排ガスと共に多量に発生する。2 つめは調味料・食品臭で，各種の調味料や漬物，佃煮などの保存食品のにおいは食事中はもちろん，保存中も収納の仕方が適当でなければ特有の臭気を発生し，所謂，厨房の背景臭となる。3 つめは生ゴミ臭で，主婦がもっとも気にするものである。しかし，これら厨房でのにおいは必ずしも閾濃度以下に制御する必要のないものや，ある場合には好ましいにおいとして人々の食欲を増進させる。この場合でも，長時間嗅ぐと不快になったりし，反応は複雑である。

a. 調理臭[19]

一般家庭で比較的調理頻度の高い焼き魚，味噌汁，カレーの調理臭の臭気濃度（閾希釈倍数），臭気発生量を表-2.7.10 に示す。各調理はいずれも 4 人家族を想定し，材料，分量，調理法などは中学校技術・家庭教科書にしたがった。焼き魚はサバまたはサンマ 220 ～ 260 g，味噌汁は豆腐，

表-2.7.10　各調理臭の閾希釈倍数と発生量

焼魚		味噌汁			カレー		
			Y			Y	
X	Y	X	原料のみ	日常調理	Y	原料のみ	日常調理
3 000	0.956	7.5	—	0.979	37.5	0.843	—
6 000	0.837	150	—	0.909	75	0.546	0.984
12 000	0.535	300	0.593	0.637	150	0.352	0.628
		600	0.556	0.741	300	—	0.778
		1 200	0.444	0.571	600	—	0.480
閾希釈倍数	11 050	閾希釈倍数	386	945	閾希釈倍数	74	535
臭気発生量 (m^3/時)	1.2×10^6	臭気発生量 (m^3/時)	4×10^4	10×10^4	臭気発生量 (m^3/時)	8×10^3	6×10^4

注)　X：希釈倍数
　　　Y：正解率
　　　臭気発生量：発生臭気を閾値まで希釈に要する新鮮空気量（m^3/時）

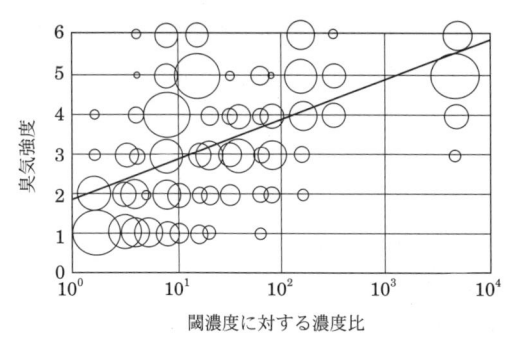

図-2.7.16　濃度と臭気強度との関係（焼魚，相関係数：0.609）

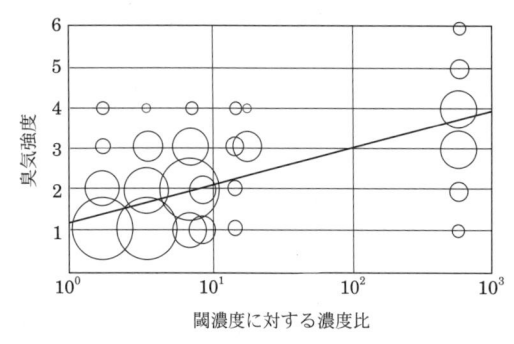

図-2.7.17　濃度と臭気強度との関係（カレー，相関係数：0.662）

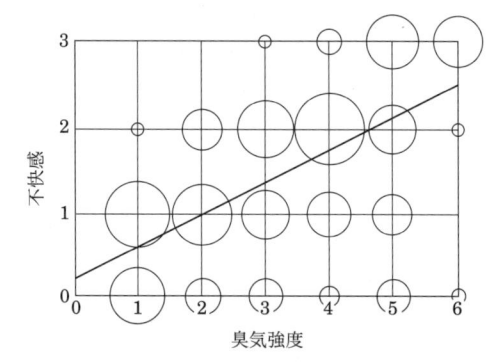

図-2.7.18　臭気強度と不快感の関係（焼魚，相関係数：0.615）

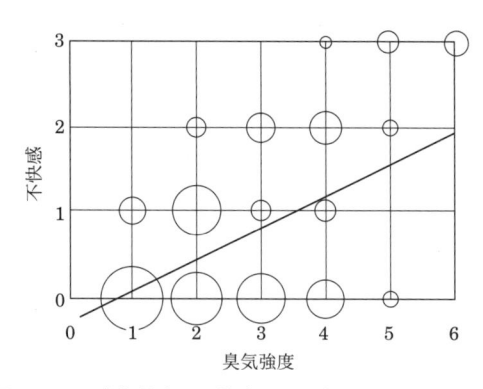

図-2.7.19　臭気強度と不快感の関係（カレー，相関係数：0.529）

青ネギ。カレールーはハウスバーモンドカレー中辛。表中の原料のみは味噌と水，カレー粉と水。臭気発生量は焼き魚が極端に多く，カレーは少ない。

図-2.7.16〜2.7.21に焼き魚とカレーの場合の嗅覚測定法による結果を示す。パネルは20歳前後の健康な女性であり，嗅覚評価の項目とスケールを図-2.7.22に示す。

ここで，異なる調理臭であっても，臭気濃度が同じならば，臭気強度はほぼ等しい。臭気強度と不快感の関係では，焼き魚の場合，臭気強度が大きいほど不快感が強くなっている。味噌汁やカレーの場合，不快でない申告も多い。嗜好性4「すきでも嫌いでもない」より嫌い側の申告になると，不快感が増すことは明らかである。

2.7 臭気

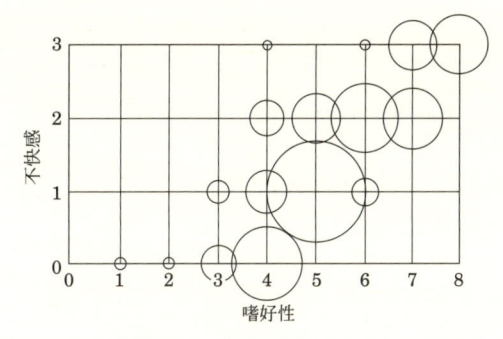

図-2.7.20 嗜好性と不快感の関係（焼魚，相関係数：0.836）

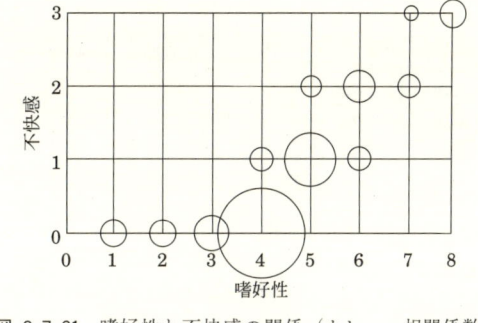

図-2.7.21 嗜好性と不快感の関係（カレー，相関係数：0.830）

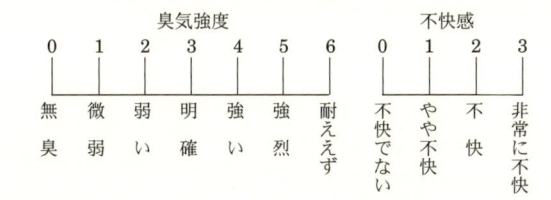

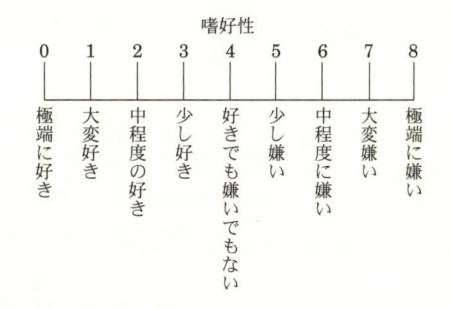

臭気強度
0 無臭 / 1 微弱 / 2 弱い / 3 明確 / 4 強い / 5 強烈 / 6 耐えず

不快感
0 不快でない / 1 やや不快 / 2 不快 / 3 非常に不快

嗜好性
0 極端に好き / 1 大変好き / 2 中程度の好き / 3 少し好き / 4 好きでも嫌いでもない / 5 少し嫌い / 6 中程度に嫌い / 7 大変嫌い / 8 極端に嫌い

図-2.7.22 臭気強度スケール

次に，これらの調理臭をレンジフードファン（強運転 400 m³/h）で排気した時の厨房の臭気濃度と臭気強度を求める。焼き魚の臭気発生量 1.2×10^6 m³/h であるから，フードの捕集効率50%とすると，臭気濃度は 3×10^3 となる。この場合の臭気強度と不快度はそれぞれ5.5（強烈），2.2（不快）である。捕集効率80%にしても，臭気強度4.8（強烈に近い），不快度2.0（不快）である。次に，カレーの場合，臭気発生量 6×10^4 であるから，捕集効率50%で，臭気濃度 7.5×10，臭気強度2.8（明確），不快度0.8（やや不快），また，捕集効率80%で，臭気濃度 3.0×10，臭気強度2.5（ほぼ明確），不快度0.6（ほぼ不快でない）となる。結局，焼き魚のように不快な臭気を多量に放散する調理ではフードファンによる臭気コントロールは無理であり，調理後もかなりの間，ファンを運転しなければならない。

また，焼肉を想定した調理で[20]，材料ごとの臭気濃度を求めると，キャベツ炒めが850，ハムを焼いたものが2 000，タレをつけたハムを焼いたものが5 500であり，各々の発生量（発生原単位）はそれぞれ 1 530，3 600，9 900 であった。これ

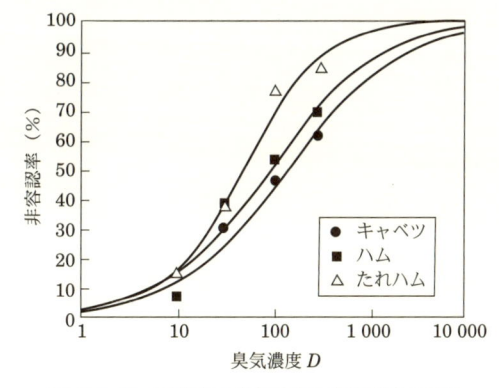

図-2.7.23 調理臭の臭気濃度と非容認率の関係

を図-2.7.23の非認容率20%の臭気濃度を許容レベルに希釈する新鮮空気を必要換気量とすると，もっとも発生量の多いタレつきのハム炒めで許容の臭気濃度は20で，必要換気量は762m³/hと膨大な量になる。

b．調味料・食品臭

調味料から放散する臭気に関する調査は少ない。各種の調味料を厨房に放置した時の入室評価を表-2.7.11に示す。同時に，その臭気を採取し，臭気濃度（閾希釈倍数）を示す。醤油，味噌は「はっきりとにおいを感じる」，「やや不快」，「少し嫌い

2 各　　論

表-2.7.11　臭気評価の平均値と閾希釈倍数

臭気物質	臭気強度	不快感	嗜好性	閾希釈倍数
醤油	2.9	1.1	4.8	59.26
味噌	2.9	1.0	4.8	30.70
酢	1.9	0.6	4.5	25.47

表-2.7.12　生ゴミ臭評価の経時変化（平均値）

評価項目	6時間後	12時間後	18時間後	24時間後	48時間後
臭気強度	2.5	3.0	4.4	5.7	5.8
不快感	1.9	2.0	2.6	2.8	3.0
嗜好性	6.2	6.7	7.3	8.0	8.0

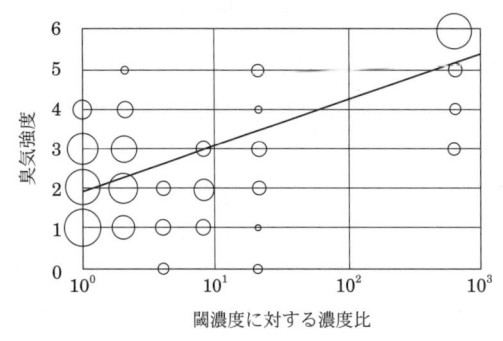

図-2.7.24　濃度と臭気強度の関係（生ゴミ）

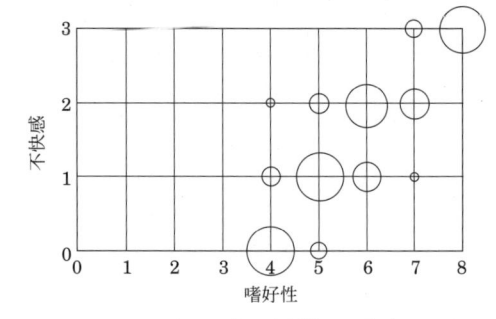

図-2.7.26　生ゴミ臭の嗜好性と不快感の関係

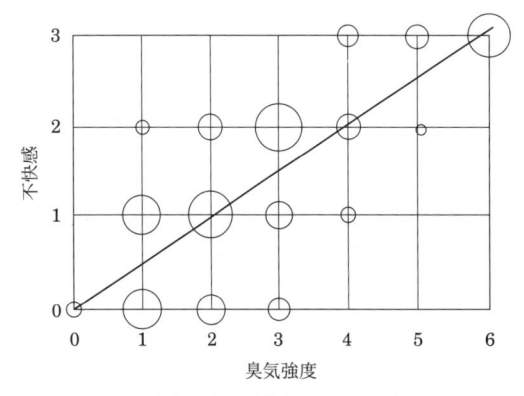

図-2.7.25　臭気強度と臭気強度との関係（生ゴミ）

と評価し，酢はいずれも評価が低い。味噌の臭気濃度は加熱時のものに比較し，ほぼ1/10であり，制御はしやすいが，つねに発生していることを考えなければならない。発生源対策として密封状態を維持するなど適切な収納が必要である。

c．生ゴミ臭

　生ゴミ臭は厨房の臭気環境悪化の主原因である。この処理を適切に行うことによって，ある程度軽減できる。しかし，多くの家庭では生ゴミの保管・貯留スペースの不足が問題となっている。一般家庭の生ゴミの処理で，「密閉容器の使用」，「毎食後屋外へ搬出」は共に25％に過ぎない。厨房内に生ゴミを24時間から4日間も放置している場合も多い。

　生ゴミからの臭気は食品の腐敗によって生成される物質によるもので，タンパク質を多く含む魚介類，肉類は硫黄化合物が生成されやすく悪臭源となる。高温の下では腐敗の進行が早く，時間経過と共に温度の影響が大きい。野菜150g, 魚50g, 肉50gの生ゴミから発生するにおいの経時変化を**表-2.7.12**に示す。また，24時間放置後の生ゴミの臭気濃度は約509であり，その臭気濃度と臭気強度，臭気強度と不快感，嗜好性と不快感の関係を**図-2.7.24〜2.7.26**に示す。

　また，生ゴミの入った蓋付き容器の蓋を開けた時に発生する臭気と三角コーナーに常時空気に触れた状態に置かれた生ゴミの発生する臭気について[20]，生ゴミの単位表面積当たりの発生量を求め，それぞれ$1.1\times10^2 m^3/cm^2/h$と$1.0\times10^2 m^3/cm^2/h$であった。図-2.7.14より，非容認率20％の臭気濃度は6.9であるから，必要換気量はそれぞれ6.0と$5.0 m^3/h$となる。いずれにしても，生ゴミは極めて強くにおい，不快で，嫌な臭気であり，貯留温度を20℃以下に抑えるとか，貯留容器を工夫するとか，局所換気を効果的にするとかなどによってかなり発生臭気を減じることができよう。

2.7 臭　気

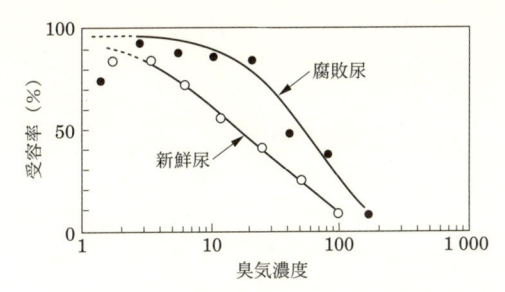

図-2.7.27　臭気濃度と受容率の関係

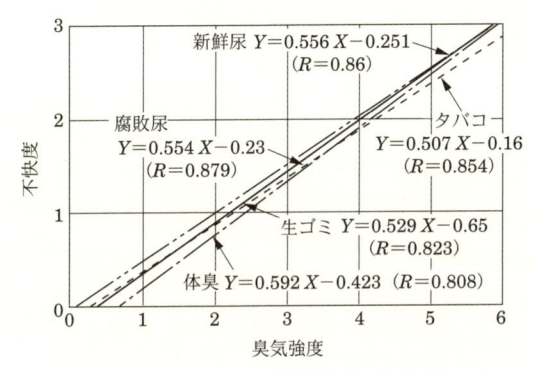

図-2.7.28　各種臭気の臭気強度と不快感の関係

表-2.7.13　芳香・消臭・脱臭剤の定義

品名を示す文字	区　分
芳香剤	空間に芳香を付与するもの
消臭剤	臭気を科学的，生物的作用等で除去または緩和するもの
脱臭剤	臭気を物理的作用等で除去または緩和するもの
防臭剤	臭気を他の香り等でマスキングするもの

換気回数3〜6回/hとすると，最大臭気発生量が300m^3/hとなり，図-2.7.14から，非容認率20％の許容臭気濃度が4.9なるため，便所のトイレ臭に対する必要換気量は61m^3/hとなる。

一般に，消・脱臭剤は表-2.7.13のように分類されている。トイレ臭対策としては換気と芳香剤によるマスキングが行われている。1970年代以降，トイレ用としてゲルタイプの「サワデー」，「ピコレット」などの芳香剤が多く使用されるようになった。1990年代には液体状の消臭機能を重視したものが主流となっている。

（5）　トイレ臭

現在，便所には大別すると水洗式と汲み取り式がある。都市ではほとんど水洗式である。汲み取り式便所のにおいは便槽で発生したにおいが便器を通り，便所内に拡散するため，便槽での貯留日数と深く係わっている。この臭気の成分や濃度に関する資料は少ない。トイレ臭の主成分はアンモニアと硫化水素であるが，床表面材料の種類，清掃回数，使用頻度などによって，その臭気濃度に大きなばらつきがある。また，大便と小便でも異なる。

新鮮な尿が小便器のトラップに貯留し，尿からアンモニアが発生するが，水温8℃では4時間で，臭気強度1になり，30℃では1時間内で臭気強度1に達し，適正な洗浄水量と洗浄間隔が必要である。また，新鮮尿と腐敗尿の臭気濃度と受容率の関係を図-2.7.27に，また，臭気強度と不快度の関係を図-2.7.28に示す[22]。小便臭以外の体臭，生ゴミ臭，タバコ臭でも，臭気強度が決まれば，ほぼ等しく不快度が決まる。

さらに，武藤ら[23]によると，学校の便所では，臭気強度3〜5であるから，便所の容積を10m^3，

（6）　建材・家具臭

近年，建材・家具から放散する揮発性有機化合物質による弊害が増大し，シックハウス症候群として社会問題化している。したがって，これら化合物質に関する調査が多く行われているが，その計測は機器によるものであり，嗅覚測定によるものはほとんどない。身近な生活環境に存在している建築材料としては，壁・床・天井材，家具などであるが，これらの内，木材，合板，畳，コンクリートに関するにおいの研究がある[27]。しかし，これらはデータ不十分である。また，においセンサによる計測もある。建材や家具から放散するホルムアルデヒドやVOC濃度はppbオーダの低濃度であり，センサの感度を上げる必要がある。最近では，図-2.7.29[24]と2.7.30[25]に示すようににおいセンサ値と機器分析値の比較測定によりかなり相関も高く，低濃度でも測定可能になった。においセンサの安定度が今以上によくなれば，センサは簡易で連続測定が可能なので，今後の室内臭気環境の管理に有効である。

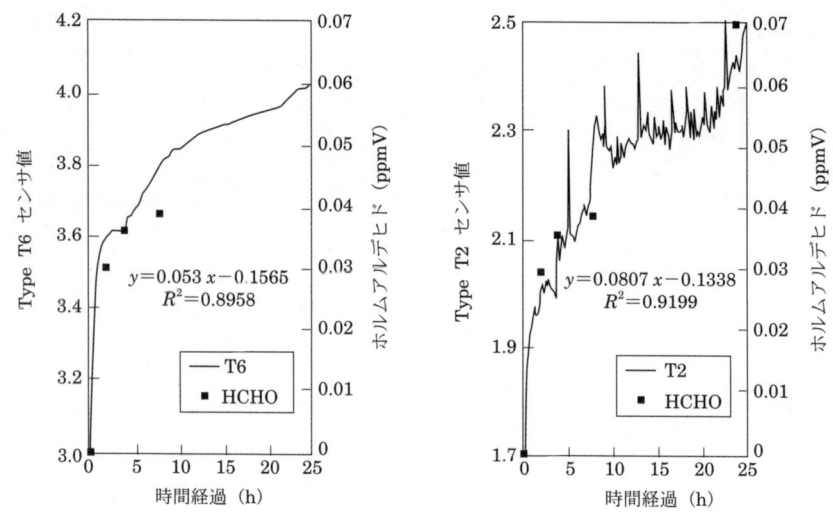

図-2.7.29 Hタイプマンションで測定したにおいセンサの読みとTVOC濃度の関係（左図：T6タイプのにおいセンサ，右図：T2タイプのにおいセンサ）

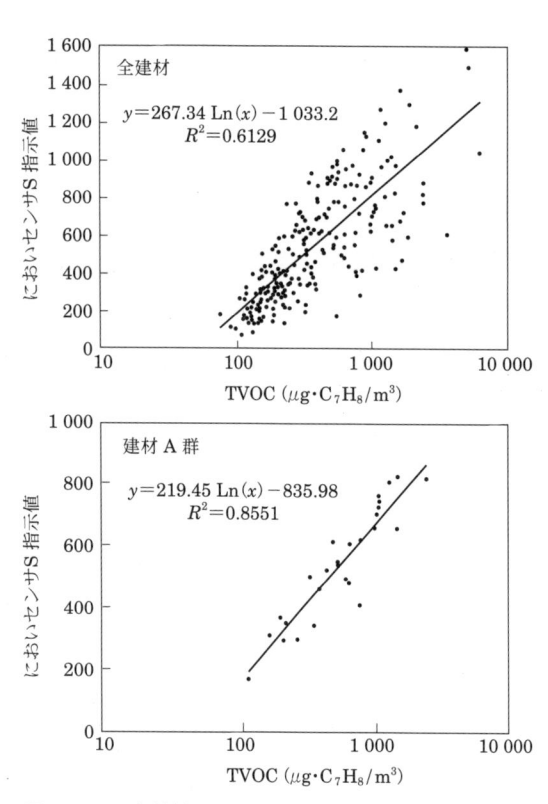

図-2.7.30 各種材における発生TVOC濃度とにおいセンサ指示値の関係

2.7.6 臭気評価の問題点

嗅覚反応や臭気評価は客観的に計測器でなく，人の嗅覚に頼ることが多いため，種々の問題をはらんでいる。よく話題となる問題は温・湿度条件による臭気強度の変化と異なる臭気が混合した時の臭気反応である。

(1) 温湿度条件と臭気強度

佐藤らによると[28]，20～26℃の範囲では体臭の嗅覚反応への影響は明確でないが，タバコ煙では高温ほど反応が強くなる傾向がある。また，平野ら[29]によると，温度6～33.8℃，湿度48～72%の範囲で，森林の一成分であるα-ピネンのにおい強度は20℃前後が高いが，それよりも湿度が増すと強度が低下し，においが感じ難くなる。さらにW.F. KerkaとC.M. Humphreys（1956年）[30]のイソ吉草酸，サリチル酸メチル，ピリジンとタバコ煙の嗅覚反応に対する温湿度効果に関する詳細な実験によると，① 湿度が増すと，臭気知覚レベルは低下する。② 一定の水蒸気分圧下では，温度が増すと，タバコ煙の臭気レベルはわずかに低下するが，対象とした蒸気では温度効果は明確でない。③ 通常，臭気曝露の初期の段階で順応が急激に生じる。しかし，タバコ煙は曝露するにつれて次第に臭気レベルが減じるが，目や鼻への刺激は増す。そして，その刺激は35%以下の低湿度の方が50%以上の高湿度よりも大きい。最近の荒川ら[31]の5種類の放臭材の嗅覚反応に及ぼす温度効果の実験では湿度50%で20℃の

2.7 臭気

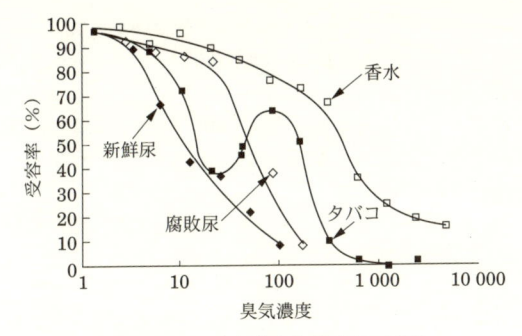

図-2.7.31 臭気濃度と受容率の関係

方が30℃より反応が強く，非容認率も高い評価を示した。

以上のように，一般に，臭気反応は湿度20℃前後で強く，湿度が高くなると弱まる傾向にあるが，タバコ煙のように刺激臭を伴う場合は異なる反応を示す。

(2) 異種臭気物質が混合した場合の臭気反応

異種の臭気物資が混合した時の臭気反応は前記のように相加的にあるいは中和作用により相殺されたり，また，相乗的により強化される場合もあり，複雑である。

基本的には個々の臭気物質の臭気濃度と不快者率（あるいは，非容認率）の関係が同じ傾向を持ち，何ら化学反応を起こさないとするならば，個々の濃度に対応する不快者率の合計（相加）と見なすのが一般的である。しかし，現実には個々の臭気物質の臭気濃度と不快者率の関係はまちまちである。図-2.7.31にタバコ煙，尿そして香水に対するそれらの関係[32]を示す。いずれのにおいについても臭気濃度が1（閾値濃度）では受容率が95%前後だが，受容率50%での臭気濃度は新鮮尿でほぼ11，香水でほぼ440となり，40倍の差がある。したがって，混合物質の受容率を推定することはなかなか難しいと思われる。

次に，岩下は建材から放散する5種類のVOCについて，個々のVOCの濃度と臭気強度を求め，それらの混合VOCの知覚空気質レベルと個々のVOCそれぞれの濃度から推定される臭気強度を加算した知覚空気質レベルと比較した[33]。それを図-2.7.32に示す。混合VOCの知覚空気質申

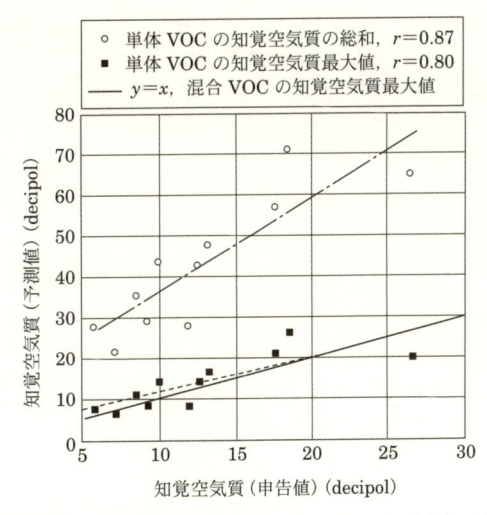

図-2.7.32 単体VOCの知覚空気質の総和（予測値）と混合VOCの知覚空気質（申告値）との関係

告値は混合VOC個々のVOC濃度から推定される知覚空気質合計の予測値よりかなり低く，むしろ，単体VOCでもっとも高い知覚空気質レベルに近いことがわかった。

以上の結果から混合臭気物質の臭気反応を知ることは甚だ難しいといえよう。しかし，Fangerもいっているように，現実の室内には数千もの微量な化学物質が存在し，これらの空気質を定量化することは不可能に近い。現実には人間の鼻がもっとも敏感な測定器として利用でき，その空気質が受容可能か不可能かを判定できる。そして，被験者を使った知覚空気質評価は臭気強度の単位，decipol，と汚染源の単位，olf，によって定量化している。これは個々のVOCを合算したTVOCの濃度をトルエン換算で求めるようなものである。実際には個々のVOCの有害度からTVOCの有害度を推定しなければならない。現時点では，知覚空気質評価は一応の実用的な解決法であろう。

参考文献

1) 岡田誠之：空気調和・衛生工学会新書「生活とにおい」，理工図書（1996）
2) 横山真太郎：臭気—生理学的メカニズム化の基礎，人間と生活環境，6（2），71/75（1999）
3) 川崎通昭：においについて，空気調和・衛生工学，Vol.71，No.9，747/753（1997）

2 各　　論

4) 環境庁大気保全局監修，悪臭法令研究会編集：新訂ハンドブック 悪臭防止法
5) 石黒智彦：臭気（3）機器分析による臭気の測定，空気調和・衛生工学，Vol.64，No.10（1990）
6) M. Narasaki : Ventilation Requirements in Building for Control of Body Odor, Indoor Air, Vol.3, Berlin, p.277 (1987.8)
7) 楢崎正也：喫煙に基づく必要換気量算定のための基礎的研究，建築学会大会梗概集，p.347（1986.8）
8) 平成4年度健康リビング実践ガイドライン作成報告書（臭気編），ビル管理教育センター（1993.3）
9) 安原昭夫：臭気物質の機器分析法の現状と今後の展開，臭気の研究，Vol.29, No.5（1998）
10) 岩崎好陽：臭気の測定，空気調和・衛生工学，Vol.71，No.9（1997.1）
11) Report No.11 Guidelines for Ventilation Requirements in Buildings, EUR 14449 European Concerted Action (1992)
12) P.O. Fanger & Berg-Munch, Ventilation and body odor, Proc. Of An Engineering Foundation Conference on Management of Atmospheres in Tightly Enclosed Spaces, ASHRAE, Atlanta 1983, pp.45-50
13) 東京都衛生局：健康を支える快適な住まいを目指して（健康・快適居住環境の指針）（1995.10）
14) 髙橋達男：悪臭防止行政の現状と今後の課題，平成10年度臭気対策セミナー，臭気対策研究協会
15) 快適で健康的な住宅に関する検討会議編：快適で健康的な住宅に関する検討会議報告書（1998）
16) 松井静子 他3名：住宅内の臭気環境及び居住者の臭気に対する意識の実態，建築学会計画系論文報告集，No.452, pp.19-26（1993.10）
17) 吉野博，内海康雄：米国の換気規格（案）ASHRAE Standard 62-1989R（Public Review Draft）"Ventilation for Acceptable Indoor Air Quality"，空気調和・衛生工学，Vol.72，No.4（1998.4）
18) 光田恵 他3名：高齢者施設内の臭気に関する調査，建築学会東海支部研究報告集，No.38（2000.2）
19) 楢崎正也，松井静子：臭気に基づく必要換気量に関する考察，臭気の研究，Vol.25，No.2（1994）
20) 光田恵：室内臭気の評価・管理指標と制御方法，臭気の研究，Vol.30，No.2（1999）
21) 小峯裕己：住宅用設備機器から排出される臭気について―特に調理臭や石油燃焼排気―，臭気の研究，Vol.21, No.2, pp.42-54（1990）
22) 平石年弘 他3名：嗅覚反応に基づく空気質評価に関する研究，建築学会近畿支部研究報告集，No.4033（1993）
23) 武藤鴨夫 他：トイレの臭気についての実態調査，臭気の研究，19（6），pp.39-39（1988）
24) 山口一 他3名：室内空気質の簡易測定法の開発―臭いセンサーによる室内TVOC量の測定，空気調和・衛生工学講演論文集（1999）
25) 山口一 他4名：臭いセンサーを活用した室内空気質の簡易計測法，室内環境学会，Vol.1, No.1（1998）
26) 岩下剛 他4名：人間の嗅覚に基づく室内空気質の評価に関する基礎的研究，建築学会計画系論文報告集，No.410, pp.9-19（1990）
27) 竹村明久 他2名：建築材料から発生するにおいの心理評価（その2）木材・畳・コンクリートのにおいに関する検討，建築学会大会便概集，D-2, pp.951-952（2002.8）
28) 佐藤友昭 他4名：空気温度の臭気感覚へ及ぼす影響に関する研究，空気調和・衛生工学会講演論文集，pp.1197-1200（1990.10）
29) 平野功 他4名：室内空気環境の評価研究―その1，温湿度変化による香り認知特性実験，空気調和・衛生工学会講演論文集，pp.1217-1220（1990.10）
30) W.F. Kerka & C.M. Humphreys : Temperature and Humidity Effect on Odor Perception, Heating, Piping & Air Conditioning, pp.129-136 (1956.4)
31) 荒川武志，光田恵：臭気感覚評価に影響を及ぼす環境要因に関する研究―その1- 被験室内の温度が臭気評価に及ぼす影響，建築学会東海支部研究報告集，No.38, pp.453-456（2000.2）
32) 平石年弘 他3名：嗅覚反応に基づく空気質評価に関する研究―（3）タバコと香水の臭気濃度と嗅覚反応との関係，建築学会大会梗概集，pp.225-226（1994.9）
33) 岩下剛：単体VOC及び混合VOCによる空気汚染の知覚空気質評価に関する研究，空気調和・衛生工学会講演論文集（1999.9）

2.8 アレルゲン

アレルギーを起こす物質をアレルゲンというが，アレルゲンに関する医学的な説明については建築の環境工学では必ずしも十分に認識されていない。

ここでは建築環境の中でアレルゲンとされている汚染物質の実情と実際に測定などで得られた結果と人体への害，アレルゲン物質の抑制について述べ，建築的な解決法の提案に止める。

2.8.1 アレルギーのメカニズム

一般にアレルギーを起こす物質はタンパク質であり，食物では数多くのアレルゲンがあるが，空気環境中にはその他カビ，ダニ，動物の毛，花粉などがある。

これらのアレルゲンとなる物質が人の体に入ると一種の免疫物質であるIgE抗体をつくる。この抗体はアレルゲンがなくなっても免疫細胞の一種肥満細胞の表面について体内に残る。IgE坑体は本来寄生虫の浸入に際してつくられる抗体であって，寄生虫と遭遇するとそれと結合し，肥満細胞に寄生虫侵入の信号を送る役目をする。その信号を受けた肥満細胞は，寄生虫を攻撃するためにヒスタミンと呼ばれる物質を出すが，このヒスタミンは寄生虫攻撃に適する反面，血管を拡張したり，内臓の平滑筋を収縮させるという副作用を持っている。アレルギー体質の人はこの抗体を非常につくりやすい体質となっており，寄生虫以外の抗原が浸入してもすぐにこれがつくられ結果的にヒスタミンが放出されることになり，アレルギー反応が起こることになる。これが花粉症，ぜん息などの症状として発症するのである。

このようにIgE抗体によって起こるアレルギー反応をⅠ型アレルギーといい，ディーゼルエンジンの微粒子や工場の媒塵（四日市ぜん息）で起こるぜん息はIgE値が低くⅠ型アレルギーと区別されている。

2.8.2 建築環境中のアレルゲンの種類

（1） 花 粉

花粉にはTree SeasonとGrass Seasonとがあり前者はスギ花粉を中心として樹木の花粉で春に花粉の飛散が起こる。後者はイネ，カモガヤ，ブタクサなどの草類で秋期に花粉が飛散する。

我が国では2月末頃から5月頃までスギ花粉による花粉症が年々増加して鼻づまり，目のかゆみを訴える人が多くなった。

花粉アレルギーによる花粉症は欧米では古くからその存在が伝えられていたが，スギ花粉症は我が国では1960年代に日光のスギ並木の花粉で発症したのが最初である。

（2） ダニ

ダニは多くの種類が生息しているがアレルゲンとなるのはヒョウヒダニ（チリダニ）である。ダニは生きダニだけでなくその死骸，糞，尿の染みた塵などいずれもアレルゲンとして作用する。ダニは畳，カーペットなど潜れるものに生息し，人から剥落する雲脂を餌としている。そのため人の集まる居間やコタツの周囲などに多く生息する。

ダニの中にはツメダニのように人を刺すダニもいるが，このダニはアレルギーと関係ないが環境内のダニは多くの種類であるので刺されたらチリダニも大量に生息しているとの指標となる。

アレルギー患者はダニをアレルゲンとするぜんそくやアトピー性皮膚炎を発症しているものが多い。

2 各論

（3）カ ビ

すべてのカビはアレルゲンとなり得る。

どのアレルゲンに感作されているかをテストするためにアレルゲン皮膚テストを行い，その発赤の有無と大きさから感作されているアレルゲンと程度を判定する。現在カビのアレルゲン皮膚陽性テストには *Cladosporium*，*Aspergillus*，*Penicillum*，*Alternaria* 等が用いられている。

カビの発生源が建物内であることから増殖を制御するような住まい方が大切である。

（4）動物の毛

犬や猫の毛がアレルゲンとなってアレルギーの症状を起こすことはよく知られている。患者のいる家庭ではペットとして飼うことができない。室内での飼育は抜け毛などの汚染を考えて禁止しなければならないが，屋外でも動物との接触を避けるべきである。ペットショップに行くと具合が悪くなるなどの例もある。

その他，モルモットやハムスターなどの毛もアレルゲンとなり，実験に使用している人の職業病といわれる。

図-2.8.1に主要アレルゲンの皮膚反応陽性率を示す。

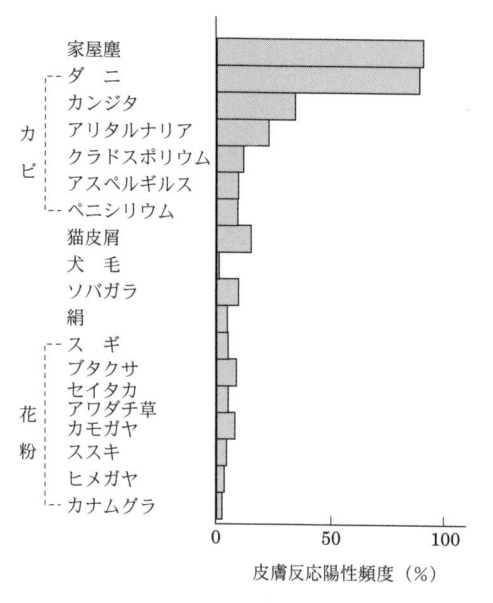

図-2.8.1 主要アレルゲンの皮膚反応陽性率

2.8.3 アレルゲンの発生源と挙動

（1）チリダニ

ダニは畳，カーペット，寝具，ソファなどの潜れるものに生息し増殖する。温度20～30℃，相対湿度70～80％で繁殖する。ダニアレルゲンは生きダニはもちろん，その死骸，断片，糞，尿の染みた塵もアレルゲンとして働く。アレルギー患者宅で床塵埃，寝具から掃除機で塵埃を捕集してアレルゲンの定量を行った結果，床塵埃中にもダニアレルゲンが多く定量されたが，特に多かったのは寝具である。床塵埃では患者の使用している寝室に多く，フローリング張り床でもダニアレルゲンは存在した。

季節的変動としては9月がもっともアレルゲン量が多く，夏期に高温で増殖したダニが9月にアレルゲンとなって現れるものと思われる。特に避暑や長期間の旅行などで住居を締め切って留守にした場合などに爆発的に増殖する。一方もっともアレルゲン量の少ないのは2月である。図-2.8.2に2月と9月のアレルゲン量を示す。

床のダニアレルゲンは床の仕上げ材が大きく影響し畳，カーペット，特に敷き込みの場合はクリーニングなどで清掃することが難しいのでダニアレルゲンは多い。畳もダニアレルゲンは多く，新しい畳の床藁にさえ少量のダニアレルゲンが検出される。

寝具に増殖したダニアレルゲンは寝具の裏表を掃除機でよく清掃するか日に干して埃をたたくと表面の50％程度はアレルゲンを除去できる（図-2.8.3）。寝具の内部のダニアレルゲンの分布を調べるために敷き布団を厚み方向に5段に分け，それぞれの部分のダニアレルゲン量を定量したところ，ダニアレルゲンの90％は表面に存在していることが分かった。したがって掃除機による清掃，布団叩きによっておよそ50％のアレルゲンが除去できると思われる。図-2.8.4に布団の厚み方向のアレルゲン分布を示す。

寝具のダニアレルゲンの除去に効果があるのは寝具の丸洗である。図-2.8.5に示すように洗濯

2.8 アレルゲン

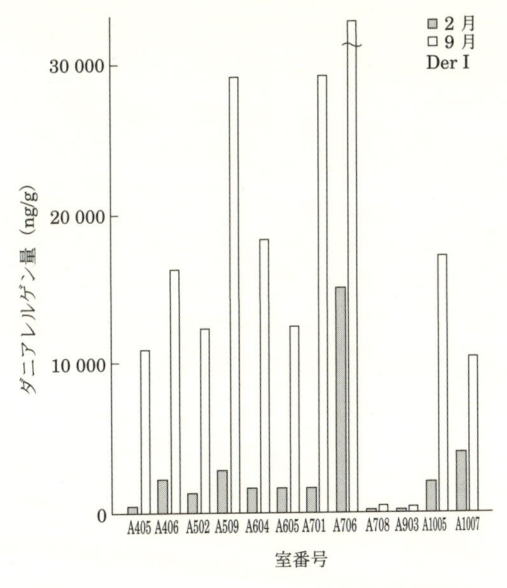

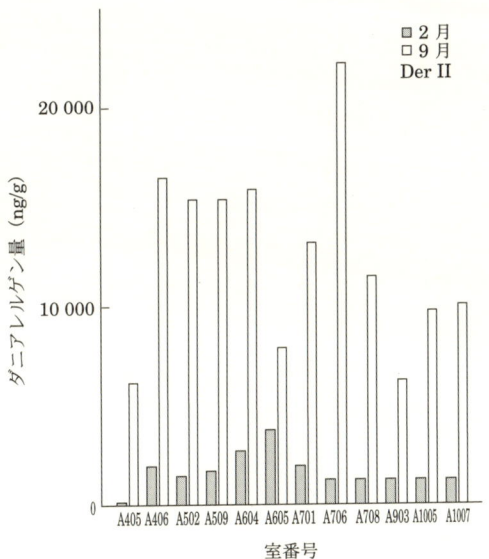

図-2.8.2 2月と9月のダニアレルゲン量の比較

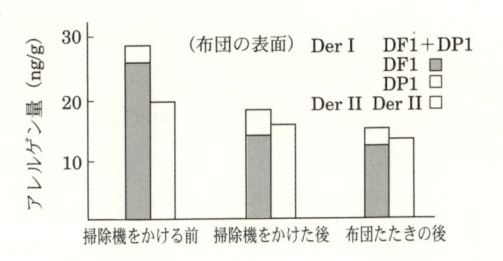

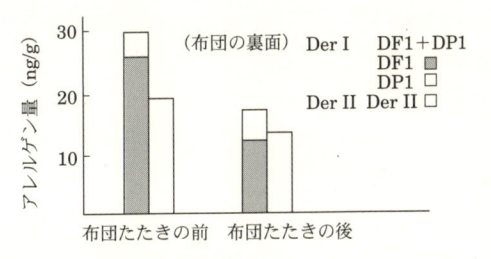

図-2.8.3 掃除機と寝具たたきによるアレルゲンの除去

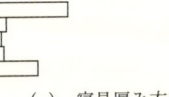

(a) 寝具厚み方向のダニアレルゲン分布－DF1

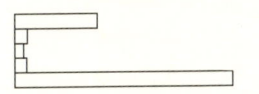

(b) 寝具厚み方向のダニアレルゲン分布－DP1

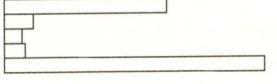

(c) 寝具厚み方向のダニアレルゲン分布－Der I

(d) 寝具厚み方向のダニアレルゲン分布－Der II

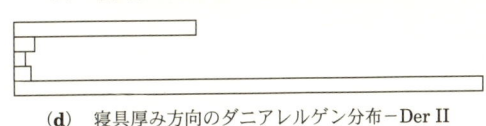

図-2.8.4 寝具の縦方向5段階のダニアレルゲン量

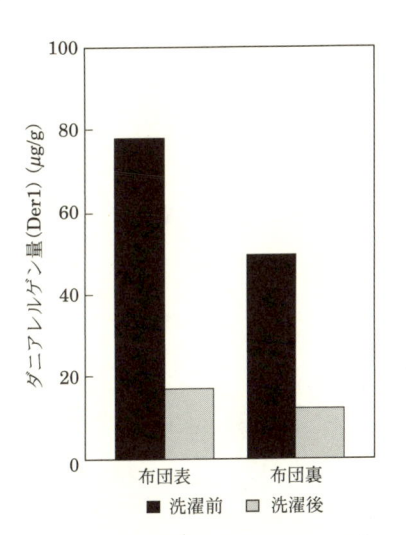

図-2.8.5 洗濯によるアレルゲンの除去

の前後で60〜70％の除去率である。

ダニは相対湿度が55％以下になると乾燥して死滅する。増殖を抑制するには相対湿度を低くすること，通気をよくして室内の乾燥を図ることが大切である。同時に清掃をよくして畳やカーペットなどの塵埃中のダニを掃除機でよく除去することがダニアレルゲンを減少させる方法である。

(2) カ ビ

カビは温度20〜30℃，相対湿度70％以上でよく増殖する。カビは相対湿度が66％で菌糸の成

長がおそくなり，55％になると菌糸は伸長しなくなる。図-2.8.6に結果を示す。カビは元は土壌菌であって，風などに舞上げられて空中浮遊し，換気によって室内に侵入し，増殖に適した温湿度の場所で増殖する。カビはわずかな栄養で成長するので建物の内部，外部，床下に増殖し，とくに温湿度が適していて湯垢などの栄養のある浴室や食品のある厨房によく増殖する。

建物に増殖したカビは掃除や人の活動に伴う衝撃によって空中に浮遊し，アレルゲンとして浮遊する。

室内のカビの増殖のおおきな原因の一つに結露がある。結露は室内の水蒸気を多く含んだ空気が窓ガラスや外壁に面した壁面の温度の低い箇所に触れた時飽和水蒸気以上の水蒸気が空気中に含み切れず水滴となるものである。結露で湿った部分はカビにとって増殖に適した環境となる。

結露防止のためには室内の水蒸気濃度を下げる事，外部に面した壁面部分に断熱材を挿入すること，外断熱工事をして室内に温度の低い部分をつくらないこと，換気をよくして室内の乾燥を図ることなどがある。

室内でカビの温床になりやすいのはエアコンのフィルタに蓄積する塵埃に増殖するカビである。エアコンのスイッチを入れたときの衝撃で吹き出すカビが高い室内濃度を構成する。時間とともに拡散し，減衰するが，この高濃度の浮遊カビは空中浮遊のアレルゲンとして重要な意味を持っている。エアコンからのカビ放出を図-2.8.7に示す。

（3）花　粉

花粉のなかでも2月下旬から5月頃までに花粉症を起こすスギ花粉が有名である。スギ花粉症の患者は年を追って増加し，年変動はあるものの花粉数は前年の夏の気温が翌年の花粉数に影響し，気温が高いほど，花粉数は多いといわれる。花粉は一般に屋上などでスライドグラスに落下する花粉を染色して顕微鏡で計数して飛散量を求めている。

花粉の粒径は30～50μmといわれ浮遊中の凝集や破砕などの空中浮遊状態はよく知られていない。

落下法によって捕集した花粉を顕微鏡での計数以外にアレルゲンの定量を行ったところ検鏡で計数できなかった小粒子まで捕らえることができた。さらに従来の落下法だけでなく微生物用の捕集機器を用いて容量法で空気中の花粉を捕集したところ浮遊中の花粉の粒径分布を求めることができた。その結果室内に浸入する花粉の粒径は大きいものは少なく，大粒子は屋外でほとんど落下してしまって室内に侵入しないことが分かった。この状態をアンダーセンサンプラで捕集した結果，検鏡では小量の大粒子を認めたにすぎないが，1.4～3μmの粒径にピークがあり換気量が少なくなるに従ってこのピークは大きくなる。室内に

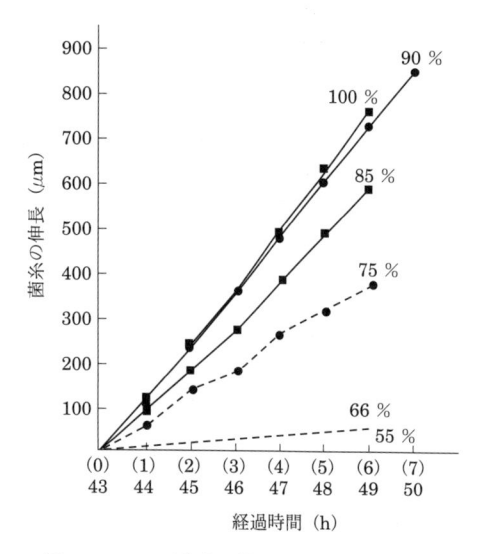

図-2.8.6　カビ菌糸の伸長と相対湿度との関係

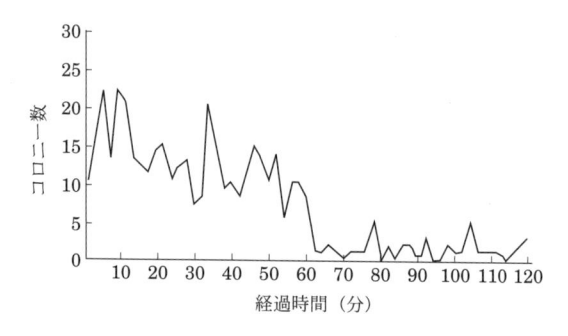

図-2.8.7　エアコンからのカビ放出の濃度変動

存在する微小粒子が排出されずに室内に残留するものと思われる。

この微小粒子は花粉の破砕によるものか浮遊中の花粉の周囲に付着している粉塵やディーゼルエンジンの微粒子などに付着している花粉が侵入し，アレルゲンとして捕らえられているのかは不明であるが，花粉アレルゲンとして室内に多量に存在することが確かめられた。図-2.8.8にアンダーセンサンプラによる室内の花粉量を示す。

花粉によるアレルゲン発生は花粉が水分によって開き，開いた内部の成分がアレルゲンとして作用するといわれている。したがって，花粉症が目や鼻に症状がでるのは水分のある箇所でアレルゲンの発生があるからである。

花粉の室内浸入は換気などによる開口部からのみではなく，人体や洗濯物に付着して室内に浸入する。室内へ入る時着衣を脱ぐこと，洗濯物を屋外に干さず乾燥機を使用することなどで室内への花粉浸入を制御することが望ましい。

花粉アレルギーは現在顕著である目や鼻の症状が取り上げられていて，ぜん息やアトピー性皮膚炎などへの直接的症状は明らかではない。花粉症に罹患する人は他のアレルギー疾患も併せ持っていることが多い。

アレルギー患者宅のダニ・カビの実態調査の結果を表-2.8.1と図-2.8.9に示す。

2.8.4 アレルゲンの人体影響（アレルギー疾患）

食物，花粉，微生物などのアレルゲンは抗体のひとつであるIgEの高いアレルギー性の体質の人に異物（抗原）が侵入することによりアレルギー反応を起こす。IgEは本来寄生虫に対してつくられる抗体であって肥満細抱に終結するので寄生虫を持っている人は他の異物（アレルゲン）を受け入れられない。我が国で最近アレルギー性の疾患が急増したのは上下水道の完備，水洗便所の普及など環境衛生がよくなったことや，化学肥料の使用などで環境的に寄生虫がほとんどいなくなったことにある。

カビのアレルギー疾患を持っている人はほとんどがダニに対してもアレルギーを持っており，カビも1種類のカビのみにアレルギー反応を示すのではなく2種類以上のカビをアレルゲンとするといわれている。

ダニをアレルゲンとする疾患は，アレルギー疾患として発症するぜん息殊で子供のぜん息にとって大きな原因となっている。その他，アトピー性皮膚炎，鼻炎などの原因となり，住宅の床仕上げ材の検討や寝具の清掃などが注目されている。

花粉は微生物とは異なって屋外に発生源があり，多くは換気によって室内に侵入してくる。したがって，屋外での被曝は，マスクやゴーグルなどで被害を少なくする方法以外にないが，室内での人体影響を低くするには，開口部や人体に付着して侵入することをできるだけ避け，室内濃度を低くする事である。

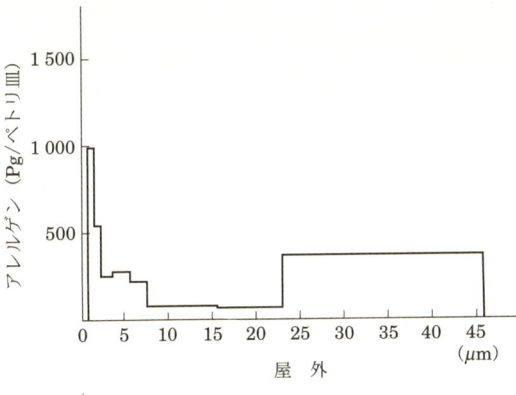

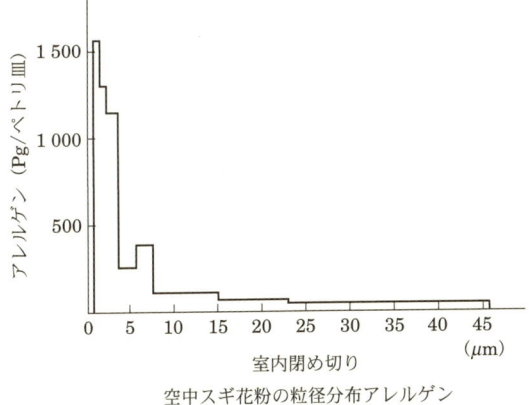

図-2.8.8 アンダーセンサンプラによるスギ花粉の室内粒径分布

2 各論

表-2.8.1 実測したアレルギー患者の概要

アレルギー患者	年齢/性別	IgE値	アレルゲン	病名	住宅形態
A	4歳/男児	360	ヤケヒョウヒダニ ハウスダスト	気管支ぜん息	集合住宅
B	14歳/男児	670	ヤケヒョウヒダニ ハウスダスト アルテルナリア	気管支ぜん息 アトピー性皮膚炎 アレルギー性鼻炎	戸建て住宅
C	5歳/男児	470	ヤケヒョウヒダニ ハウスダスト	気管支ぜん息	戸建て住宅
D	4歳/男児	250	ヤケヒョウヒダニ ハウスダスト	気管支ぜん息	集合住宅
E	14歳/男児	630	ヤケヒョウヒダニ ハウスダスト ネコのフケ	気管ぜん息	戸建て住宅
F	8歳/男児	520	ヤケヒョウヒダニ ハウスダスト スギ	気管支ぜん息	集合住宅
G	14歳/男児	560	ヤケヒョウヒダニ ハウスダスト	気管支ぜん息	戸建て住宅 (新築)
H	9歳/女児	660	ヤケヒョウヒダニ ハウスダスト カモガヤ	気管支ぜん息 アトピー性皮膚炎 アレルギー性鼻炎	戸建て住宅
I	8歳/男児	560	ヤケヒョウヒダニ ハウスダスト	気管支ぜん息	戸建て住宅 (新築)

注) 上記は測定当時の結果である。

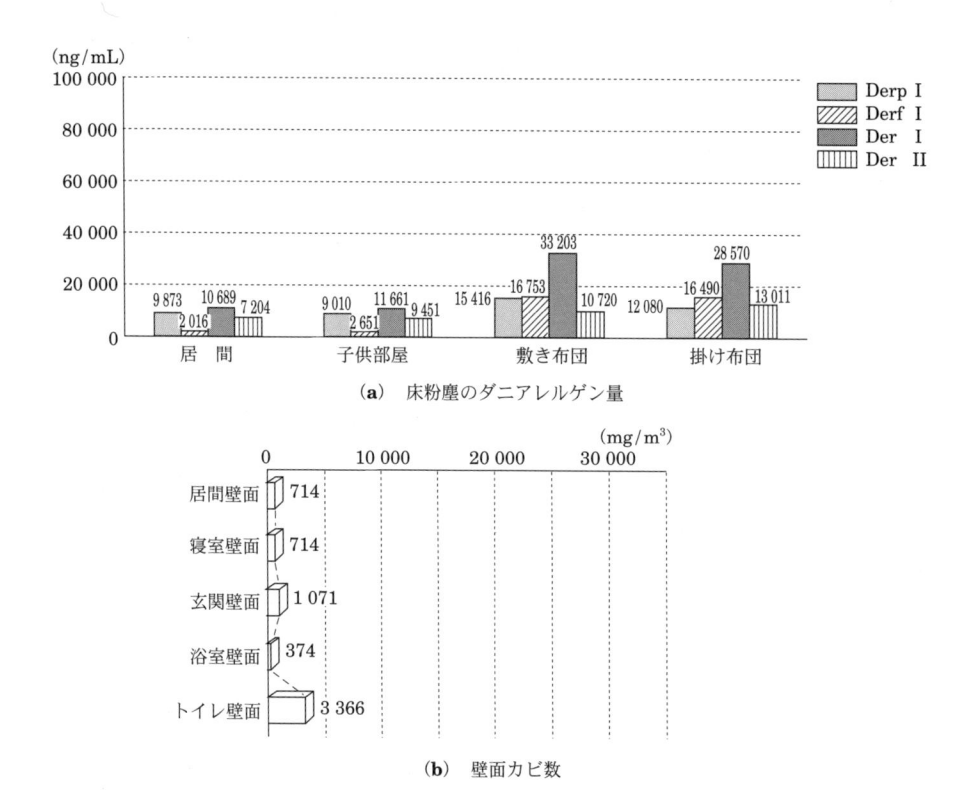

(a) 床粉塵のダニアレルゲン量

(b) 壁面カビ数

図-2.8.9 アレルギー患者宅のダニ・カビの実測結果

2.8.5 アレルゲンの予防,抑制

アレルゲンの予防には室内発生性の場合,室内の仕上げ材の選択結露の予防など建築物で予防する方法が第一であって,防黴剤や防虫剤で増殖を予防するのは本来の予防法ではない。また最近問題になっているVOCの発生の被害を考える時,薬剤の使用はできるだけ避けるべきである。

2.9 微生物

微生物については建築に関する室内の微生物汚染，屋外の変動等について述べ，細菌学あるいは真菌の分類などの微生物専門については記述しない。

2.9.1 建築環境の微生物

(1) 細 菌

空中に浮遊する細菌は病原菌を含む一般細菌であるが，建築環境で捕集されるのは特殊な病原菌を捕らえられないトリプトソイや標準寒天などの培地にコロニーとして発生する細菌のみを取り上げ一般細菌としてその挙動を求めている。結核やジフテリアなどの病原菌は該当する病原菌を捕らえ得る培地でのみ菌の発生がある。

(2) 真 菌

一般に真菌といわれるものには藻菌類，子嚢菌類，原生菌類，担子菌類などであるが，カビは子嚢菌類に含まれ不完全菌という有性生殖が未知のものがある。PDA培地などの一般真菌捕集用の培地に発生する酵母は真菌については含まれるカビではなく，菌糸を持たない。建築環境で環境汚染の1つとして測定するときはPDA培地上に発生するコロニーを計数して汚染度を求める。

酵母は真菌に含まれないがアレルゲンとして作用するのでカビと分けて計数する必要がある。

2.9.2 発生源と増殖

(1) 真菌の発生源

真菌の発生源は屋外の土壌である。土壌中の菌が風などに巻き上げられて空中に浮遊し，換気によって室内に侵入し，適温適湿な環境で増殖する。室内での真菌の増殖媒体は建材，塵埃，衣服，食物などであるが建材でもっとも増殖が顕著なのは新畳表である。結果を図-2.9.1に示す。

畳は藺草を編んだ製品であるため繊維の中を菌糸が成長し，藺草の栄養分を摂取して成長に適した室内の温湿度でカビの成長が顕著であると思われる。したがって，新畳より成長は劣るが，古畳表，藁床もよく成長する。

その他，スギ，マツなどの構造材にも成長は遅いがカビの成長が認められる。接着剤に防微剤が混入しているはずの合板にもカビの増殖が認められ，無機質のせっこうボードなどには増殖が認められない。

建材以外でカビが増殖し，室内濃度に影響を与える要因のひとつに空調設備のダクト内の堆積塵埃に増殖するカビの室内への放出がある。ダクト内の体積塵埃から細菌と真菌を分離したところいずれもカビ量が多く細菌は僅少であった。このことから堆積塵埃中ではカビは増殖するが細菌はほとんど増殖しないことが明らかになった。塵埃に含まれる栄養分によるものと思われる。結果を表-2.9.1に示す。

建築物の内部で増殖したカビは清掃などの室内の活動によって室内に浮遊拡散し室内濃度を構成する。カビは発生源である外部からの侵入後室内の建材に増殖して室内で浮遊するというメカニズムから人体からの発生はないと思われ在室人数と

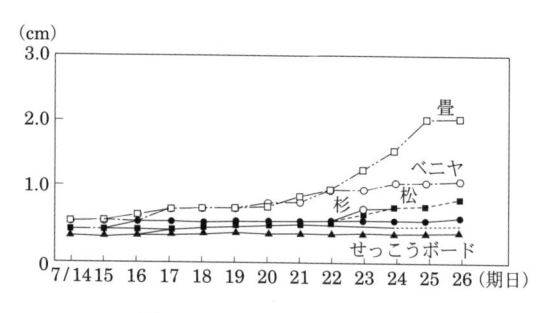

図-2.9.1 建材に増殖するカビ

表-2.9.1 ダクト内堆積塵埃中の細菌・カビ

対象建物	真菌数 (cfu/g)	細菌数 (cfu/g)	粉塵全重量 (kg)	全粉塵量に対する真菌数 (cfu/g)	全粉塵量に対する細菌数 (cfu/g)
研究室	3F 200 Ent 4F	10 100 2 500 460	1.5	3.0×10^3	1.5×10^3 3.8×10^3 6.9×10^3
オフィス	68 000		0.5	3.4×10^3	
製剤工場	RA 29 000 SA 28 000	20	5.0	1.5×10^3 1.4×10^3	1.0×10^3
食品工場		60	1.0		6.0×10^3
銀行	154 000	40	9.3	4.6×10^3	1.2×10^3
共同ビル	82 000		4.0	3.3×10^3	
オフィス	1 600	10	0.2	3.2×10^3	2.0×10^3
工場	27 000	510 000			
オフィス	7 300	2 500	0.02	1.6×10^3	4.6×10^3
オフィス	200	80			
オフィス	0	18 000			
病院	2 200	10			

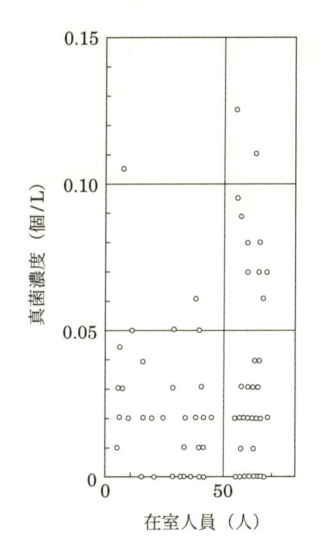

図-2.9.2 在室人数とカビ濃度の関係

カビ濃度は相関を示さない(図-2.9.2)。

(2) 細菌の発生源と増殖

細菌も発生源は土壌菌であるが、室内での主な発生源は人体である。人体の新陳代謝によって剥落する垢や雲脂に付着して空中に浮遊し室内濃度を構成する。浮遊した細菌は室内の適温適湿の環境で栄養分のある箇所で増殖する。ことに水分が多く栄養豊富な厨房、浴室の排水口などで増殖が著しい。細菌は食中毒などの人体への被害があるため、厨房の消毒などに注意を払う必要がある。

室内で浮遊する細菌は人体が主でありこの細菌はほとんど病原菌を含んでいないので特に感染症の発生がない限り室内濃度に神経質になる必要はないが、室内濃度の高い環境ではいったん結核などの感染症が発生すると高濃度の環境要因が感染症を蔓延させる可能性がある。したがって細菌の室内濃度は室内の感染の可能性の指標として考えなければならない。

細菌が人体から発生することから、室内の在室人数と細菌数の関係は相関が認められる。図-2.9.3に細菌と在室人数の関係を示し、人体からの発生量を表-2.9.2に示す。

細菌が人体から発生することは浴槽内の細菌数からよく分かる。24時間風呂のレジオネラ菌汚染が問題になり、実際にレジオネラ菌に感染した例も報告されたが、入浴後の浴槽の湯の中の24時間測定では、入浴後12時間後から一般細菌が急激に増加してくるのが分かった。24時間で30～40℃の湯温が細菌の培養温度に適していて増殖するのである。図-2.9.4に結果を示す。

2 各　論

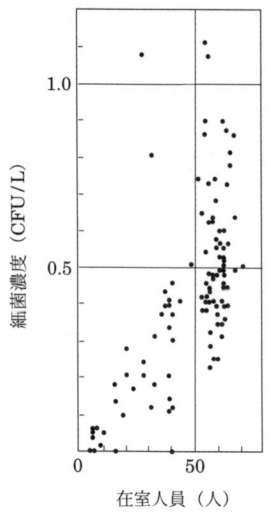

図-2.9.3　在室人数と細菌濃度との関係

表-2.9.2　人体からの細菌発生量

実験者	実験条件	発生量 (個/(分・人))			
小林・吉沢・本田[1]他	防音教室	夏　241　(1 250～20) 冬　441　(720～200)			
本田[2]	地下街	夏　9 000～13 000　(平均) 冬　1 000～5 000　(平均)			
吉沢・菅原[3]他	病院外来	680　(230～1640)			
正田・吉沢[4]他	チャンバー内浮遊濃度	静止　10～200 歩行　600～1 700 早足　900～2 500			
Duguid[5]	提　案	だ液 1mL 中の菌数			
		30 000 000	1 000 000	30 000	1000
		くしゃみ1回 　62 000	4600	150	5
		せき1回　　　　710	64	2	0
		1～100を 数える発生　　　36	3	0	0

1)　本田えり 他：日本建築学会大会学術講演会梗概集，pp.33-34 (1970.9)
2)　本田えり：室内空気の細菌汚染に関する環境工学的研究（大阪地下街環境における空中細菌），空気調和・衛生工学，47-12, pp.1-11 (1973.12)
3)　吉沢晋 他：病院の空気清浄化設計に関する研究－測定例を中心として，空気調和・衛生工学，47-6, pp.17-30 (1973.6)
4)　正田浩三 他：日本建築学会大会学術講演会梗概集，pp.277, 278 (1977.10)
5)　Duguid, J.P.：*J. Hyg. Camb.* 44, p.471 (1946)

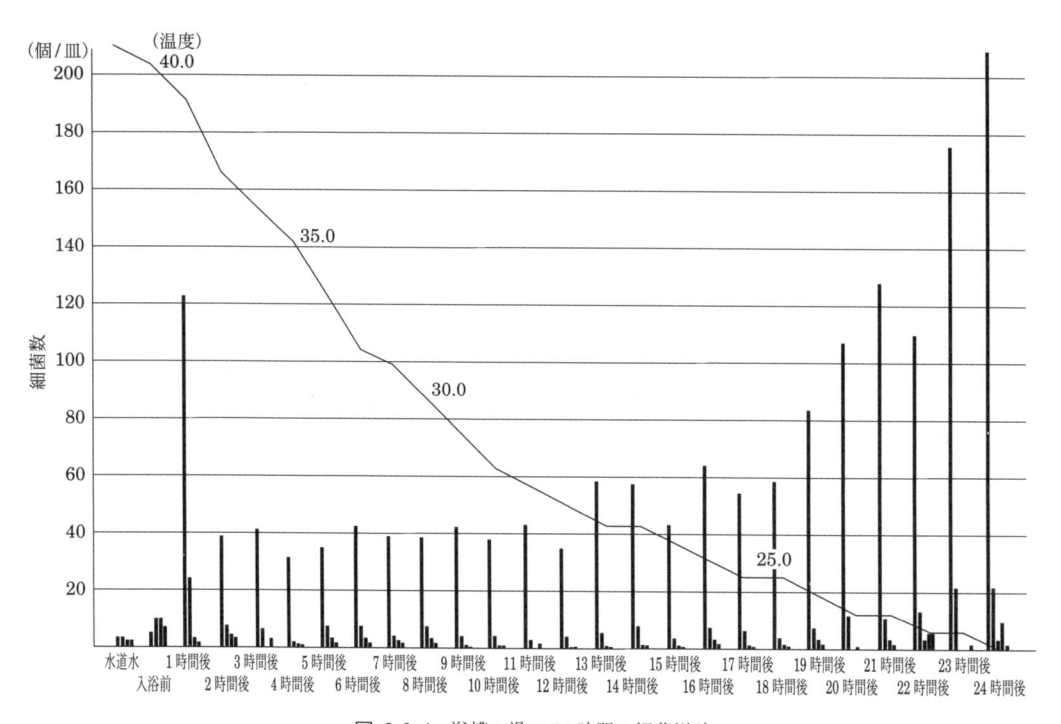

図-2.9.4　浴槽の湯の 24 時間の細菌増殖

2.9.3 細菌・真菌の増殖要因

細菌も真菌も増殖するのにもっとも必要なのは水分である。したがっていずれの菌も増殖に適した温湿度がある。細菌は人体の体温に近い37℃,湿度は 60～70％以上であれば培地上で増殖する。真菌は温度 20～30℃がよく増殖するが,25℃がもっともよく増殖する。湿度は 100～90％でよく増殖するが66％以下になると菌糸の伸長が止まる（図-2.8.6）。増殖には適切な温湿度にわずかな栄養分が必要である。栄養分はカビはほんのわずかな栄養分で増殖するが細菌は真菌に比して富栄養でないと増殖しない。

ダクト内の堆積塵埃を使用して無機質と有機質の培地を作成し,カビと細菌の成長速度を観察したがカビの場合には塵埃を灰化して有機物を除いた灰で作成した培地にカビを移植したところ成長速度は非常に遅いが死滅することなく菌糸の伸長を示し無機質にもカビの増殖が可能であることを示した。堆積塵埃から抽出した有機質では脂質,アミノ酸,糖質の3種類を用いた培地に移植したカビはよく成長した。図-2.9.5 に結果の一部を示す。

一方,細菌についてはカビに用いたのと同一の液体培地に菌を移植して震盪培養した結果,いずれの培地にも細菌はまったく増殖せず堆積塵埃の培地では細菌が増殖しないことが明らかになった。これは栄養価の問題と思われ細菌はカビが増殖する貧栄養では増殖しない。

図-2.9.6 に細菌の培養結果を示す。

2.9.4 微生物の挙動

(1) 粒 径

微生物の粒径は微生物用の6段型アンダーセンサンプラを用いて各段の捕集量を対数確率紙上にプロットしてその50％値を平均粒径とした。

対数確率紙上でカビはほぼ直線を示したことからアンダーセンサンプラの各段の値を用いて計算,作図をしたところカビの粒径分布はほぼ対数正規分布であることが明らかになり,分布型のピークは 3.5μm であり前述の対数確率紙上の50％値と一致することが分かった。

一方細菌は対数確率紙上のプロットでも直線を示さず計算値でも対数正規分布のような分布型は求められなかった。平均粒径は 6.5～7μm である。

空中浮遊中の菌類の平均粒径はその浮遊生態によるもので,カビはその生態から胞子のみが1個または数十個の固まりとなって単独で浮遊する。細菌は単独で浮遊することなく埃などに付着して浮遊するといわれ,したがって平均粒径は大きくなる。

カビの 3.5μm をピークとする対数正規分布は場所,季節を問わず同一の分布型を示すが,細菌の分布型はその都度異なり,代表的な分布型を明らかにすることは不可能であった。

空中浮遊中の菌類の粒径分布を確かめることは,その結果を空調設備のフィルタ等建物の工学的処理への応用を考える時の参考として重要である。細菌・真菌の粒径分布型を図-2.9.7 に示す。

(2) 微生物の濃度変動と室内濃度

微生物は室内外ともに始終小さい変動をしながら浮遊している。図-2.9.8 に示すのは風速 2～3 m/s の条件下でビルの屋上で長時間スリットサンプラを用いて2分毎の濃度変動をプロットした結果である。屋外の細菌・真菌はこのように小さい変動を繰り返しながら浮遊している。

屋外の変動では気象変化の濃度変動への影響が考えられる。降雨の影響は霧雨の降り始めには空中の微生物量は増加し,大雨によっては空気中の浮遊微生物量は非常に減少する。降雨によって落下してしまい空中濃度は低くなるものと思われる。風速については空中濃度に影響をあたえるのは5m/s以上であるが,風速が大きい時菌類の空中濃度は非常に高濃度になる。

室内の微生物の濃度変動は屋外と異なり人の活動や在室人数などの影響が加わる。図-2.9.9 に空調設備のあるオフィスビルの細菌・真菌の1日

2　各　　論

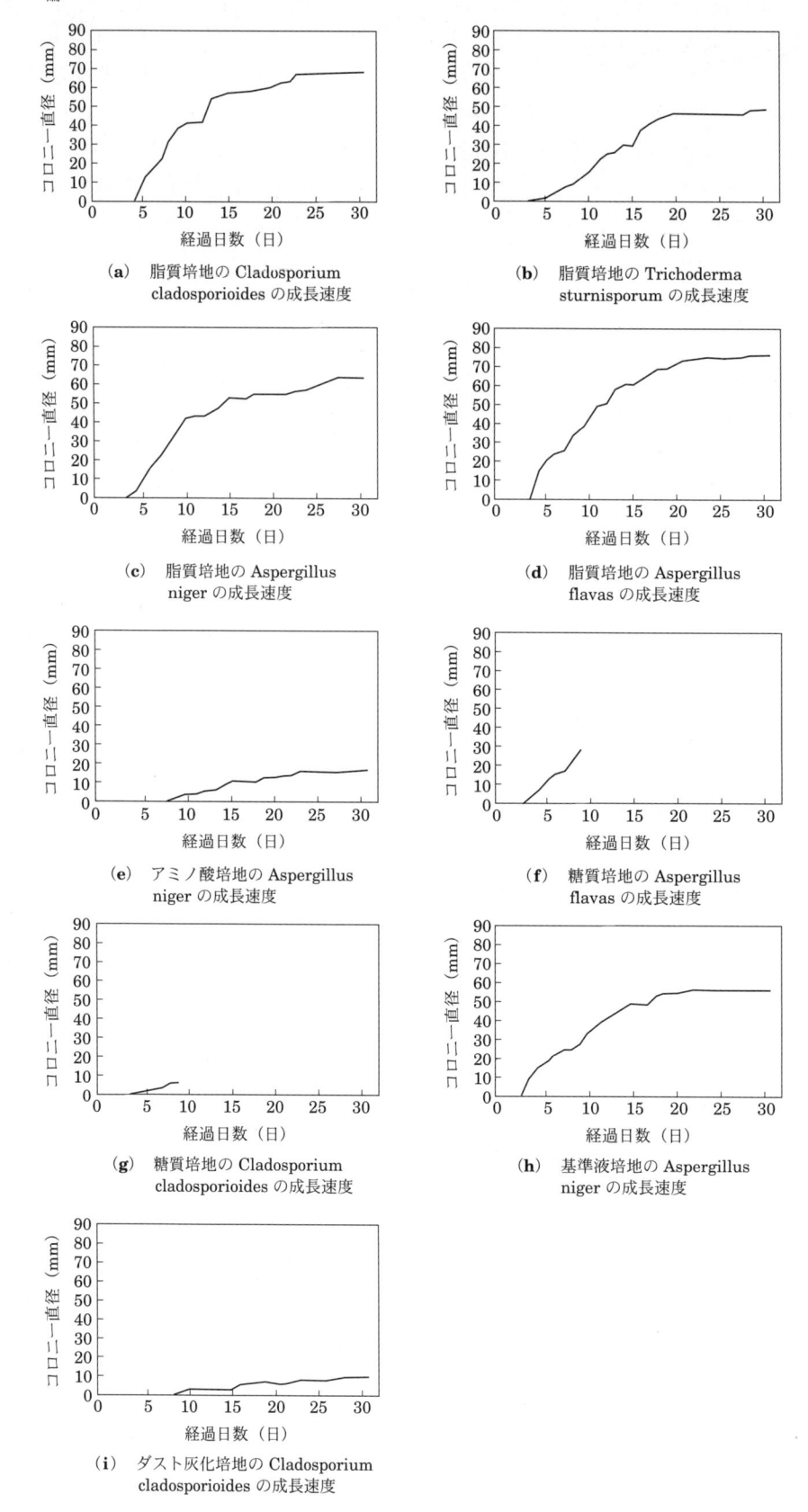

(a) 脂質培地の Cladosporium cladosporioides の成長速度

(b) 脂質培地の Trichoderma sturnisporum の成長速度

(c) 脂質培地の Aspergillus niger の成長速度

(d) 脂質培地の Aspergillus flavas の成長速度

(e) アミノ酸培地の Aspergillus niger の成長速度

(f) 糖質培地の Aspergillus flavas の成長速度

(g) 糖質培地の Cladosporium cladosporioides の成長速度

(h) 基準液培地の Aspergillus niger の成長速度

(i) ダスト灰化培地の Cladosporium cladosporioides の成長速度

図-2.9.5　ダクト内堆積塵埃培地を用いたカビ増殖

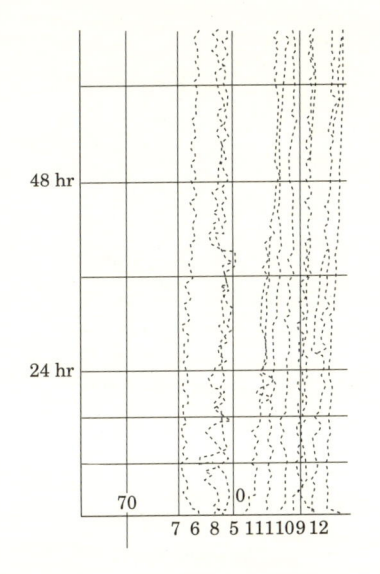

2.9 微生物

1	Lipid media	Espherichia coli
2	Lipid media	Staphylococcus aureus
3	Lipid media	Klehsitlla pneumoniae
4	Lipid media	Trichophyton mentagrophytes
5	Basal liquid media	Espherichia coli
6	Basal liquid media	Staphylococcus aureus
7	Basal liquid media	Klehsitlla pneumoniae
8	Basal liquid media	Trichophyton mentagrophytes
9	Ashed dust media	Espherichia coli
10	Ashed dust media	Staphylococcus aureus
11	Ashed dust media	Klehsitlla pneumoniae
12	Ashed dust media	Trichophyton mentagrophytes

図-2.9.6 ダクト内堆積塵埃培地を用いた細菌増殖

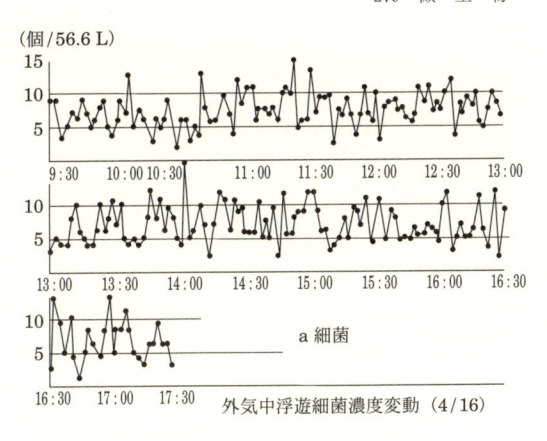

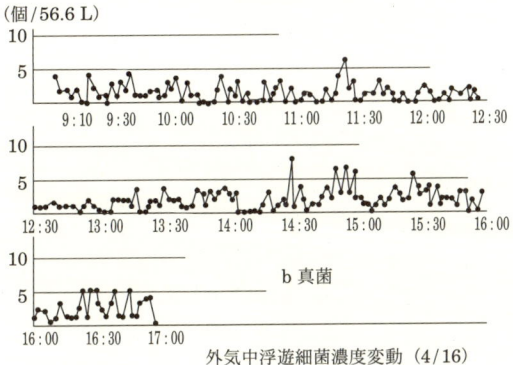

図-2.9.8 屋外の浮遊微生物の濃度変動

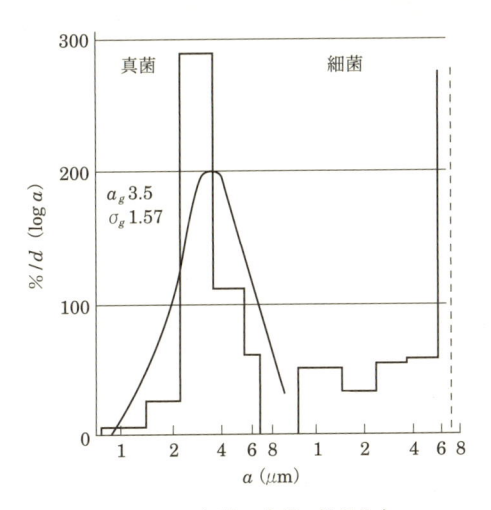

図-2.9.7 細菌・真菌の粒径分布

の濃度変動を示す。細菌の変動図で明らかなのは昼食の前後に細菌濃度が高くなり，在室員の昼食への移動時の活動が細菌濃度に与える影響が顕著である。この高濃度にはさまれた1時間は，在室人員の極端な減少と活動がほとんど皆無になるこ とから，細菌濃度は非常に低くなる。このような顕著な変動以外に，就業中の小さい変動が見られる。

真菌については就業前のモップ掃除時に1日の最高濃度を示すが，これは前日のモップの水分が乾燥しない状態を繰り返し使用し，モップにカビが増殖して空中に飛散したものと思われる。モップの乾燥，消毒など室内の濃度構成への影響を抑制する必要がある。

室内の細菌の標準的濃度は空調設備の整ったオフィスビルでは$0.1 \sim 0.2$CFU/lである，真菌は$0.02 \sim 0.03$CFU/lで細菌の1/10である。このカビの室内濃度は空調設備のダクト内の堆積塵埃に増殖するカビの室内への吹き出し濃度に等しい。したがって空調設備の完備しているオフィスビルの室内カビ濃度はダクト内のカビ増殖によるものと思われる。

2 各　　論

(個/56.6 L)

オフィス浮遊細菌濃度の変動（12/18）

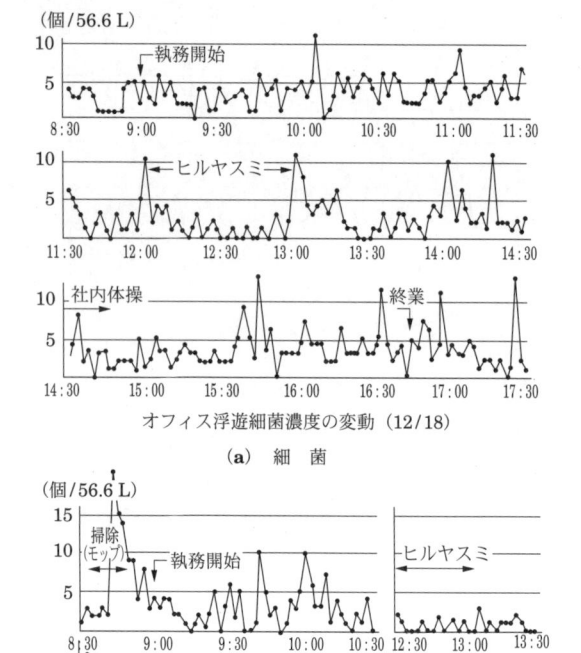

(a) 細菌

(個/56.6 L)

オフィス浮遊真菌濃度の変動（12/19）

(b) 真菌

図-2.9.9　屋内の浮遊微生物の濃度変動

2.9.5　真菌の浮遊状態から求めた形態学的直径と動力学的直径の比較

　微生物がどのような状態で空中を浮遊しているかについては従来の微生物学では検討されて来なかった。微生物の粒径についても従来の生物学では１個の胞子や生物体として形態学的な大きさで表現されていた。しかし，空中の浮遊状態を解明するために用いられるアンダーセンサンプラのような空中菌を捕集する機器はすべて粒径を空気動力学的直経で捕らえる。したがって，この機器で捕らえられる菌の粒径は形態学的直径とは異なる。ここで真菌について形態学的直径と空気動力学的直径の比較を行い空中を浮遊する真菌の浮遊状態の解明を求めた。
　実験用のダブルチャンバーとアンダーセンサンプラを用いての実験では，チャンバー内で人工的に飛散させた胞子をアンダーセンサンプラの各段に捕集し，顕微鏡により捕集菌の観察を行った結果，空中浮遊中の真菌は胞子１個ではなくいくつかの胞子が凝集している場合と１個で浮遊している場合の混合であることが分かった。
　第１段目では粒径 13〜37μm，胞子数は 12〜44 個の凝集である。第２段目は粒径 13〜37μm であるが胞子数は 12〜30 個の凝集，3段目では 6.6μm をピークとして，4.68〜53μm の分布で凝集胞子数は 3〜4 個が多く 1〜30 個の範囲である。第４段目では 4.6μm をピークとして 2.3〜18.7μm で胞子数はほとんど２個であって 1〜12 個の範囲で存在する。第５段目は 2.3μm をピークに 1.6〜4.5μm の分布をし，胞子数は 1〜5 個の間である。第６段は胞子数も非常に少なく粒径は 1.6μm 前後で胞子数は１個である。
　この結果からみるとアンダーセンサンプラの上段に捕集される胞子は 40〜50 個の凝集体であって胞子１個の大きさではないことが分かる。空気動力学的直径としてサンプラが捕集している直径は凝集体の直径も１個として捕らえているのである。
　このように，空中浮遊の真菌は粒径の大きなものは凝集体であることが明らかになった。前述で粒径分布曲線で 3.5μm をピークとする対数正規分布曲線を描くことが分かっている。これはアンダーセンサンプラの４段目である胞子数がほとんど２個で 1〜12 個の分布を持って浮遊している胞子がもっとも多いことを示しており，粒径の大きさではないことが分かる。
　アンダーセンサンプラの各段に捕集された粒子をグラティキュールによって形態学的直径を計測した総数分布曲線とヒストグラムを図-2.9.10 に示す。
　この各段の捕集菌を空気動力学的直径に適応させた分布曲線を図-2.9.11 に示すが，従来の対数正規分布曲線と同一の曲線を示した。したがってこの形態学的直径の分布は従来空気動力学的直径で捕らえていた粒径分布と同様の分布をなしてい

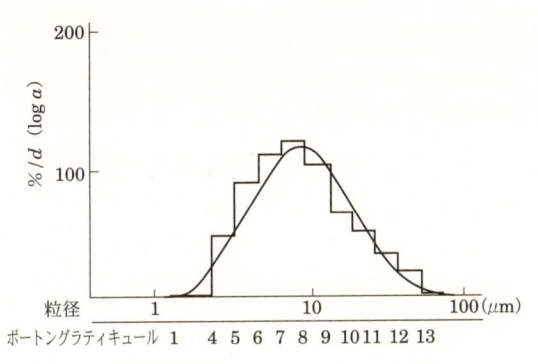

図-2.9.10 形態学的直径を計測した総数分布曲線とヒストグラム

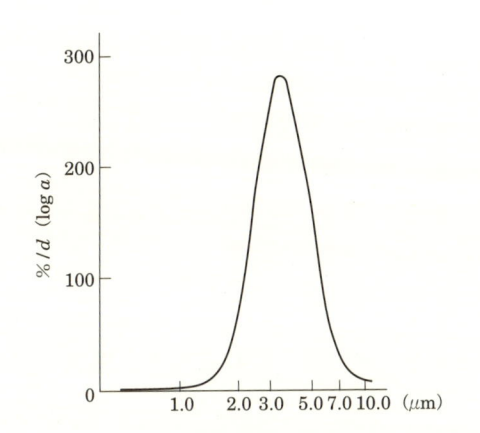

図-2.9.11 図-2.9.10の空気動力学的直径の分布曲線

表-2.9.3 空気動力学的直径と形態学的直径から求めたカビの密度

段	d_f (μm)	d_i (μm)	ρ_r
1	31	11.2	0.13
2	18	6.75	0.14
3	12.5	4.5	0.13
4	5.6	2.875	0.26
5	3.05	1.825	0.35
6	1.66	1.075	0.41

注）d_i：空気動力学的直径
　　d_f：形態学的直径
　　ρ：Cladosporium 密度（g/m³）

表-2.9.4 アンダーセンサンプラ各段の粒径別捕集範囲

段	空気動力学的直径 (μm)	形態学的直径 (μm)
1	8.0 以上	36 以上
2	5.5-8.0	26-36
3	3.5-5.5	16-26
4	2.25-3.5	8.8-16
5	1.4-2.25	4.4-8.8
6	0.75-1.4	2.2-4.4

ることが確認された。

この実験に用いたアンダーセンサンプラの特性から使用した真菌の ρ を求めるために Ranz & Wong のインパクションパラメター

$$\sqrt{\psi} = \sqrt{\frac{c\rho g v}{18\mu D_c}} \cdot d$$

ρ：粒子の密度
v：気流の速さ
D_c：孔の直径
c：カニンガムの補正係数 = 1
μ：1.81×10^{-4} gm/s·cm

を用いた。結果は粒径が外形で検鏡しているため大粒子になるほど空気や間隙を含んだ粒径としてみているためである。表-2.9.3に結果を示す。

表-2.9.3で求めた ρ を Ranz & Wong のインパクションパラメターの ρ に代入して各段の衝突効率を求め、捕集粒径範囲を求めた。アンダーセンサンプラの各段の空気動力学的直径と形態学的直径の比較を表-2.9.4に示す。

2.9.6 真菌・細菌の拡散

真菌や細菌の存在する物質に衝撃を与え、どのような拡散をするかの実験結果を図-2.9.12に示す。真菌は胞子が単独で浮遊すること、密度が小さく軽いことから広く拡散し、拡散を示す等高線はゆるい。細菌は埃などに付着して浮遊するために粒径が大きく重いので、発生源からの拡散範囲は真菌より狭く、等高線は急勾配である。このことから室内の在室者の活動によって発生する細菌粒子は比較的発生源の近くに落下すると思われる。これに反して真菌は清掃などで舞い上がった胞子は遠方まで飛散し、汚染範囲は広いと思われる。

2.9.7 微生物の人体影響

微生物の人体への影響は疾病に関する病原菌は空気感染の場合は空中に存在する菌によるが、細

2 各論

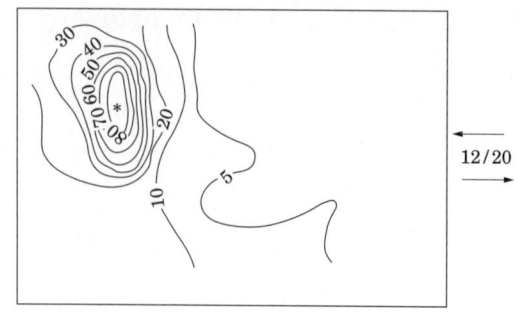

(a) 細菌平面分布（コロニー／皿／24 時間）

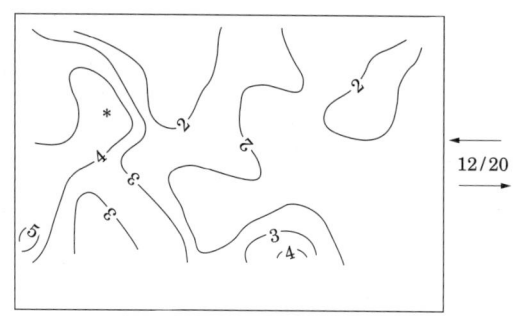

(b) 真菌平面分布（コロニー／皿／24 時間）

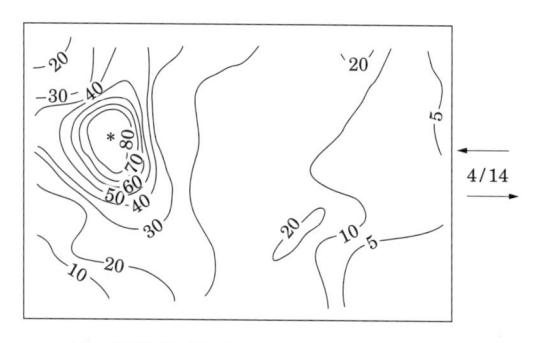

(c) 細菌平面分布（コロニー／皿／2 時間）

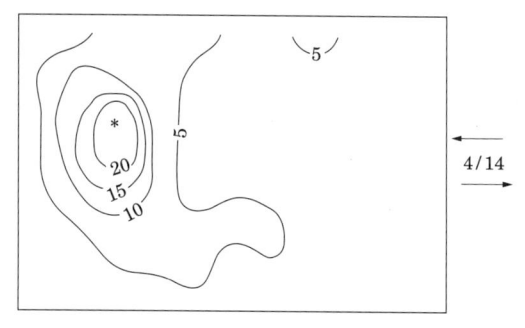

(d) 真菌平面分布（コロニー／皿／2 時間）

図-2.9.12　細菌・真菌の発生源からの拡散

菌だけでなくウイルスやカビなど呼吸器からの吸入によって感染する。病原体との接触や医療器具などを通して感染するリスクも大きく、空調機器や医療器具、感染症の患者との接触によって発病する場合、院内感染として原因をよく究明して感染を防止しなければならない。院内感染を予防するために感染の危険のある患者の病室に入室する際、履ものの交換、手の消毒、帽子の着用などの規定がある。

真菌についてはアレルギー性の体質を持った人はぜん息やアトピー性皮膚炎、結膜炎などの原因となるアレルゲンとして重要視されている。その他、体力の弱った人や免疫抑制剤の投与を受けている人などに真菌による肺真菌症の発症がある。

体の弱った人でなくても室内に大量のカビ発生がある場合肺真菌症を起こす場合もあり、農家の小屋裏に貯蔵した枯れ草から天井を通して室内にカビが落下し続け就寝していた人達が発症した例がある。また外国の文献によれば刈り取った枯れ草を撹拌する作業をする農夫にぜん息様症状があり、農夫病として認識されている。

2.9.8　微生物の被害に対する抑制・防止策

室内に増殖する細菌は直接疾病に関係することから、経口感染に対して食物を扱う箇所、住宅では厨房、冷蔵庫などの清掃、消毒が重要である。

事務所、特に食物を扱うホテル、旅館の厨房、給食センターでは室内の清掃、器具の消毒、材料の保存など細菌の増殖を抑制し、食中毒の防止を心掛けなければならない。

製薬工場で作業場への入室には専用衣服、帽子を着用し、入室にはエアシャワーを通過して作業につく、薬局では定期的な室内の微生物濃度の測定等を行い室内の汚染度のチェックを行うことが義務付けられている。

食品加工事業ではHACCPとして製品の汚染を抑制することが提唱された。HACCPは製品の製造過程から出荷までを施設の整備、機械器具の衛生管理、保守点検を行うことが食品衛生管理システムとして各国で採用されつつある。

呼吸器系の感染症では最近各地の病院で発生している結核の集団感染が、同じ病院の患者や看護

婦であることから患者に接触しないことがもっとも重要であるが十分な室内の換気量を保持することなどが設備面からは最大の予防策である。その他病院などでは消毒方法，清掃方法などいまだ十分とはいえない。

　真菌については室内に真菌の発生する箇所をつくらないことが最大の予防策である。室内の真菌発生は前述のようにアレルギー疾患や真菌症の原因となり，真菌の発生源が建物の内部にあることが明らかであるので，発生の原因となる過剰な室内湿度の除去，結露の予防が真菌の重要な室内濃度低下の条件である。

　結露は暖かい室内空気に含まれる水蒸気が窓ガラスや壁面の温度の低い箇所に触れて飽和水蒸気量を越えた時，含み切れない水蒸気が水滴となって付着する現象である。飽和水蒸気量は空気の温度が高いほど多量に含むので温度の低い箇所では余分な水蒸気は水滴になる。結露で湿った箇所はカビの発生源となる。外壁部分に断熱材を挿入して壁面の温度の低下を防ぐことや水蒸気濃度を下げることで結露を防ぐことは室内のカビ発生の大きな予防法である。

　その他，浴室の水蒸気をよく排出すること，エアコンのフィルタの掃除を度々行い塵埃に増殖するカビを最小限にすることなど室内のカビ増殖を最低限にするべく定期的なメンテナンスを行い必要に応じて消毒を行うなどが微生物の抑制，防止策である。

参考文献

1) 正田浩三，菅原文子，入江建久：室内の微生物拡散に関する基礎的研究，昭和53年度日本建築学会関東支部研究報告集，pp.125-128
2) 菅原文子，吉澤晋：空中浮遊微生物の濃度変動について（その1），日本建築学会大会学術講演梗概集，pp.329-330 (1980)
3) 菅原文子，吉澤晋：空中浮遊微生物の濃度変動について，昭和55年度日本建築学会関東支部研究報告集，pp.73-76
4) 吉澤晋 他：SCTビルの室内空気汚染測定（第1報）―微生物汚染について―，昭和56年度日本建築学会関東支部研究報告集，pp.81-81
5) 吉澤晋，菅原文子：建築空間における空中浮遊微生物粒子の評価方法に関する研究（第1報），―真菌の空気動力学的直径と形態学的直系の比較―，日本建築学会計画系論文報告集第371号，pp.9-17
6) 菅原文子，吉澤晋：相対湿度と真菌の成長速度について，日本建築学会大会学術講演梗概集，pp.801-802 (1992)
7) 菅原文子：建材上のカビの成長速度に与える温湿度の影響，日本建築学会計画系論文報告集第441号，pp.9-13
8) 菅原文子，諸岡信久：空調機ダクト内の微生物汚染，日本建築学会計画系論文集代493号，pp.99-104 (1997)

2.10 アスベスト

2.10.1 アスベストの概要

(1) 物性

アスベスト（Asbestos：石綿）は，天然の岩石繊維で，次のような多くの優れた性質を持っている。

① 高抗張力
② 不燃・耐熱性
③ 断熱性
④ 耐磨耗性
⑤ 吸音性
⑥ 絶縁性
⑦ 耐薬品性
⑧ 耐腐食性・耐久性
⑨ 親和性（他物質との密着性）
⑩ 紡織性（柔軟性）

このようにアスベストは，多くの特性を併せ持ち，特に耐熱性と機械的強度は他に見られない特性である。しかも安価であるために，古くから工業原材料として広く利用されてきた。

建築分野では，当初超高層ビルの骨組み鉄骨の耐火被覆材として，建築基準法でも特にアスベストが指定されていたほどである。また断熱材として，断熱，吸音等の目的でセメントに混ぜて天井，内壁に吹き付けられる吹き付けアスベストとして多用されてきたが，その人体影響が論じられるに及んで，1980年代以降アスベストの含有量は，5％以下，1％以下と順次制限されるようになり，断熱，耐火用としては岩綿，断熱用としてはガラス繊維などの代替物質が多用されはじめた。内・外装用のスレート板などセメント成型品については制限範囲内の混和剤としてアスベストはなお用いられているが，あらゆる分野での全面的使用禁止の動向とともに，アスベスト建材の新規生産も行われなくなる見通しである。

ちなみにアスベストの和名の石綿と，岩綿とは混用されがちであるが，石綿（アスベスト）は天然の鉱物繊維であるのに対し，岩綿は溶融した鉄鉱石スラグなどを繊維状に吹き出してつくられた二次製品で，一般的に物性は著しく異なっている。

(2) 発生源

a. 吹付け面からの発生

アスベスト汚染源として建築物内でもっとも問題となるのは吹付けアスベストである。吹付けアスベストは主として吸音の目的で1960年代より1974年まで一般ビルの天井面に多く施工され，また騒音の著しい空調機械室などでは天井ばかりでなく壁面についても広範囲に施工されてきた。

これらは経年変化による劣化によって，アスベスト繊維が離散する恐れがある。とくに不注意に吹付け面に器物によって損傷を与えたり，あるいは小中学校などでは生徒が激しい動きや，吹付け面にさまざまな乱し行為を加えたりすることによって，著しい飛散が起りうる[6]。

また，除去，封じ込め，囲い込み等のアスベスト防除工事を施工したあとも，それ以前に飛散し，堆積していたアスベスト粒子の再飛散による長期間の残存汚染も看過することはできない[21]。

b. アスベスト含有成型建材からの発生

吹付けアスベストからの発生に比べれば，成型品として固められている建材からのアスベスト発生の危険は，通常の使用状態においてははるかに低い。しかしながら，アスベスト製品を製造・加工している労働現場は別として，一般室内環境でそれらの製品を切ったり，折り曲げたり，傷つけたりする場合は，その傷口からアスベストが一時的に多量に放出される可能性がある。

ビニル床タイルも，成型品としての建材であり，広く普及しているが，1985年までに製造された

ビニル床タイルには5％程度のアスベストが補強材として含まれていた。またビニルタイルが普及する以前に使用されたアスタイル（アスはアスファルトの略であるが，アスベストも多量に含まれていたという）は，その割れやすさによって今ではほとんど見なくなったが，これらはいずれも不適切なメンテナンス作業を行った場合に表面を傷つけ，アスベストを発生させることが考えられる。

ビニル床タイルの清掃に関連したアスベストの発生について，筆者らが行った研究[22]では研磨力の強いパッドをポリッシャー（回転床磨き機）に装着して高速回転させた場合，1分あたり約 $2 \times 10^5 f$ の発生があることが分った。これは吹付けアスベストに対するもっとも激しい天井擦り行為の約 1/100 に相当する発生量である。

通常このような乱暴な研磨法は行われないにしても，一般に不注意な作業によるアスベスト含有建材からの飛散の可能性については常々留意していなければならない。

c. その他耐火被覆部分等からの発生

アスベストの健康影響が問題とされ始めてより，建築物内のアスベスト建材は，除去による代替品への置換え，薬品による固化，囲い込み等の防除工事が進められるようになったが，依然放置されたままのものも多く，また1990年頃までは防除工事そのものもずさんで，一時的に著しい汚染発生が起ることが多かった。

一般的にはアスベストの存在を知らずに，また知っていてもその危険を軽視して，建物の改造，改修が行われたために，居住者へのアスベスト曝露が引き起されたケースが依然多く見られる。

（3）人体影響

アスベストに関わる人体の疾患として，図-2.10.1[3] に示すようなものが挙げられる。

じん肺症の一種である「アスベスト肺」は高濃度の労働現場で起りうるが，一般環境では問題となることはなく，「肺がん」と「悪性中皮腫」の2種のがんがもっとも一般的である。「悪性中皮腫」もアスベスト特有のがんで，初めて報告されたのは1953年と比較的新しいものであるが，近年になって，アスベストを直接取り扱う従業員ばかりでなく，その事務職員や家族，さらに事業所付近の一般住民の間にも罹患例が報告されるようになって問題化してきた。

我が国でもアスベスト工場の近隣住民中の一主婦に悪性中皮腫が見つかり，アスベスト問題は単なる「労災」から，一般人への「公害」へとその様相を変えてきたといえる。

しかし，アスベストの被害が早くから一般に知られなかった理由の一つとして，その曝露より健康障害が顕在化するまでの潜伏期間の長さの問題がある。図-2.10.2[23] に示すように，アスベスト曝露量が大きい場合はアスベスト肺や肺がんのように数年で発症する場合もあるが，悪性中皮腫のように低濃度のものを 20～30年以上もの間吸い続けてはじめて発症するというケースが多い。

現在，労働現場のアスベストに対する対応も進み，一般環境中のアスベスト汚染が問題とされることはまれになったが，往時のアスベスト曝露者の中から悪性中皮腫発症がある程度まとめて発生するような事態がないとはいえない。

なおアスベスト曝露による肺がん発症に関連し，とくに注意すべきことは喫煙による危険の増大である。アメリカの研究結果[4]では，アスベス

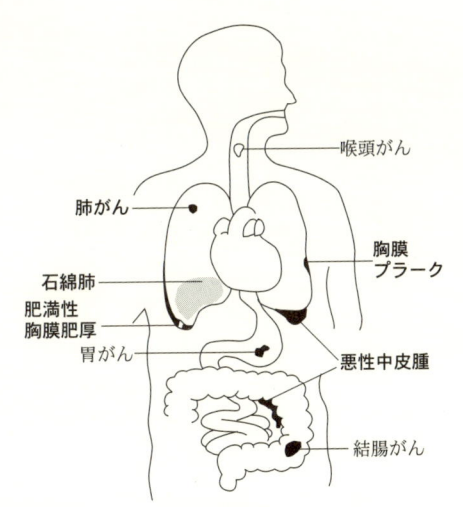

注）図でゴシックの疾患は関連がはっきり認められているもの
図-2.10.1　石綿曝露と関連のある疾患

2 各論

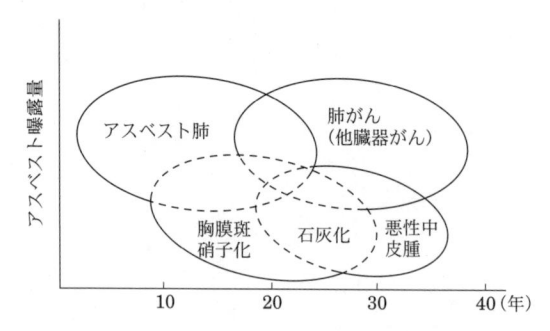

図-2.10.2 アスベスト粉塵の曝露量，潜伏期間および合併症（H. ボーリングによる，1975）

トもタバコも吸わない人の肺がん死亡率が，10万人中11人で，これを1としたときに，アスベストを吸う環境にいる非喫煙者の発がん率は5倍，アスベストのない一般環境での喫煙者は10倍，ところがアスベストを吸う環境にいる喫煙者の発がん率は50倍に達するということで，アスベスト被曝とタバコ煙被曝の危険とが見事な相乗作用を示していることである。

(4) 基 準

1988年以降，アスベスト濃度の環境基準値としては労働衛生分野においてのみ2f/mL（fは長さ5μm以上，長さと幅の比が3:1以上の繊維数）が用いられてきたが，1989年に至って，環境庁（現環境省）は「アスベスト取り扱い事業所敷地境界線上の濃度10f/L以下」という基準値を，大気汚染防止法の一環として設定した。境界線より離れれば，濃度はより低減することを期待したものであろうが，これは実質的に一般環境においても準用されることになり，建設省（現 国土交通省）のアスベスト防除施工基準などでも工事中の周辺濃度，工事後の当該室内濃度の基準値として用いられている。

なお労働衛生分野ではその基準値は国際的にも徐々に強化されつつあり，ヨーロッパではすでに多くの国で全面的に使用が禁止され，わが国でもクリソタイル以外の毒性の強いアスベスト（クロシドライト，アモサイト）は1995年から使用禁止されたが，クリソタイルについては，2f/mLのままその下方修正は行われていない。

ちなみに米国ではクリソタイルについては0.1f/mLにまで下げている（1994年）。

2.10.2 汚染の実態

我が国における一般環境でのアスベスト汚染の本格的実態調査は，1980年の環境庁のモニタリング[9]から始められたといえる。この中に建築物関係（アスベスト含有建材の使用の有無は不明）8件の平均濃度として，それぞれ室内1.03f/L，室外1.25f/Lが示されている。

とくに吹付けアスベストの飛散による建築物内汚染が問題とされ始めた85年代より数年間，環境衛生の立場より多くのデータが蓄積されるようになった[10)-12)]。

その一例として東京都衛生局所管の，ビル衛生管理法対象のビルで，空調室に吹付けアスベストが施工されている20施設の濃度測定結果を表-2.10.1，2.10.2[12)]に示す。

一般のビル環境においては，吹付けアスベストが当該室にある場合も，空調機械室のみにある場合も，アスベスト濃度は事務室，空調室ともに平均値で1f/L程度，吹き付け部の経年劣化状況により差はあるものの通常の使用状況では，事務室で1～3f/L，空調室で1～5f/L程度であった。

アスベスト防除工事が一般化した後，筆者らの調査した非空調ビルの一作業所における吹付けアスベスト除去工事前後の実測例を表-2.10.3[17)]に示す。

一応マニュアル通りのアスベスト除去とその後飛散防止剤の塗布が行われていたにもかかわらず，10か月後窓密閉下での作業時の濃度は，除去前と同レベルの約9f/Lにも達していた。除去部分からのアスベスト飛散は考えられないことから，これは以前飛散したアスベスト繊維が，室内のどこかに潜んでいて，室内活動に伴う振動などによって，再飛散-沈降を繰り返しているものと考えられる。除去工事後，バックグランド濃度にまで低減するまで35週間の月日が必要であったとの英国の報告例[25)]が参考になろう。

2.10 アスベスト

表-2.10.1 各施設，各測定場所におけるアスベスト繊維濃度[5]

No.	所在地	用途	建築年次	サンプリング月日	外気 測定場所	外気 繊維数(本/L)	事務室等 吹付有無	事務室等 劣化状態	事務室等 繊維数(本/L)	空調機械室 吹付場所	空調機械室 劣化状態	空調機械室 繊維数(本/L)
1	千代田	事務所	46	10/12	12F屋上	0.80	無	—	0.47	壁	B	0.81
2	千代田	事務所	47	10/6	PH	0.20	無	—	0.61	壁・天井	B	ND
3	港	事務所	45	11/24	7F屋上	1.46	無	—	0.97	壁・天井	B	1.56
4	文京	事務所	51	10/12	1F道路面	2.25	有	B	1.58	壁・天井	C	0.33
5	文京	事務所	58	10/13	2F	0.19	無	—	0.61	壁・天井	C	1.98
6	台東	事務所	48	10/19	9F屋上	0.25	無	—	0.29	天井	C	3.51
7	中央	事務所	39	9/18	9F屋上	0.77	無	—	2.96	天井ハリ壁	A	2.08
8	新宿	事務所	44	10/13	8F屋上	0.30	無	—	1.02	天井	B	2.36
9	新宿	事務所	46	10/20	8F屋上	0.74	無	—	0.77	天井・壁	B	1.65
10	港	事務所	46	11/25	9F屋上	0.76	無	—	1.26	天井	B	0.45
11	江東	興行場	39	10/5	1F	2.83	無	—	0.15	天井・壁	A	4.89
12	中央	集会場	42	10/6	2F	0.54	無	—	1.59	天井	A	0.99
13	立川	興行場	47	11/24	地上	0.81	天井	B	1.04	チャンバー	B	1.00
14	武蔵野	店舗	46	11/4	8F屋上	1.00	無	—	0.96	鉄骨	B	2.35
15	武蔵野	店舗	46	11/5	7F屋上	0.76	無	—	1.13	天井	B	2.60
16	港	学校	45	11/14	4F	0.23	天井	C	0.77	天井	C	1.07
17	港	学校	43	11/5	1FGL	0.38				天井 / 天井	C / C	0.47 / 0.74
18	新宿	学校	11	10/19	2Fベランダ	0.45	天井 / 天井	C / C	1.27 / 0.98			
19	千代田	旅館	46	10/5	8F屋上	1.22	無	—	1.48	天井	C	2.01
20	文京	競技場	48	10/20	8F屋上	0.73	無	—	1.17	天井・壁	B	0.97

注) 吹付けアスベストの劣化状態を示すA，B，Cランクの内容は以下の通りである。
A：全面的に荒れている。
B：部分的に荒れている。
C：安定している。

表-2.10.2 吹付けアスベストを有する一般建築物におけるアスベスト汚染濃度調査結果例[5]

	検体数	測定値(f/L)	幾何平均値(f/L)
事務室	20	0.15～2.96	0.89
空調機械室	20	ND～4.89	1.04
外気	20	0.19～2.83	0.63

表-2.10.3 Iビル（作業場）における測定結果

	測定場所	結果(f/L)
除去前	外気	0.5
	作業時（窓密閉）	4.9～9.4
	作業時（窓開放）	1.2～2.2
	非使用時（窓密閉）	1.1～2.2
除去後（6週以内）	外気	0.4
	作業時（窓開放率20～80%）	1.3～4.2
除去後（10ヵ月後）	外気	0.5
	作業時（窓密閉）	7.2～8.8

1995年1月の阪神淡路大震災で多くの建造物が倒壊・損壊し，アスベスト含有建材からのアスベスト飛散が憂慮された。しかしながら被災地区の環境庁の3次にわたる大気環境モニタリング調査（2，3，4月）結果では，解体作業現場付近で，当初基準値を越すケースも見られたが2次以降では基準値以内にあり，また外部一般環境濃度では当初から「都市地域内の一般環境濃度の変動範囲」に収まっていたという。

上記震災を契機に，厚生省の意向により，アスベスト使用ビル（防除対策を実施したビルを含む）の最近の濃度状況について再調査を行ったが，その結果は1例を除き概ね1f/L程度で，以前と変わらない濃度であることが判明した[24]。ただ30施設（各一般室，空調室，外気）の内の1件のみ，

2 各 論

封じ込め処理を行った一商業ビルの展示室で，10f/L 台の基準濃度を僅かに超えるケースが見られた。これは展示に際し器具による封じ込め固化部分への擦過が原因と思われる。

2.10.3 アスベスト汚染の測定法

(1) 概 要

アスベスト粉塵濃度の測定法としては，計数法と質量法とがある。

計数法は，光学顕微鏡（位相差または干渉位相差顕微鏡），電子顕微鏡（走査型または透過型）を用いてフィルタ上に捕集したアスベスト繊維を計数するものであるが，高濃度の環境中では，1980 年代に開発された自動繊維粒子計測器が用いられることがある。

質量法は主としてX線回折分析法により，個々の鉱物，例えばクリソタイルについて繊維か否かを問わずその全量を測定し，質量濃度として示す方法である。

いずれも専門的技量を必要とし，もっとも一般的な光学顕微鏡による場合でも，特殊な位相差顕微鏡による習熟が必要である。

(2) アスベスト汚染の測定法

もっとも一般的な位相差顕微鏡によるアスベスト測定法（アスベストモニタリングマニュアル 1），環境庁）は以下の通りである。

a. 必要な装置・器具
① ロウボリウムサンプラ（LV）（オープンフェース型）
② メンブランフィルタ（孔径 $0.8\mu m$，直径 47mm，採塵面の直径 35mm）
③ 消光液（フタル酸ジメチルとシュウ酸ジエチルを 1:1 に混合した液，またはアセトンとトリアセチンを用いる）
④ 清浄なスライドグラス，カバーグラス
⑤ 位相差顕微鏡

b. 測定手順
LVフィルタの採塵面を床に垂直に 1～1.5m の高さに固定し，流量 $10m^3/h$ にて 4 時間吸引する。

採塵済みフィルタは半裁してスライドグラスに載せ，消光液にて透明化したのち，カバーグラスを載せ固定する。これを 400 倍の位相差顕微鏡で，繊維の長さ $5\mu m$ 以上で，かつ長さと幅の比 3:1 以上の繊維のみを計数する。信頼性を高めるために計数は繊維数 200 本以上または視野数 50 以上になるまで行うものとする。

計数後アスベスト濃度を f/1 の単位で算出する。

2.10.4 アスベスト汚染対策

吹付けアスベスト飛散防止のための防除対策として，一般的に次の3手段が挙げられる。
① 除去
② 固化薬液による封じ込め
③ 露出部隠蔽のための囲い込み

①は既存の吹付けアスベスト層を下地から取り除く方法で，removal 工法とも呼ばれる。

②は既存のアスベスト層はそのまま残し，アスベスト層へ薬剤の含浸もしくは造膜剤の散布等を施すことにより，アスベスト吹き付け層の表層部または全層を完全に被覆または固着・固定化して，粉塵が飛散しないようにする方法で，encapsulation 工法とも呼ばれる。

③は既存のアスベスト層はそのまま残し，アスベスト層が空間に露出しないように，板状材料等で完全に覆うことにより粉塵の飛散防止，損傷防止等を図る方法で，covering 工法とも呼ばれる。

防除工事に関しては建設省（国土交通省）のマニュアル等[14],[19]があり，工事資格認証制度もあるが，室内環境維持管理上の対策としては 1988 年当時，厚生省，環境庁通達に示された「建築物内アスベスト対策フローチャート（図-2.10.3）」[8]があるのみである。設計図・仕様書等からアスベスト使用の有無がわかったとしても，実施設計，施工の中で変容している場合もあり，アスベスト含有状況の確証を得ることが困難なこともあって，実用上抽象的なものに止まっている。

2.10 アスベスト

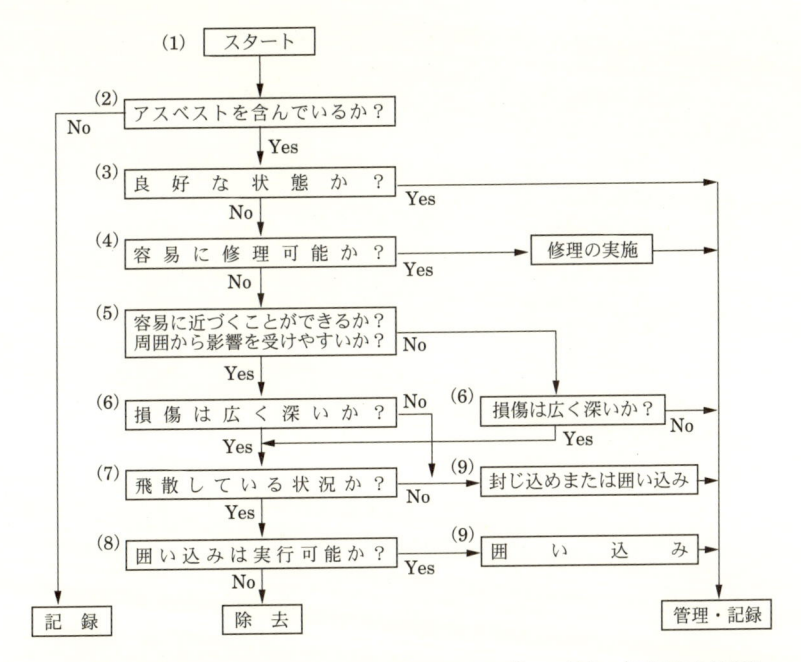

(1) スタート
(2) アスベストを含んでいるか？ → No → 記録
    ↓ Yes
(3) 良好な状態か？ → Yes → 管理・記録
    ↓ No
(4) 容易に修理可能か？ → Yes → 修理の実施
    ↓ No
(5) 容易に近づくことができるか？周囲から影響を受けやすいか？
    → No → (6) 損傷は広く深いか？ → No → (9) 封じ込めまたは囲い込み
                                  → Yes
    ↓ Yes
(6) 損傷は広く深いか？ → No → (9) 封じ込めまたは囲い込み
    ↓ Yes
(7) 飛散している状況か？ → No → (9) 封じ込めまたは囲い込み
    ↓ Yes
(8) 囲い込みは実行可能か？ → Yes → (9) 囲い込み
    ↓ No
    除去

(1) すべての作業は関連法令やマニュアルの定めるところに従って行う。各項目における判断に疑義や迷いを生ずる場合には，下向き矢印を採択する。
(2) アスベストを含んでいるか否かについては，設計図面により判定する。なお，X線回折法または電子顕微鏡法により判定することもできる。
(3) 良好な状態とは，損傷を受けておらず，剝離の兆候もなく，周囲に建材が飛散したことを示す破片等がないことである。建材は良好な状態にあっても，非常に損傷を受けやすい状態にあるか，そうなる可能性がある場合には，良好な状態でないとして扱う。
(4) 容易に修理可能な損傷とは，小さなひっかききずや刺しきず程度の軽微なものをいう。修理作業とは，小さな損傷部位に対して塗装する，封じ込め剤を使う，詰め込む等により良好な状態に戻す作業をいう。修理作業に際しては，粉塵が飛散しないよう適切な措置を講ずる。
(5) 周囲から影響を受けやすいとは，車や人，物による破損や衝撃，またある場合には，保守作業等の場合に生じる損傷を受けやすいことをいう。
(6) 損傷が広く深いとは，物理的な衝撃や劣化等により破断，切断等が生じており，損傷面から発塵が懸念されるものをいう。広く深い損傷を受けていないが，容易に近づくことができるか，または，周囲から影響を受けやすい場合には，損傷がこれ以上大きくならないような保御措置，封じ込めまたは囲い込みが必要になる。
(7) 砕けやすい破片や剝離した状態があれば，アスベストは飛散していると考えられる。
(8) 損傷領域が広範囲であったり，建材へ容易に接近できない場合，囲い込みは困難である。
(9) 現場の状況，使用実態等により，除去を選択することも可能である。

図-2.10.3　建築物内アスベスト対策フローチャート

アスベスト汚染対策につき一般的にいえることは，特に劣化した状況でない限り，アスベスト含有建材に対する直接的な傷付けを行わないこと，換気に十分留意し室内濃度の低減を図ることに尽きるであろう。

参考文献

1) 広瀬弘忠：静かな時限爆弾—アスベスト災害，新曜社（1985）
2) 川村暁雄：グッバイ・アスベスト—くらしの中の発がん物質，日本消費者連盟（1987）
3) 海老原勇：石綿，アスベスト—健康障害を予防するために，労働科学研究所出版部（1987）
4) 環境庁大気保全局監修：石綿・ゼオライトのすべて，日本環境衛生センター（1987）
5) 入江建久：建築物におけるアスベスト汚染について，ビルの環境衛生管理，38号，pp.37-47（1987）
6) 木村菊二：アスベストと環境問題，労働の科学，42 (12)，pp.4-13（1987）
7) 入江建久：建築物におけるアスベスト汚染につい

て，ビルの環境衛生管理，38号，pp.37-47（1987）
8) 環境庁大気保全局・厚生省生活衛生局：建築物内に使用されているアスベストに係る当面の対策について（通知）（1988）
9) 環境庁大気保全局監修：アスベスト排出抑制マニュアル増補版，ぎょうせい（1988）
10) 渡辺勝一郎，入江建久 他：居住環境におけるアスベスト濃度調査，昭和63年度日本建築学会関東支部計画系研究報告集，pp.9-12（1988）
11) 入江建久，吉澤晋，渡辺勝一郎：建築物室内におけるアスベスト汚染に関する研究（その1）（その2），日本建築学会大会学術講演梗概集（環境工学），pp.869-872（1988）
12) 佐藤泰仁，関比呂伸，加納尭子：室内環境におけるアスベスト汚染の実態調査，第47回日本公衆衛生学会総会抄録集，p.493（1988）
13) アスベスト問題研究会・神奈川労災職業病センター編：アスベスト対策をどうするか，日本評論社（1988）
14) 建設省住宅局・同大臣官房営繕部監修：既存建築物の吹付けアスベスト粉じん飛散防止処理技術指針・同解説，日本建築センター（1988）
15) 厚生省水道環境部監修：アスベスト廃棄物処理ガイドライン—建設・解体工事に伴うアスベスト廃棄物処理に関する技術指針・同解説，日本産業廃棄物処理振興センター（1988）
16) 環境庁大気保全局監修：アスベスト代替品のすべて，日本環境衛生センター（1989）
17) 入江建久，吉澤晋，渡辺勝一郎，山岸幸平：建築物室内におけるアスベスト汚染に関する研究（その3）（その4），日本建築学会大会学術講演梗概集（D），pp.663-666（1989）
18) 入江建久：環境中におけるアスベスト汚染の現状，空気清浄，27（5），pp.341-349（1989）
19) 山崎千太郎：アスベストの飛散防止対策，空気清浄，27（5），pp.356-369（1989）
20) 入江建久，吉澤晋，渡辺勝一郎，山岸幸平：乱し行為によるアスベスト発生量，日本建築学会計画系論文報告集410，pp.21-27（1990）
21) 三関元，入江建久，南野脩：アスベスト処理後の残存汚染について，日本建築学会大会学術講演梗概集（D），pp.647-648（1991）
22) 入江建久，正田浩三，劉瑜：清掃作業による床タイルからのアスベスト発生，日本建築学会大会学術講演梗概集（D），pp.685-686（1992）
23) アスベスト根絶ネットワーク：ここが危ない！ アスベスト，緑風出版（1996）
24) 入江建久，佐藤泰仁，池田耕一，小竿真一郎，正田浩三：一般建築物内アスベスト濃度追跡調査—建築物室内におけるアスベスト汚染に関する研究（その7），日本建築学会大会学術講演梗概集（D-2），pp.719-720（1997）
25) Burdett, G.J. et al.：Airborne Asbestos—Fibre Levels in Buildings：WHO/IRAC Symposium on "Mineral Fibres in the Non-occupational Environment"（1987）

2.11 オゾン

2.11.1 オゾンの性質

オゾン（ozone）とは，ギリシャ語のOZO（におう，ラテン語でodor）を語源として，古くから雷等に伴って特有なにおいを発する，分子量48，融点－192.5，沸点－111.3，対空気比重1.650℃，1気圧での密度2.14g/Lの微青色で酸化作用の強い気体である。また，熱・光によって分解しやすく，金属，元素，有機物とも反応する。

2.11.2 大気中のオゾン

自然大気中に0.001ppm程度存在し，最近話題のオゾン層は上空28km付近の最大11ppm程度の高濃度層で，有害紫外線を遮断している。

高高度飛行や地表からの大気汚染物質の拡散で起こるオゾン層の破壊は，皮膚がん発生率と密接な関係にあるとされている。成層圏偏西風によって，この層から地表付近に対して拡散が生じ，地表付近の温度を高めることがあり，高度12km付近の航空機乗員は0.2ppmのオゾン濃度暴露が報告されている。

2.11.3 オゾンの発生源

オゾンは高電圧装置の放電，水銀発生灯やキセノン，水素等の放電管，過酸化物の分解，酸素のα線照射でも発生する。大気中から地上に達する290～350nmの近紫外線によるNO_2の分解で生成した酸素分子の反応でも発生し，光化学スモッグとして高濃度オゾンをもたらす。

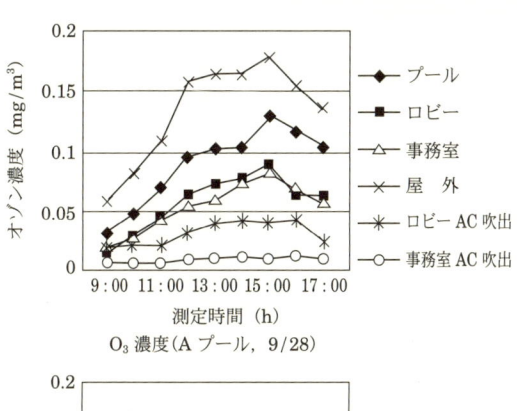

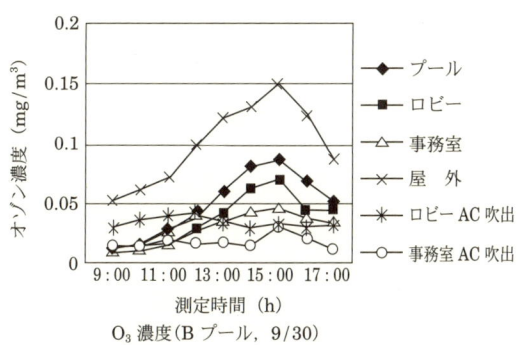

図-2.11.1 プール施設のオゾン濃度[4]

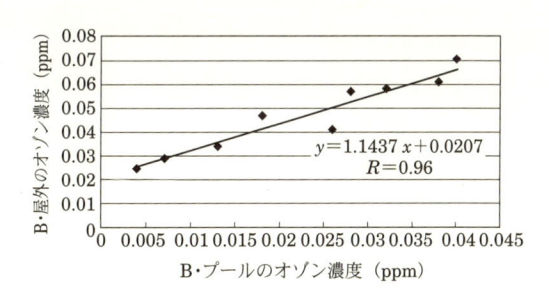

図-2.11.2 屋内と室内オゾン濃度の関係[4]

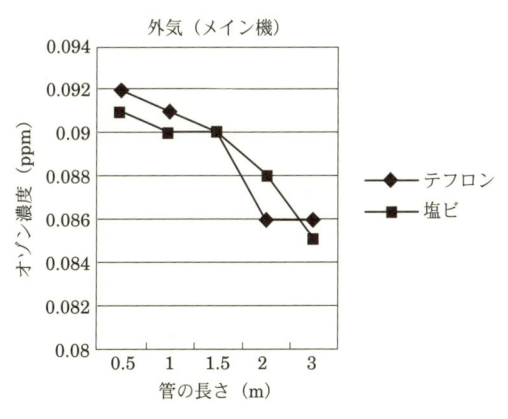

図-2.11.3 オゾン濃度の減衰（延長管接続）[4]

2 各 論

建築物内でも,コピー機,静電式空気浄化装置,プリンタ,大型ディスプレイ,脱臭器からの発生が考えられる。

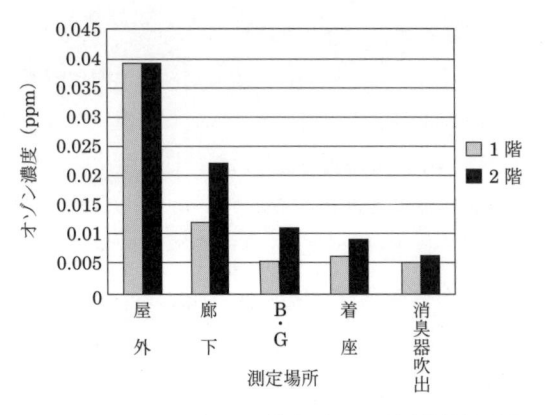

図-2.11.4 トイレ内オゾン濃度（オゾン脱臭器付便座）[4]

2.11.4 オゾン濃度とオキシダント濃度および基準値

自動車エンジンなどの燃料燃焼プロセスで,排気ガス中に含まれる窒素酸化物（NO_x）,炭化水素（$CmHn$）などが太陽光を受けて化学反応を起こし,結果としてオゾン,二酸化窒素,パーオキシアセルナイトレート,アルデヒドなどの物質を生成する。そのうち二酸化窒素を除く酸化物質を光化学オキシダントという。オゾンにつき一般室内環境の基準は存在しないが,光化学オキシダント基準は1時間平均値で0.06ppmと定められており,労働環境での勧告値0.1ppmの60％に該当し,有毒性のほどがうかがえる。

2.11.5 オゾンの発生量と消失量[2]

オゾンの消失量（減衰または沈着）は,次式で与えられ,沈着は質表面の化学的物理的性質の関数で化学反応や吸着がその要因となる。

$$R_{O_3} = \sum K_{depj} A_j C_j$$

ここに,
R_{O_3}：オゾン消失量
K_{dep}：沈着速度

A_j：接触面積

文献的には,例えばSabersky他は計算により,寝室（14m³）・事務室（55m³）で各々$R=3.73$・2.23cm/minを求め,他にもベニヤ・板ガラス等12材料につき算出している。

室内での高電圧下のコロナ放電は以下の装置からオゾンを発生させ,排出係数（EF）$\mu g/min$として示されている[2]。

2.11.6 人体の影響と被害

オゾン曝露濃度と人体影響について表-2.11.1, 2.11.2に示す。

2.11.7 オゾン実態調査結果

図-2.11.5～2.11.8,表-2.11.4は,野崎他による老人福祉施設でのO_3濃度実態調査結果であ

表2.11.1 オゾン曝露濃度と生体作用[1]

オゾン濃度 （ppm）	作 用
0.01～0.02	多少の臭気を覚える（やがて馴れる）
0.1	明らかな臭気があり,鼻や喉に刺激を感じ
0.2～0.5	3～6時間曝露で視覚が低下する
0.5	明らかに上部気道に刺激を感じる
1.0～2.0	2時間曝露で頭痛,胸部痛,上気道部の渇きとせきが起こり,曝露を繰り返せば慢性中毒にかかる
5.0～10	脈拍増加,体痛,麻酔症状が現れ,曝露が続けば肺水腫を招く
15～20	小動物は2時間以内に死亡する
50	人間は1時間で生命が危険になる

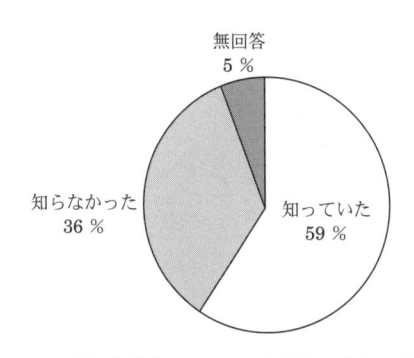

図-2.11.5 器具設置者のオゾンの有害性に対する認識度[5]

2.11 オゾン

表-2.11.2 オゾンあるいはオキシダント曝露に対する人体応答に関する研究のまとめ[2]

濃度 (ppm)	曝露時間 (臨床的研究) 平均化時間 (疫学的研究)	測定した汚染質 (O_3, O_x)	影 響	出 展
0.01〜0.3	1時間平均値	O_3	テストを行った日本人の学童の25%の肺機能を表す指標が，テスト2時間前のO_3濃度（0.01〜0.3ppm）と有意な相関を示した。	Kagawa and Toyama (1975) Kagawa et al., (1976)
0.03〜0.3	1時間平均値	O_x	運動能力とO_x濃度（0.01〜0.3ppmの範囲）とに有意な相関が認められたが，生体影響判定条件試料には，運動能力と0.1〜0.15ppm以下の濃度とに明確な相関が認められなかったと述べられている。	Wayne et al., (1967)
0.10	2時間平均値	O_3	動脈中のO_2の分圧の低下。標準化されていない方法による測定ではあったが，気道抵抗の上昇が見られた。	von Nieding et al., (1976)
0.10〜0.15	1時間平均値の日最大値	O_x	日本の学生に対する研究において，O_x濃度が0.10ppmの日に比べ，0.15ppmを超える日においては，呼吸器系諸症状と頭痛の発症の増大が報告された。	Makino and Mizoguchi (1975)
0.15	1時間平均値	O_3	不快の訴えが，多くの被験者に認められた。激しい運動をしている間には，統計的な有意性はないが，認知し得る程度の呼吸パターンの変化が見られた。	DeLucia and Adams (1979)
0.2	3時間平均値	O_3	夜間視力の低下が認められた。	Lagerwerff (1963)
0.2〜0.25	2時間平均値	O_3	軽い間欠的な運動を行いながら，この濃度に被爆したぜん息患者の呼吸機能には，有意な変化は認められなかった。O_3曝露の間，発症のスコアーのわずかな上昇が見られた。少しではあるが，統計的に有意な血液の生化学的変化が認められた。	Linn et al., (1978)
0.25	2時間平均値	O_3	軽い間欠的な運動をしている被験者3人に，肺機能におけるわずかな変化が認められた。	Hazucha (1973)
0.25	2時間平均値と4時間平均値	O_3	大気汚染によるせき，胸苦しさ，ぜん息などの病歴を持つ被験者が，軽い間欠的な運動中にこの濃度に曝露されても，肺機能には，影響が見られなかった。	Hackeny et al., (1975a, b, c)
0.25	1時間平均値の日最大値	O_x	ぜん息患者の発作回数が，O_xレベルが0.25ppmを超えた日には，有意に増加した。	Schoettlin and Landau (1961)
0.25	0.5〜1時間平均値	O_3	被爆した被験者の赤血球の球形化率が増加した。	Brinkman et al., (1964)
0.28	平均化時間2分間の瞬間値の日最大値	O_x	報告された結果は，断定的ではなかったが，EPAのテストによって示された根拠によれば，O_xレベルが0.28ppm以上になったとき，ぜん息が悪化した。	Kurata et al., (1976)
0.30	1時間平均値	O_3	不快の訴えと，肺機能の統計的に有意な変化が，激しい運動をしている被験者に認められた。	DeLucaia and Adams (1877)
0.30	1時間平均値の日最大値	O_x	O_x濃度が0.3ppmを超えた日には，看護学生に咳，胸苦しさ，頭痛などの訴え率の増加が見られた。	Hammer et al., (1974)
0.37	2時間平均	O_3	軽い間欠的な運動をしている被験者に，不快の訴えと肺機能における有意な変化が認められた。	Hazucha (1973) Folinsbee et al., (1975) Silberman et al., (1976)
0.37 0.37	2時間平均値 2時間平均値	O_3 SO_2	O_3とSO_2とに同時に被爆すると，別々に被爆したときより有意に高い肺機能の変化を示した。	Hazucha and Bates (1977)
0.37 0.37	2時間平均値 2時間平均値	O_3 SO_2	肺機能へのO_3とSO_2との相互影響は，Hazuchaらの場合より小であった。著者らは，Hazuchaらの研究はスモッグ事故が起こるような地域をシミュレートしたものであろうと考えている	Bell et al., (1977)

注) EPA (1979a)

2 各　　論

る。その毒性の認知度を含め新たな知見がうかがえる。

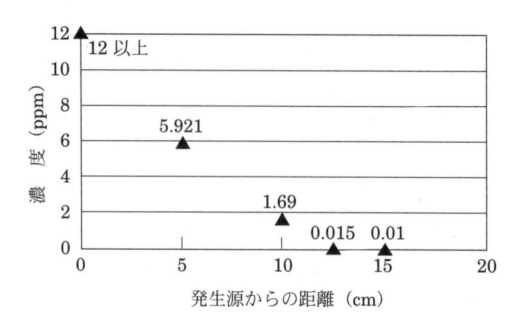

図-2.11.6　発生源からの垂直距離とオゾン濃度との関係[5]（No.9の場合）

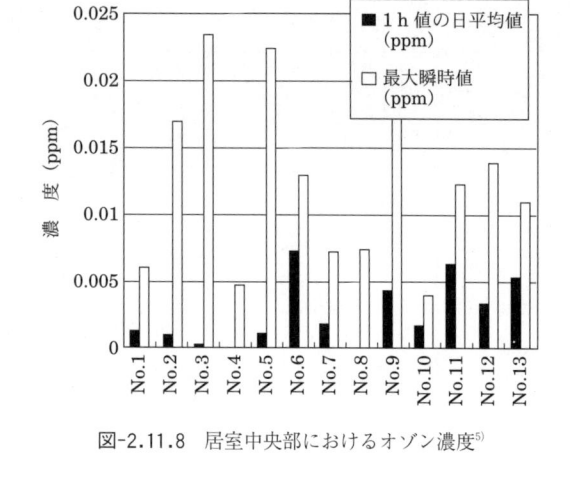

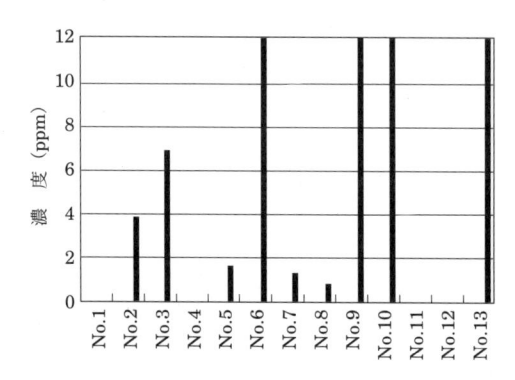

図-2.11.7　吹き出し口におけるオゾン濃度[5]

図-2.11.8　居室中央部におけるオゾン濃度[5]

表-2.11.3　複写機，家庭用空気清浄装置からのオゾン発生[2]

	最大電圧	オゾン排出係数 (EF)(μg/min)
静電気空気清浄装置		
中央式空調システムに取付けられた8個[1]	5 000〜7 900	0〜546
数個の有名な製造業者の電気エアクリーナ（中央式の空調システムでの）[2]		303〜1 212
1個のポータブルユニット[1]	9 900	84
2段，低電圧の工業用ユニット（1パス；2パスは発生量を2倍にするであろう）[3]	11 000	333
11個の複写機[1,4]	3 500〜11 000	(μg/copy)[5] 範囲<2〜158；一般的に15〜45

注）　1)　Allen et al.（1978）
　　　2)　Sutton et al.（1976）
　　　3)　Holcomb and Scholz（1981）
　　　4)　Selway et al.（1980）
　　　5)　一般的なコピー量，5 copies/min

表-2.11.4　各場所でのオゾン濃度（μg/m^3）[3]

測定場所	測定期間	測定時間数	測定日数	1時間値の最高値	日平均値の最高値	測定期間中の平均値
オフィス(A)	1988.1.25〜1988.1.29	100	5	12	9	7
オフィス(B)	1988.1.10〜1988.2. 3	101	5	146	40	20
公共図書館	1988.1. 8〜1988.1.11	71	4	144	37	19
オフィス(C)	1988.1.15〜1988.1.23	180	9	10	3	2
研究所	1988.1.27〜1988.2. 2	118	6	11	5	3
都市大気	1987.8. 1〜1987.8.31	744	31	115	33	12

表-2.11.5 室内，吹き出し口における測定オゾン濃度と室換気回数[5]

	測定場所	換気回数 (回/h)	居室中央部（床上1.2m）		吹出し口
			1h値の日平均値(ppm)	最大瞬時値(ppm)	最大瞬時値(ppm)
No.1	リハビリコーナー	3.4	0.001	0.006	0.008
No.2	廊下	4.4	0.001	0.017	3.883
No.3	廊下	2.0	0.000	0.024	6.941
No.4	会議室	0.6	0.000	0.005	0.048
No.5	廊下・EVホール	5.7	0.001	0.023	1.837
No.6	地域交流室	3.3	0.007	0.013	12以上
No.7	廊下	6.1	0.002	0.007	1.443
No.8	廊下	4.3	0.000	0.007	1.022
No.9	居室	1.4	0.004	0.021	12以上
No.10	食堂コーナー	3.5	0.002	0.004	12以上
No.11	廊下	6.6	0.006	0.012	0.008
No.12	廊下	0.5	0.003	0.014	0.014
No.13	廊下	2.9	0.005	0.011	12以上

引用文献

1) 日本水道協会：オゾン処理調査報告書（1984）
2) 日本建築学会訳：「室内空気汚染」リチャードA. ワッデン，ピーターA. シェフ，p.36, 69, 112（1990）
3) 松村年朗 他：「室内におけるオゾン濃度について」，第29回大気汚染学会講演要旨集（1988）
4) 小竿・入江・堀・市川・岡本 他：「室内温水プール環境に関する実態調査（その1）」第18回空気清浄とコンタミネーションコントロール研究大会予稿集及びH12年度卒業研究，pp.265-267，日本空気清浄協会（2000.4）
5) 野﨑，池田，松村，吉澤，山崎：「脱臭器，空気清浄機，コピー機等による室内オゾン汚染に関する研究（1）」第18回空気清浄とコンタミネーションコントロール大会予稿集，pp.268-270，日本空気清浄協会（2000.4）

索　引

和　文

■あ行
ISO クリーンルーム清浄度　57
IgE 抗体　127
亜鉛　51
悪臭防止法　111
アクティブ法　77，78
アスベスト　4，144
アスベスト肺　145
アセトアルデヒド　118
アルキル基　108
α 線　73
アルミニウム　51
アレルギー　127
アレルギー疾患　131
アレルゲン　127，131
アンダーセンサンプラ　54，137
アンモニア　115，118

石綿　51
一段荷電型　38
一酸化炭素　3
一般細菌　4
イネ　127

ウラン　75

エステル基　107
FF 型ガスストーブ　96
FF 型灯油暖房器具　119
炎光光度検出器　108

オゾン　5，151
オルフ　112
オルファクトメータ　107，111

■か行
カーペット　65
外気濃度　7
快・不快度表示法　112
外部被爆　73
壊変　79

開放型石油暖房器具　99
開放型燃焼器具　96，119
額縁　16
ガス吸着　40
ガスクロマトグラフィ　108
ガスクロマトグラフ質量分析法　108
ガス除去剤　37
可塑剤　84
カップ法　78
カビ　114，127，128，129，131
花粉　127，127，130，131
壁　14
カモガヤ　127
カルボニル基　107
加齢臭　115
換気　29
換気経路　32
換気・通風　65
換気方式　32
環境ホルモン　84
換気量　7

機械排気量　9
機器　14
機器分析法　108
キシレン　83
喫煙　118
喫煙臭　118
気道障害　51
揮発性有機化合物　5
基本臭　107
機密性能　30
嗅覚受容器　107
嗅覚測定法　108
嗅覚脱失　107
吸収法　37
吸着　23，25，91
吸着剤　26
吸着剤フィルタ　40
吸着速度　9
吸着の理論　22
吸着法　37
吸着面積　9

157

キューリー　79
凝縮核測定器　56
強制給排気システム　33
許容濃度　92
許容発生量　28
霧　50

空気清浄機　36, 70
空気清浄機の性能　40
空気調和衛生工学会の換気規格　64
空気動力学的直径　140
クリーンルーム　56

形態学的直径　140
煙　50
建材・家具臭　123
建材・内装仕上げ材　65
原臭　107
検知管法　109
建築部材　14

光化学オキシダント　152
光化学スモッグ　151
抗原　131
交叉順応　107
厚生省ガイドライン　63
抗体　131
個数法　52
戸建て住宅　61
コミッショニング　35

■さ行
細菌　134, 139
再循環率　9
再放散　91
三点比較式臭袋法　111
サンプリング　84

CNC 測定器　56
CO 発生特性　16
紫外線蛍光法　104
時間　9
自然排気量　9
室内許容発生量　10
室内濃度　7
室内発生　7
室内発生部位　14
室容積　9
質量分析計　108
自動型　39
自動更新型　37
自動洗浄型　37, 38
事務所ビル　62

臭気　106
臭気応答　116
臭気強度　124
臭気対処法　116
集合住宅　61
重合防止剤　59
集中強制給排気システム　33
重量濃度　52, 57
主観評価法　108
主フィルタの汚染通過率　8
順応　107
浄化設計法　7
使用暖房器具　96
衝突粘着式　36, 37
触媒フィルタ　40
食品臭　121
食物　127
真菌　4, 134, 139
人体影響　96
シンチレーションセル法　78
侵入外気　7, 61

水酸基　107
水素炎イオン化検出器　108
隙間面積　30

静電式　36, 38
静電捕集法　78
成分濃度法　108
石炭粉塵　51
石油ストーブ　60
石油暖房器具　17, 99
設計基準濃度　3
接着剤　59, 84

相加　108
総揮発性有機化合物　5
相互順応　107
相乗　108
相対重量濃度　52
相対濃度　52, 57
相当換気回数　42
相当換気量　42
相当重量濃度への換算　53
相当隙間面積　30

■た行
体臭　117
台所　114
対流式　99
脱臭効果　23
ダニ　127, 127, 131
タバコ　96, 114

タバコ煙　57
WHO と諸国のガイドライン　63
炭化水素　119
タンパク質　127
暖房機器　60, 65
暖房器具　96

知覚空気室　112
窒素酸化物発生特性　18
窒素リン検出器　108
厨房臭　119
中和　108
超高性能フィルタ　39
調味料　121
調理器具　96
調理臭　119
チリダニ　127, 128

ツメダニ　127

定期洗浄型　37, 38
低減材料　26
ディジタル粉塵計　52
定常仮定　7
低流量重量濃度測定器　54
デシボル　112
デジボルメータ　111
鉄粉　51
電気ストーブ　96
天井　14
電離箱法　77

トイレ臭　123
動物の毛　127, 128
灯油　119
動力学的直径　140
独立　108
都市ガス　119
トリエタノールアミン・パラロザニリン法　103
塗料　84
トルエン　83

■な行
内部被爆　73
内分泌撹乱化学物質　84
7 原香分類説　107
生ゴミ　114
生ゴミ臭　122
鉛　51

におい　106
においセンサ　109
二酸化炭素　3

二酸化窒素　3
二段荷電型　38
日本産業衛生学会許容濃度　4

燃焼器具　16
燃焼排ガス臭　119

濃度予測法　7
農薬類　84
ノネナール　115

パーティクルカウンタ　55
肺がん　51
排気型ガスストーブ　60
排泄物　114
肺胞沈着率　51
パッシブ換気システム　33
パッシブ法　78
発生機構　14
発生機構モデル　11
発生源の面積　9
発生特性　100
発生量　7
発生量の減衰率　9
発生量率　9
パネル　111
巾木　14
ハロゲン光パーティクルカウンタ　55
半減期　79
反射式　99

ヒートポンプエアコン　96
ピエゾバランス粉塵計　53
ヒスタミン　127
微生物　137
必要換気量　7
肥満細胞　127
非メタン炭化水素　17
ヒューム　50
非容認者率表示法　112
ヒョウヒダニ　127
ピリジン　118
ビル管理衛生法　51

ファンヒータ　99
VOC 発生特性　17
フェノール樹脂　59
フェノール尿素系　59
不快者率表示法　112
ブタクサ　127
浮遊粉塵　4, 56
粉塵　50, 118

ベイクアウト　42, 69
ベイクアウト効果の評価法　43, 45
β線吸収式測定器　53
壁装材料協会　64
ベクレル　79
ペット臭　114
便所　114

崩壊　79
放射壊変　79
放射線　80, 79
放射能単位　79
捕集媒体　86
ホルムアルデヒド　5, 59, 83, 114
ホルムアルデヒド発生特性　18

■ま行
マスキング　108

ミスト　50
密閉式器具　96

娘核種　79

メタノール　59
メラミン系　59
メラミン樹脂　59
免疫細胞　127
免疫物質　127

木質建材　83

■や，ら行
薬剤フィルタ　40

遊離ケイ酸　51
床　14
ユニット型　39
ユニット交換型　37
ユリア系　59
ユリア樹脂　59

溶液導電率法　103

ラドン　4, 72, 76
ラドン娘核種　72

粒径　137
粒子状物質　50
粒子数濃度　57
流出空気　7

レーザ光パーティクルカウンタ　55

ローボリュームサンプラー　54
ろ過式　36
6段階臭気強度表示法　112
ろ材交換型　37
ろ材併用型　38
ろ材誘電型　38

欧　文

Across Fiber Patern 節　106
adaptation　107
Alternaria　128
Amoor　107
Aspergillus　128

Bq　79

Ci　79
Cladosporium　128
CNC測定器　56
CO　3, 118, 119
CO_2　3
covering工法　148
CO発生特性　16
cpm　53
Curie　72

decipol　112
DUST　50

encapsulation工法　148

Fanger　112
FF型ガスストーブ　96
FF型灯油暖房器具　119
FID　108
FPD　108
Fuel NO_x　99

GC　108
GC/MS　108
Girman　42
Grass Season　127

HCHO　5
HEPAフィルタ　39

IgE　131
IgE抗体　127
ISOクリーンルーム清浄度　57

Langmuir　23

MS   108

NO   18, 96
NO_2 3, 18, 96
NO_x 18, 96, 118, 119
NPD   108

O_3 5
olf   112

Penicillum   128
Perceived Air Quality   112
P.O.Fanger   112

removal 工法   148

Sink Effect   23
SO_2 4
SO_x 102

Thermal NO   96
Thermal NO_x 99

Tichenor   23
Tree Season   127

TVOC   5, 82

ULPA フィルタ   39

VOC   5, 82, 114
VOC 発生特性   17

Weber-Fechner   106
WHO と諸国のガイドライン   63

Yaglou   118

α 線   73

β 線吸収式測定器   53

6 段階臭気強度表示法   112

7 原香分類説   107

| 室内空気質環境設計法 | 定価はカバーに表示してあります。 |

2005年3月30日　1版1刷発行　　　　　　ISBN 4-7655-2484-1 C3052

編　者　社団法人　日本建築学会
発行者　長　　　祥　　　隆
発行所　技報堂出版株式会社

日本書籍出版協会会員　　　　　　〒102-0075　東京都千代田区三番町8－7
自然科学書協会会員　　　　　　　　　　　　　（第25興和ビル）
工 学 書 協 会 会 員　　　　　　電話　営業　(03)(5215)3165
土木・建築書協会会員　　　　　　　　　編集　(03)(5215)3161
　　　　　　　　　　　　　　　　FAX　　　　 (03)(5215)3233
Printed in Japan　　　　　　　　振替口座　　00140-4-10

Ⓒ Architectural Institute of Japan, 2005　　　　　　　装幀・印刷・製本　技報堂
落丁・乱丁はお取り替え致します。
本書の無断複写は、著作権法上の例外を除き、禁じられています。

● 小社刊行図書のご案内 ●

書名	著者・編者	判型・頁数
建築用語辞典（第二版）	編集委員会編	A5・1250頁
建築設備用語辞典	石福昭監修／中井多喜雄著	A5・908頁
騒音制御工学ハンドブック	日本騒音制御工学会編	B5・1308頁
地域の音環境計画	日本騒音制御工学会編	B5・266頁
建築物の**遮音性能基準と設計指針**（第二版）	日本建築学会編	A5・432頁
建物の遮音設計資料	日本建築学会編	B5・198頁
実務的騒音対策指針（第二版）	日本建築学会編	B5・222頁
実務的騒音対策指針・応用編	日本建築学会編	B5・220頁
建築設備の騒音対策 —ダクト系の騒音対策・配管系の騒音対策・建築設備の防振設計	日本騒音制御工学編	B5・274頁
住まいのノーマライゼーションⅠ **海外にみるこれからの福祉住宅**	菊池弘明著	B5・178頁
住まいのノーマライゼーションⅡ **バリアフリー住宅の実際と問題点**	菊池弘明著	B5・184頁
ヒルサイドレジデンス構想 —感性と自然環境を融合する快適居住の時・空間	日本建築学会編	A5・328頁
知的システムによる**建築・都市の創造**	日本建築学会編	A5・222頁
鉄骨建築内外装構法図集（第二版）	鋼材倶楽部編	B5・398頁
シックハウス事典	日本建築学会編	A5・220頁
環境計画 —21世紀への環境づくりのコンセプト	和田安彦著	A5・228頁
公共システムの計画学	熊田禎宣監修	A5・254頁
緑資産と環境デザイン論	田端貞寿編著	A5・196頁
水環境の基礎科学	E.A.Laws著／神田穣太ほか訳	A5・722頁
環境問題って何だ？	村岡治著	B5・264頁

技報堂出版　TEL 営業 03(5215)3165 編集 03(5215)3161　FAX 03(5215)3233